医者が教える
人生が変わる
美容大事典

形成外科認定専門医
美容外科医・美容皮膚科医
美容医療評論家
上原恵理
Eri Uehara

KADOKAWA

はじめに

美の悪循環に終止符を！

「これをすればニキビが治る！」
「これをすれば二重になれる！」

日々、インターネット上では、さまざまな美容法が紹介されています。

私は形成外科医として、「できることはなんでもやって、なんとか見た目のコンプレックスを改善したい」と、真剣に悩む人たちと日々向き合っていますが、患者さんの多くが情報をインターネットやSNSで得ています。

冒頭から厳しいことを言っていいものかと悩みますが、医者の目から見ると、ほとんどの情報は誤り。むしろ、肌に悪影響を及ぼすものもとても多いと感じています。

医学的に正しい事実であっても、膨大な研究のわずかな断片を誇張して危機感を煽るような情報もあります。

大の大人ですらそうした情報に踊らされてしまうので、いわんや子供にはいっそう難しいことでしょう。

私は中学生の娘の母ですが、娘が思春期ニキビに悩まされるようになってからは「SNSで人気だったから」とニキビパッチや洗顔フォームを買ってきました。

しばらくは様子を見ていましたがどんどん悪化していくので、皮膚科に通わせ、洗顔や保湿なども指導をすると、みるみる改善していきました。

私は日頃SNSで口酸っぱく「肌はこするほどたるむ」「自力で二重まぶたをつくるのは医学的に無理」などと叫んでいるのですが、母の力及ばず。

「SNSで評価がよかった」とコロコロマッサージャーを買ってきましたし、二重にするマッサージの練習などもSNSで見つけて実践しています。

母の目から見て効果という効果はなにも見えません。

第二次性徴期は美容のほかにも体毛やにおい、そして生理のことなど、見た目や身体についていろいろなことが気になる年代です。

娘の体質や成長を見ながら、少しだけ先回りして指導してきましたが、自分の体質や体に起こる変化を前向きに受け止めて対応していく娘の様子を見ていると、正しい知識はやはり、成長に伴う混乱や見た目に対するコンプレックスを多少は防げているように感じます。


振り返ってみれば、これだけの情報社会になったのに、正しい情報が行き渡らない現状は何十年も変わっていないのだと気づきます。

私自身も思春期の頃、雑誌やテレビで見聞きした美容法をあれこれと試していましたが、当時は正しい知識を教えてくれる人がいま以上にいませんでした。

医師となり知識を得て初めて当時の努力がむしろ逆効果だっとわかりました。それゆえにいまも根深い肌トラブルを多数抱えています。プロの技を駆使してもなかなか解消できないトラブルに、当時の自分への後悔が募ります。


このような現状を招いてしまったことには、我々医師が狭い学会の中の情報交換のみに注力し、十分な情報発信を一般の方にしてこなかったことにも責任の一端があると、私は以前より感じていました。

若い方には、将来後悔しないように正しい知識を伝えたい。

そして美容に悩むすべての方に、逆効果になっているケアをやめて正しい方法で実践すれば、肌はどんどん変われると伝えたい。

そんな思いから、本書は医学書を含めた専門書や論文の内容を噛み砕き、実用的で便利なものを目指しました。

思春期ニキビを正しく対処すれば、将来の肌トラブルで防げるものがたくさんありますし、不要なマッサージをやめればシワやたるみを大幅に防げます。

赤ちゃんの肌に戻ることは難しくとも、年齢より遥かに若々しく見えるようになれます。

そのために最も必要なのはお金ではなく、正しい知識とそれを積み重ねる努力です。

みなさんが情報を精査する一助になりたい——。

ぜひ本書を役立てていただければ幸いです。

上原恵理

PART 1

肌と体のキホン

しくみがわかるとホンモノを見抜ける

PART 2

つくりがわかると合うものが選べる

コスメのキホン

PART 3

やり方がわかると無駄がなくなる スキンケアのキホン

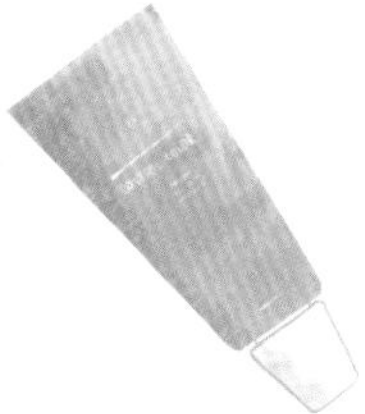

NG!!

PART 4

ホームケア&クリニックケア
肌トラブルへの対処法

DHA
NMN
Vitam
C

PART 5

そのほかコンプレックスへの対処法

STAFF
イラスト／清水利江子、キシャバユーコ、LKMAC
撮影／糸井琢眞
モデル／新津のん（Satoru Japan）
ヘアメイク／藤原リカ（Three PEACE）
ブックデザイン／菊池祐、今住真由美、本田麻衣代（ライラック）
DTP／エヴリ・シンク
校正／聚珍社
協力／玉絵ゆきの
編集／伊藤瞳

※本書の化粧品、化粧品成分についての説明は、専門家の監修を受けて記載しています。

PART

1

しくみがわかると
ホンモノを見抜ける

肌と体のキホン

肌は体のバリアー

肌の役割と構造

皮膚は人体の一番外側に存在し、外界と体内を分けるバリアーです。

実は、皮膚は人体最大の臓器であり、面積は成人で約1・6㎡、重量は約3kg、皮下組織を合わせると約9kgに及び、体重の約18%を占めます（体重50kgの場合）。

肌は、表皮・真皮・皮下組織の3層で構成され、毛穴・汗腺・皮脂腺などもその一部です。

肌の役割① バリアー機能

肌は、**外界からばい菌やアレルゲンの侵入を防ぐ**ほか、**水分の蒸発を防ぎます**。

そのほかにも、**真皮や皮下組織はクッションの役割を果たし、物理的な刺激から身体を守ります**。物理的な刺激が続くと角層は厚くなり、真皮や皮下組織は薄くなります。

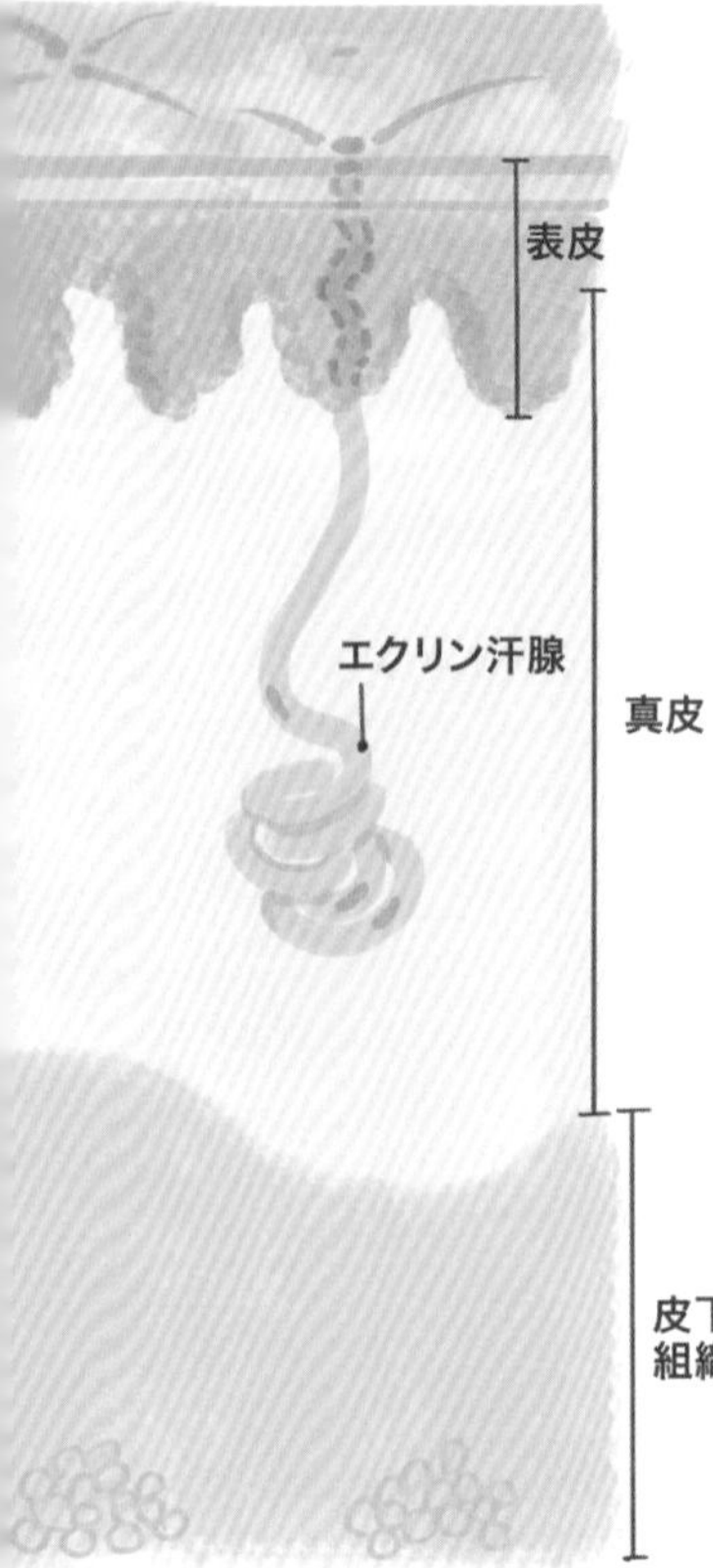

また、皮膚にあるリンパ球やランゲルハンス細胞などは免疫として、身体に有害なものをはねのけます。

肌の役割② 体温調節

皮膚から汗を蒸発させることで体温を調節します。発汗時の気化熱によって熱が奪われ、体温が低下します。寒いときには、皮膚の立毛筋が収縮することで鳥肌が立ち、体温が失われるのを防ぎます。

キメとは？

肌の表面には凹凸があり、これが「キメ」と呼ばれます。「皮溝」と呼ばれる溝と、ふっくらと膨らんだ「皮丘」により形づくられます。**この凹凸がしっかりくっきりしている状態が「キメの細かい肌」と呼ばれます。**

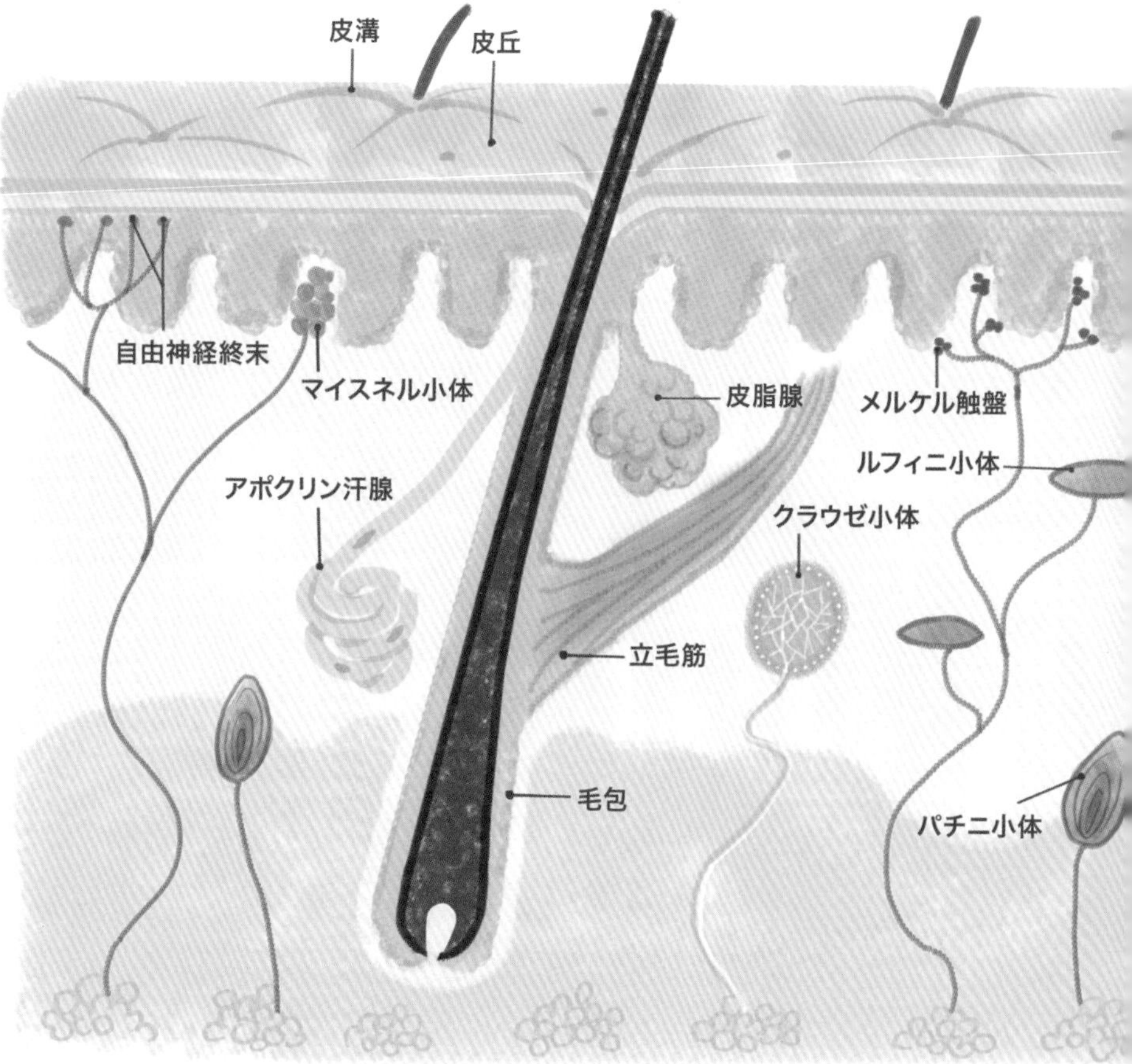

目標は
ノーマル肌と
心得よ

肌質の分類

肌質は、肌の皮脂量と保湿能力のバランスで決まります。

皮脂には、水分を逃さず守るという重要な役割があります。保湿能力とは、角質の水分量を保持する力のことです。

p.106 肌のうるおいのしくみ

この2つのバランスによって、肌質は一般的に5つに分けられます。

肌質は生まれついたものがすべてではなく、年齢や環境、季節、スキンケア、生活習慣などに影響されて変わります。

ノーマル肌

皮脂量も適量で、保湿能力も高い状態です。

オイリー肌

全体的に皮脂量が多く、保湿能力も高い肌質。しっとりはしていますが、脂っぽいです。

ドライスキン

皮脂量も保湿能力も低いのがドライスキン。バリアー機能が低いため、肌トラブルが起こりやすいです。

「洗顔後、なにも塗っていない状態の肌の様子を見て肌質がわかる」といわれますが、使う洗顔料によって変わります。強力な洗顔料なら、当然パツパツになります。
肌質を知りたいときは、美容クリニックで専用の機械を用いて調べると正確な状態を知ることができます。
また市販されている肌質チェッカーを使用するのも、よい目安になるでしょう。

インナードライ

皮脂量は多いのに、保湿能力が低い肌です。一見すると脂っぽいのでオイリー肌に見えがちですが、**オイリー肌より内部のうるおいが少ない状態です。**

混合肌

頬はカサカサしているのにTゾーンは脂っぽい……といったように、顔の中でスキンタイプが混在している状態の肌のことです。

ノーマル肌を目指そう

肌質ごとに適切なケアが異なるので、まずは、いまの肌質をきちんと知ることが重要です。**また、いまのスキンケアが原因で、肌質が変わってしまっている場合があります。**

自分の肌質を知り、現在のスキンケアを見直すこと。そして自分の肌にとって最適なスキンケアをすることで、ノーマル肌にしていくことがスキンケアのゴールです。

◆ 5つの主な肌質

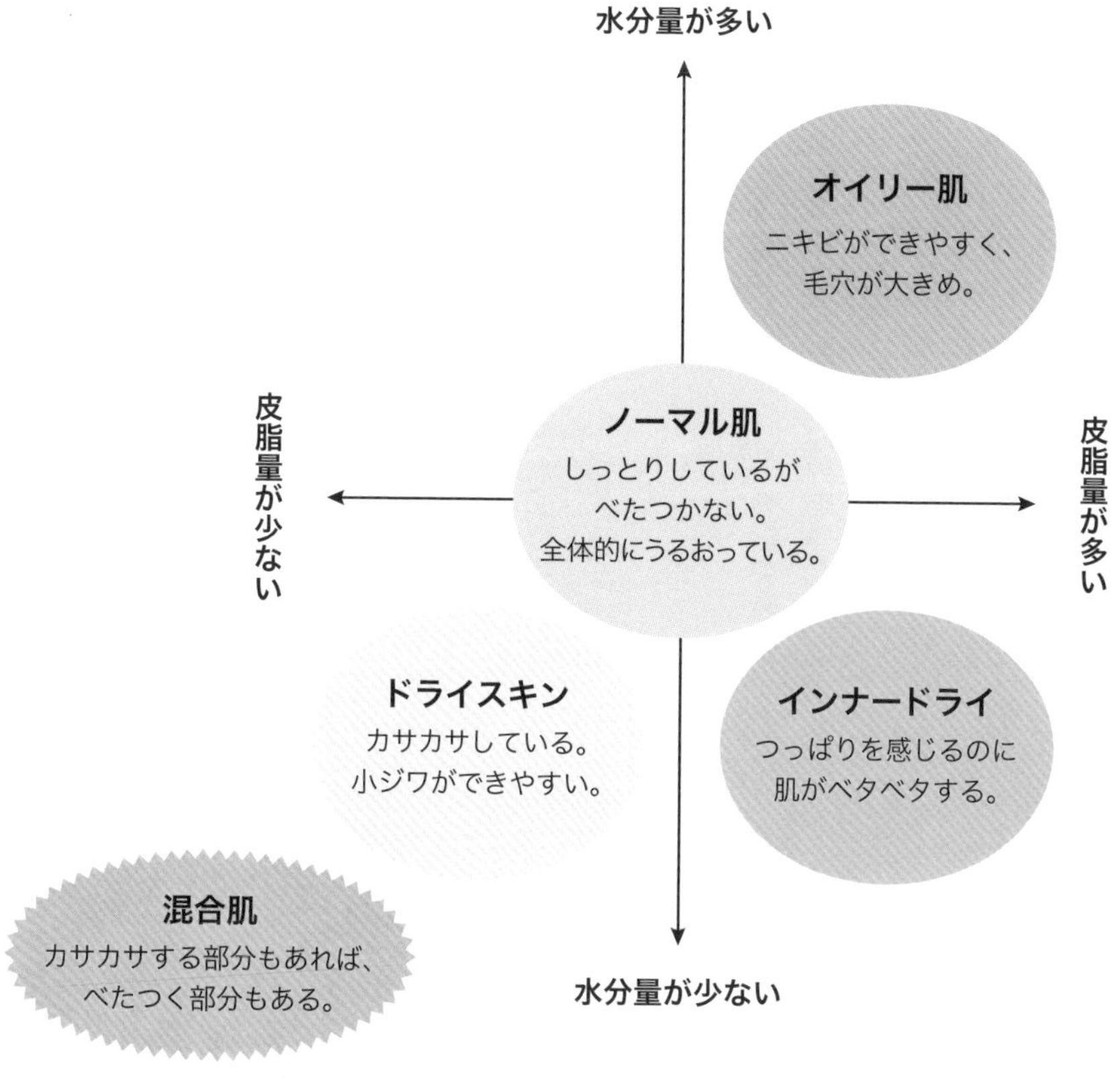
水分量が多い
オイリー肌
ニキビができやすく、
毛穴が大きめ。
皮脂量が少ない
ノーマル肌
しっとりしているが
べたつかない。
全体的にうるおっている。
皮脂量が多い
ドライスキン
カサカサしている。
小ジワができやすい。
インナードライ
つっぱりを感じるのに
肌がベタベタする。
混合肌
カサカサする部分もあれば、
べたつく部分もある。
水分量が少ない

表皮

表皮の厚さは平均約0・06～0.2㎜。表皮を構成する細胞の90％以上を占めるのは、ケラチノサイトと呼ばれる角質細胞です。

表皮は、浅層から順に角層・顆粒層・有棘層・基底層の4層構造になっています。

角層

角質細胞が12～14層積み重なっている層で、その間を水分や細胞間脂質、NMFが満たしています（角質水分）。

p.106 肌のうるおいのしくみ

わずか0・02㎜という薄さですが、外からの刺激が体内に侵入するのを防いだり、肌の水分が蒸発しないよう守ったりしています。

最終的に垢となって剥がれ落ちます。これを**ターンオーバー**といいます。

顆粒層

顆粒層には**フィラグリン**という細胞があり、**天然保湿因子のもととなる成分をつくります**。フィラグリンを産生するのはγポリグルタミン酸です。γポリグルタミン酸を含んだ化粧品もあります。

顆粒層も外的刺激から皮膚を守る働きをしています。顆粒層にあるケラトヒアリン顆粒は、入ってきた紫外線をはね返します。

NOTE

ターンオーバー

基底層でつくられたケラチノサイトは、有棘細胞、顆粒細胞、角質細胞と、形を変えながら徐々に押し上げられ、最終的に垢となり剥がれ落ちます。この一連の働きをターンオーバーといいます。

基底細胞から角質細胞になるまでに4週間、垢となって剥がれ落ちるまでに2週間かかります。

美容クリニックの施術の多くが1カ月に1回となっているのは、ターンオーバーに合わせているからです。

有棘層《ゆうきょくそう》

表皮の中で最も厚い層が有棘層です。有棘層には**ランゲルハンス細胞**という免疫細胞があり、**体内に入ってきた物質が異物かそうでないかを判別しています。**異物と判別すれば体外に排除しようとします。そのときに表れるのがアレルギー反応です。

基底層

基底層では基底細胞が新しい細胞をつくります。その約1／10の割合で**メラノサイト**が存在します。基底細胞はメラノサイトからメラニンを受け取ります。

基底膜を介して真皮とつながっています。この部位はＤＥＪ（真皮表皮接合部）として知られ、近年、皮膚の老化にはＤＥＪが重要な役割を果たしているということがわかり、注目されています。

p.196 DEJ

♦ 表皮の断面図

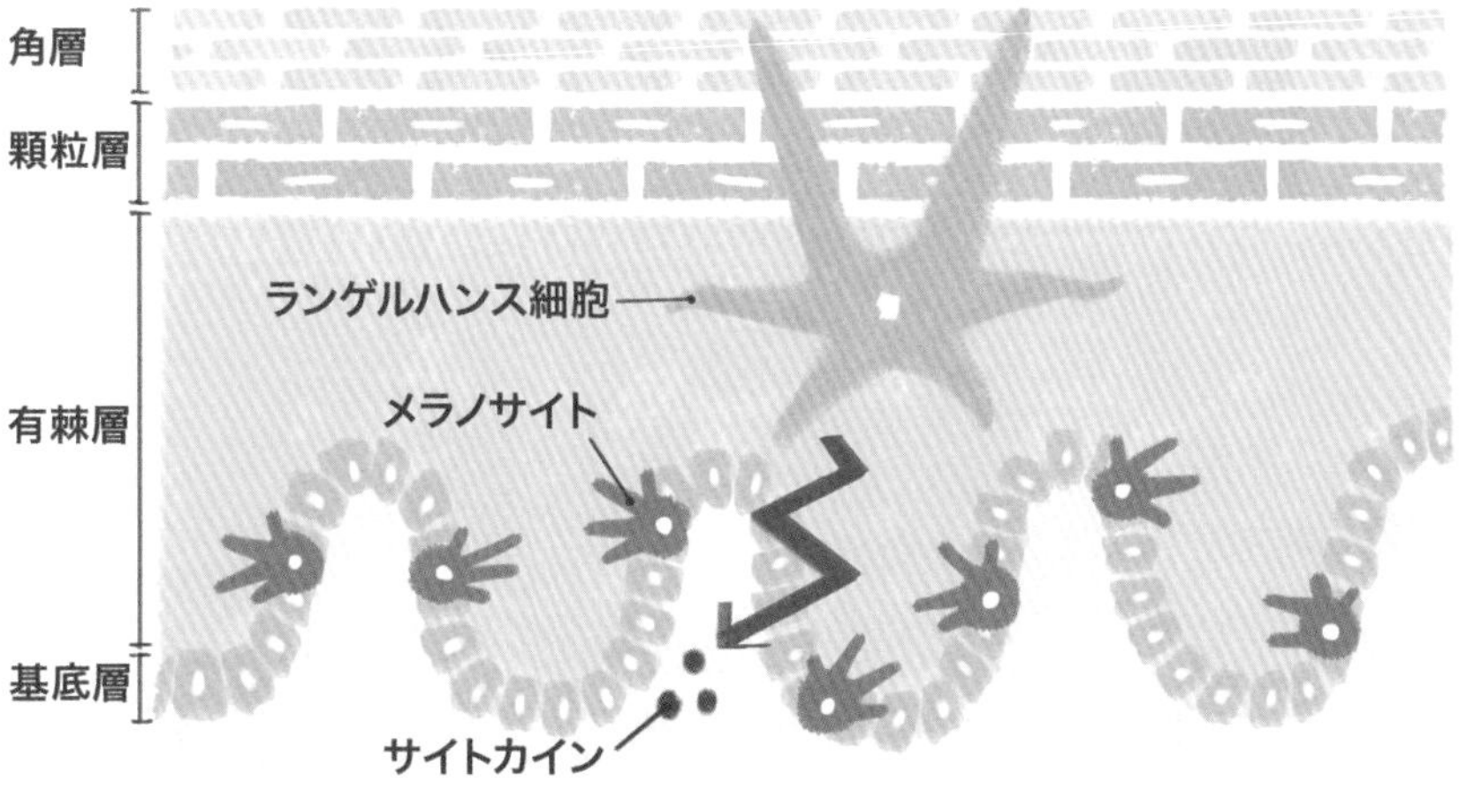

NOTE

サイトカイン

刺激を受けると細胞から生産・分泌されるタンパク質の総称で、特異的な細胞と結合することで、免疫反応の増強、制御、細胞増殖、分化の調節などの反応を引き起こします。
サイトカインにはさまざまな種類があり、体内に約800種類存在するといわれています。一部には病気の治療に用いられているものもあります。
ホルモンや成長因子とは異なるものと定義されています。

真皮

真皮は、肌の本体ともいえる部分。**その大部分で、弾力性のある膠原線維の束がさまざまな方向に錯綜して網状になっています（結合組織）**。網目の間を、ヒアルロン酸などの基質が水分を抱えながら満たしています。その中に、さまざまな細胞や付属器が存在します。

コラーゲン

膠原線維をつくるのが、コラーゲンというタンパク質です。

p.21 コラーゲン

エラスチン

弾性線維の主成分がエラスチンです。ゴムのような弾力性のある線維でコラーゲンのところどころをつなぎとめるように支えます。

年齢とともにコラーゲンもエラスチンも減ってシワやたるみの原因になります。

ヒアルロン酸

コラーゲンやエラスチンでつくられた網状構造の隙間を埋めつくすゼリー状の物質で、ムコ多糖の一種です。ゼリー状なので弾力もあり、真皮の構造を安定して保ちます。このヒアルロン酸は水分維持力が高く、化粧品では保湿成分として配合されています。

p.22 ヒアルロン酸

POINT

コラーゲンとヒアルロン酸の違い

コラーゲンはタンパク質、他方のヒアルロン酸は糖です。

コラーゲンはベッドのスプリングのような役割をする構造からわかるとおり形を持っていますが、ヒアルロン酸は形のないゼリー状態で、膠原線維の合間を埋めています。

コラーゲンには「飲むコラーゲン」「食べるコラーゲン」など、経口摂取するものも多く広まっています。

しかし**食事で摂ったコラーゲンは腸で分解されてほとんどアミノ酸となり、全身の必要なところに届けられます。**

近年の研究ではごく一部、コラーゲンのまま体内の必要な場所に届けられることもあるとわかってきています。

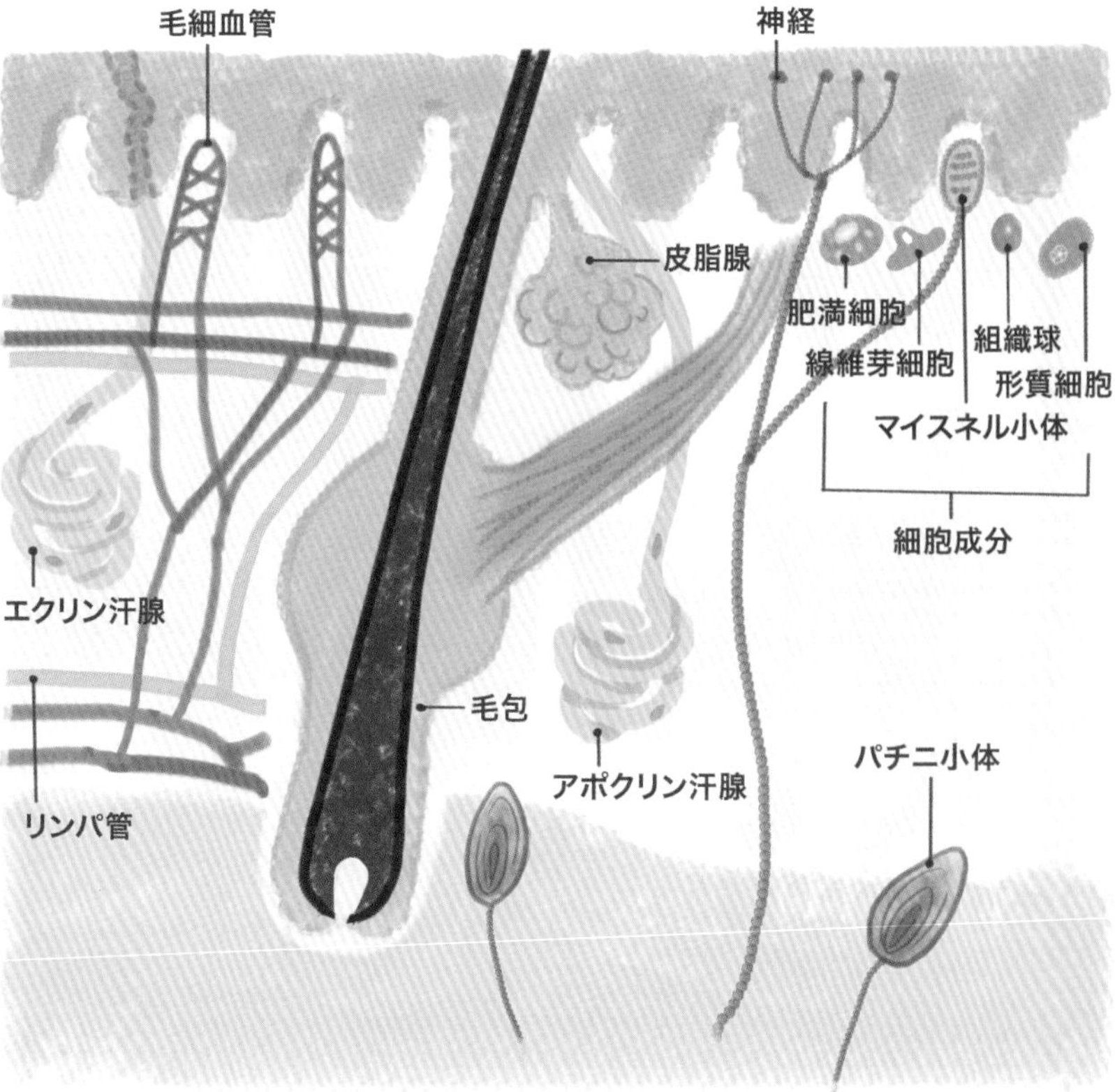

POINT

ハリの正体

真皮の細胞マトリックスはベッドのマットレスにたとえられます。コラーゲンはマットレスのスプリング、エラスチンはスプリングをつなぎ止める部分、ヒアルロン酸はスポンジ部分にあたります。

ベッドの上で飛んだり跳ねたりすると、スプリングがへたれていくように、肌のマットレスも刺激が加わるほどどんどんへたっていきます。

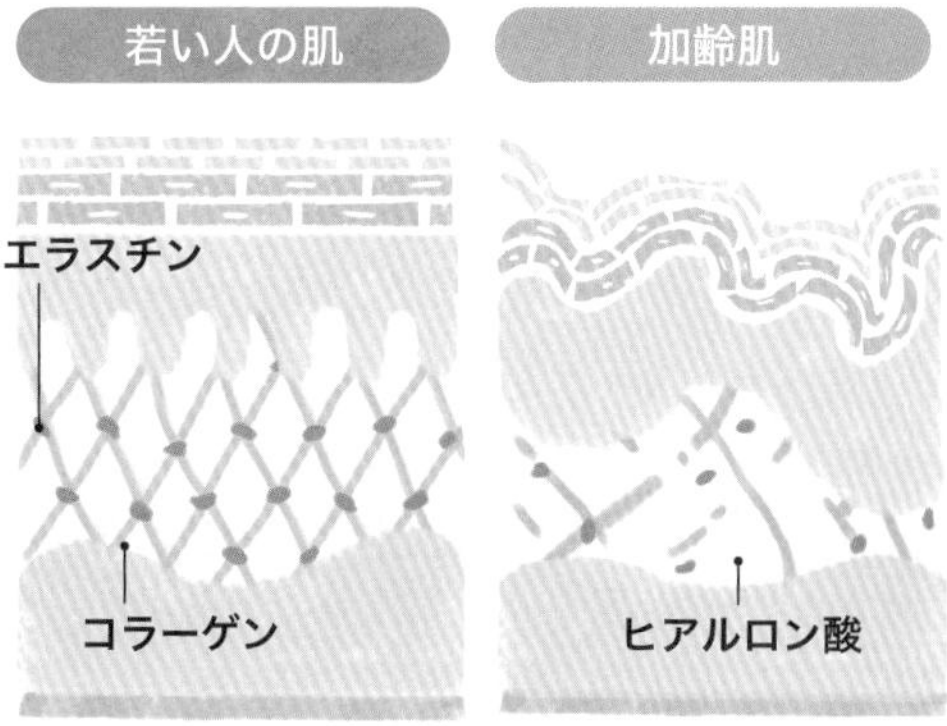

線《せん》維《い》芽《が》細《さい》胞《ぼう》

コラーゲン、エラスチン、ヒアルロン酸などをつくる細胞です。肌の血管を元気に保つほか、ケガをしたらその部位に大量のコラーゲンをつくり、傷の修復を助けるなど、さまざまな働きを担っています。

肥満細胞

肥満細胞が刺激されると、ヒスタミンが分泌され、アレルギー反応が起こります。ヒスタミンが放出されると、真皮にある毛細血管が膨張し、血管から血漿成分が漏れ出して膨らみます。これがじんましんです。名前が似ていますが、脂肪細胞とは異なります。

細胞外マトリックス

細胞外マトリックスは細胞ではなく、細胞を包み込む環境全体のことです。いわば、細胞のすみかです。細胞の働きに影響するため、適切な環境を整えることが大切です。

生体組織を栗ようかんに例えると、栗が細胞でようかんが細胞外マトリックスにあたります。

NoTE

成長因子（グロースファクター）

体内において、特定の細胞の増殖や分化を促進する内因性のタンパク質の総称。
さまざまな生理過程の調節に働いています。**標的細胞の表面にある受容体タンパク質に特異的に結合することで、細胞間のシグナル伝達物質として働きます。**
サイトカインやホルモンとは別のものとして定義されています。

主な成長因子の例

- EGF……上皮成長因子
- IGF……インスリン様成長因子
- TGF……トランスフォーミング成長因子
- bFGF または FGF2……塩基性線維芽細胞増殖因子
- PDGF……血小板由来成長因子
- HGF……肝細胞増殖因子

✦ 成分についてもっと詳しく

コラーゲン

人間の体内にあるコラーゲンは、いまわかっているだけでも全部で29種類あります。

そのうち9種類が皮膚に存在しています。線維をつくるコラーゲン、膜型のコラーゲン、真皮と表皮をつなぐコラーゲン、線維の太さを調節するコラーゲン、ビーズ状線維を形成するコラーゲンなどがあります。

皮膚にある9種類のコラーゲンの中でもⅠ型、Ⅳ型、Ⅶ型の3つのコラーゲンは、肌のハリや弾力を保つために大切なものです。

一般的にコラーゲンというと、Ⅰ型コラーゲンを指します。皮膚に多く存在し、弾力や強度に関与しています。

体内のコラーゲンは、加齢とともにどんどん減ったり変性したりします。また、身体の中で新しくコラーゲンをつくり出す力も衰えていきます。すると肌の弾力性が失われ、シワやたるみの原因となります。

♦ 加齢によるコラーゲン量の変化

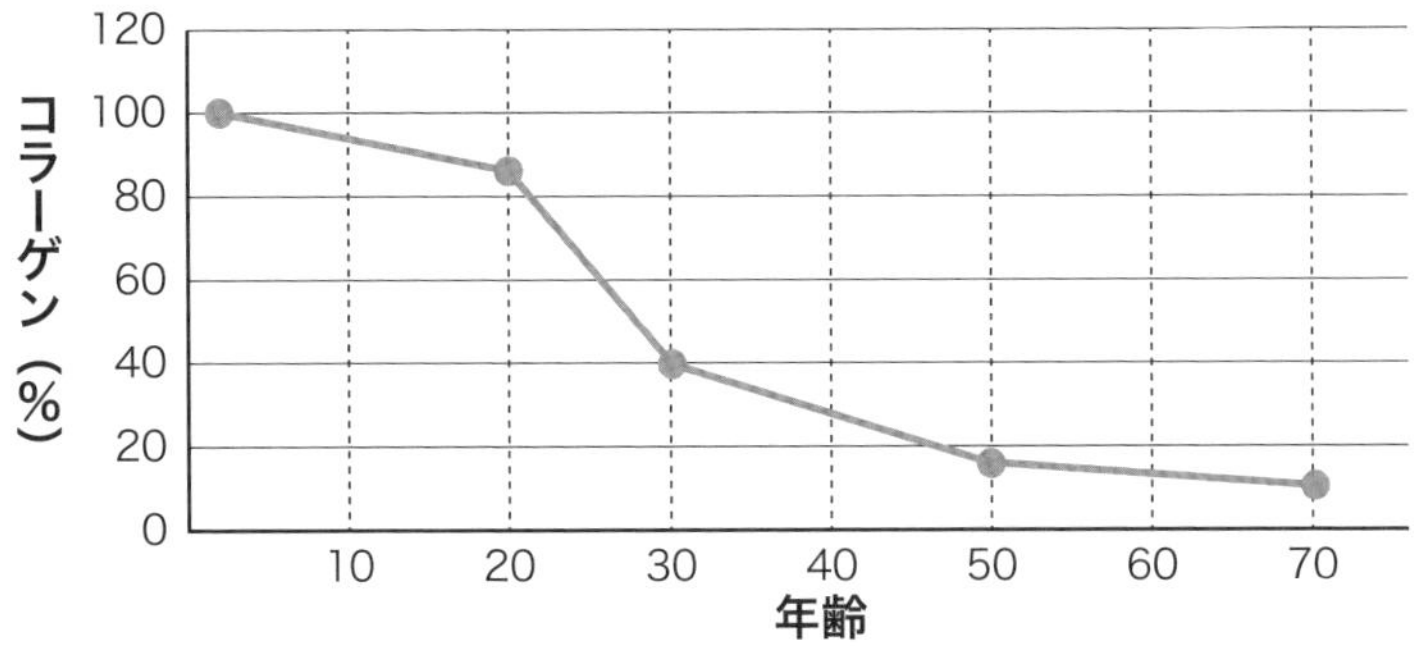

【出典】Miyahara T.（1982）. J Gerontol 37:651-655（1982）［改変］

ヒアルロン酸

化粧品に一番多く使用されるヒアルロン酸は、ヒアルロン酸Naというものです。

p.192 美容医療のヒアルロン酸

生体内でタンパク質と結合する性質を持つムコ多糖類と呼ばれるもので、糖分です。

体内のヒアルロン酸

ヒアルロン酸は体内のいたるところで活躍しています。

関節にあるヒアルロン酸は、骨と骨

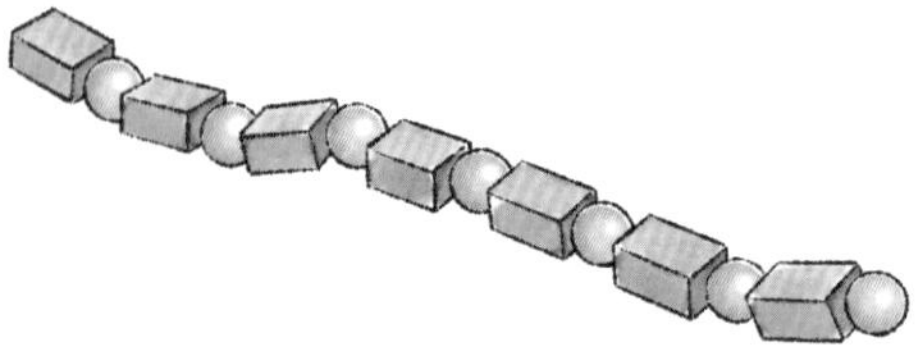

ヒアルロン酸はN-アセチルグルコサミンとD-グルクロン酸の２種類の糖が交互に鎖状に結合したつくりになっています。

との間のクッションの役割を果たしているほか、動きを滑らかにします。眼球の硝子体の大部分はヒアルロン酸でできています。

年齢とともに減少する

肌の真皮では、コラーゲンとエラスチンの間を埋めて水分を大量に保持することで、皮膚に弾力性と柔軟性を与えます。

体内のヒアルロン酸量は40代後半を境に減少していきます。０歳の時を１００％とすると、30歳では65％、50歳で45％、60歳では25％とピーク時の１／４にまで減ります。

驚異的な保水力

ヒアルロン酸は驚異的な保水力を誇ります。**ヒアルロン酸１gが持てる水は、なんと6ℓ。**この驚異的な保水力のため、化粧品に配合される際は1%までのことが多いです。少ないと感じるかもしれませんが、むしろこれで十分。しっかり水分を抱え込みます。配合量が多くなるほどゼリー状になり、とろみが出ます。

さまざまな種類がある

一般的に化粧品に使用されるヒアルロン酸は分子量が80～120万と極めて多いため、塗っても肌に吸収はされないと考えられてきましたが、肌に吸収されるヒアルロン酸もあります。

ヒアルロン酸にはさまざまな種類があり、分子の大きさによって特性と効果が変わります。

さまざまなヒアルロン酸

ヒアルロン酸Na	一般的にヒアルロン酸というと、ヒアルロン酸をナトリウムで安定化させたもののこと。特別な言及がなければ、ヒアルロン酸Naが配合されていることが多い。
加水分解ヒアルロン酸（ヒアロオリゴ®　など）	浸透型と呼ばれるとおり、分子量1万以下まで低分子化させたことで角質層の深くまで浸透するヒアルロン酸。
ヒアルロン酸ヒドロキシプロピルトリモニウム（ヒアロベール®）	吸着型ヒアルロン酸と呼ばれるヒアルロン酸。プラスに荷電させることでイオンの力が加わり、毛髪へ吸着する量が多くなる。髪や皮膚を洗っても落ちずに吸着するという特徴を持つ。
アセチルヒアルロン酸Na（スーパーヒアルロン酸）	1g当たり12ℓと、ヒアルロン酸Naの2倍の保水力を持つヒアルロン酸。水となじみやすい性質と油となじみやすい性質の両方を持つ両親媒性。
HA4（ヒアルロン酸オリゴ糖4糖）	分子量800と現状の技術でつくることができる最小単位のヒアルロン酸で、超低分子ヒアルロン酸とも呼ばれる。そのため角層のバリアーを越えて浸透することができる。p.109 成分の分子量

ヒアルロン酸の基本単位がいくつも連なって一つの分子ができています。分子量の大きさで性質は変わり、分子量が大きい（連なる基本単位の数が多い）ほど粘度が高くなります。

皮下脂肪

真皮の深層と筋層の間にある脂肪の層を皮下脂肪といいます。

外部からの衝撃をやわらげたり、断熱・保温、エネルギーを貯蓄したりする役割を果たします。また、サイトカインやホルモンなどの、体に必要な物質を分泌します。

厚みや発達度合いは、年齢・性別・部位・栄養状態などによってさまざまです。

区画ごとに分かれている

年を取ると脂肪が下がっていくので、ほうれい線などのシワが目立つようになります。

皮下脂肪はコンパートメントといって、結合腺維という筋によって部屋のように区切ら

♦ 真皮〜筋層までの断面図

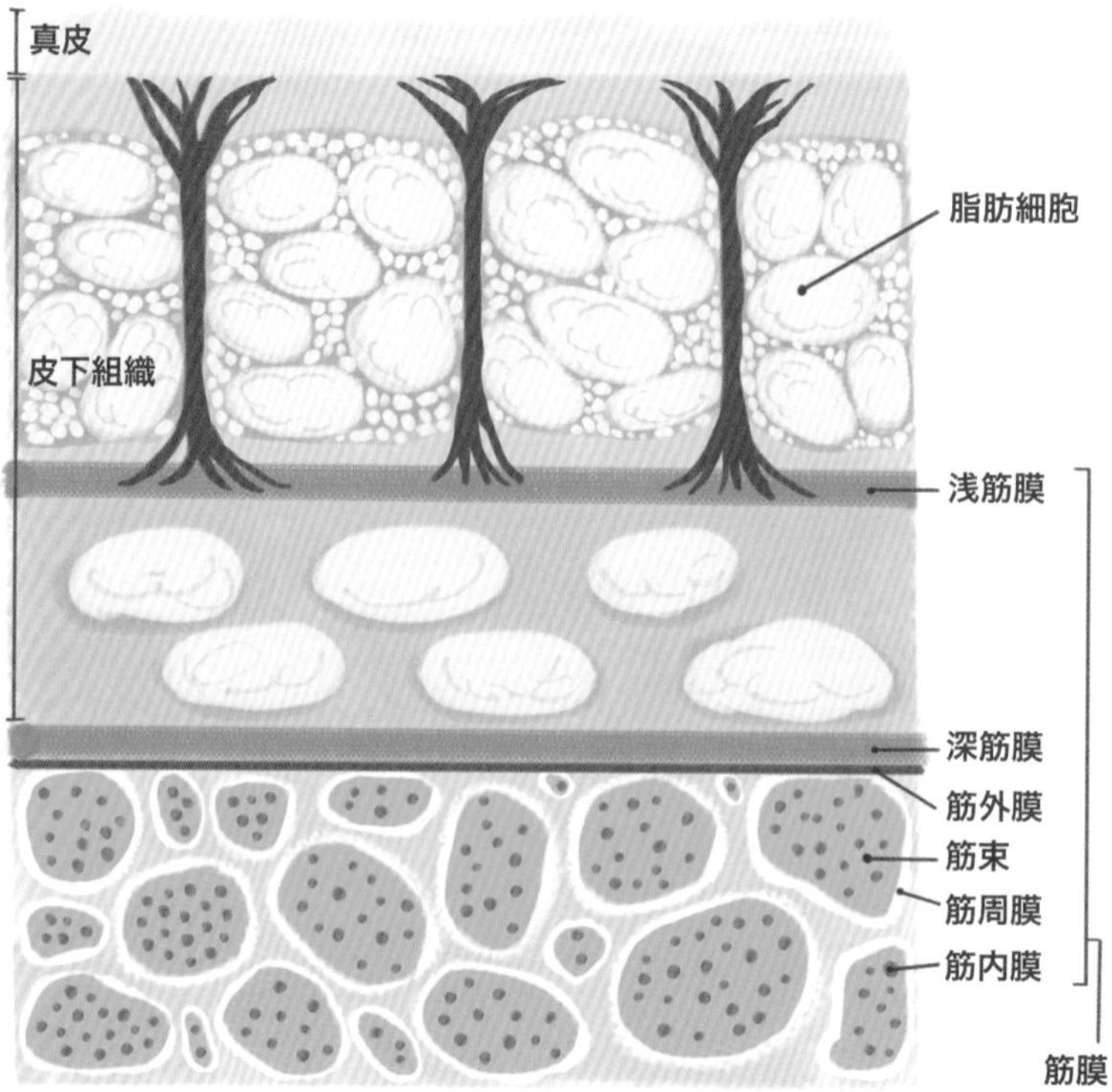

れています。脂肪は加齢すると萎縮していきますが、このコンパートメントごとに小さくなっていきます。

p.185 たるみ

未来ために守り抜こう

年を取ると、ほどよい量の脂肪があり、下がっていないことが若々しい印象のカギになります。

小顔になりたいと、顔の脂肪に悩む若い人もいますが、将来の強い味方になるものです。

なお、脂肪細胞の組織に含まれる脂肪幹細胞のさまざまな効果は、近年美容分野で注目されています。

◆脂肪のコンパートメント

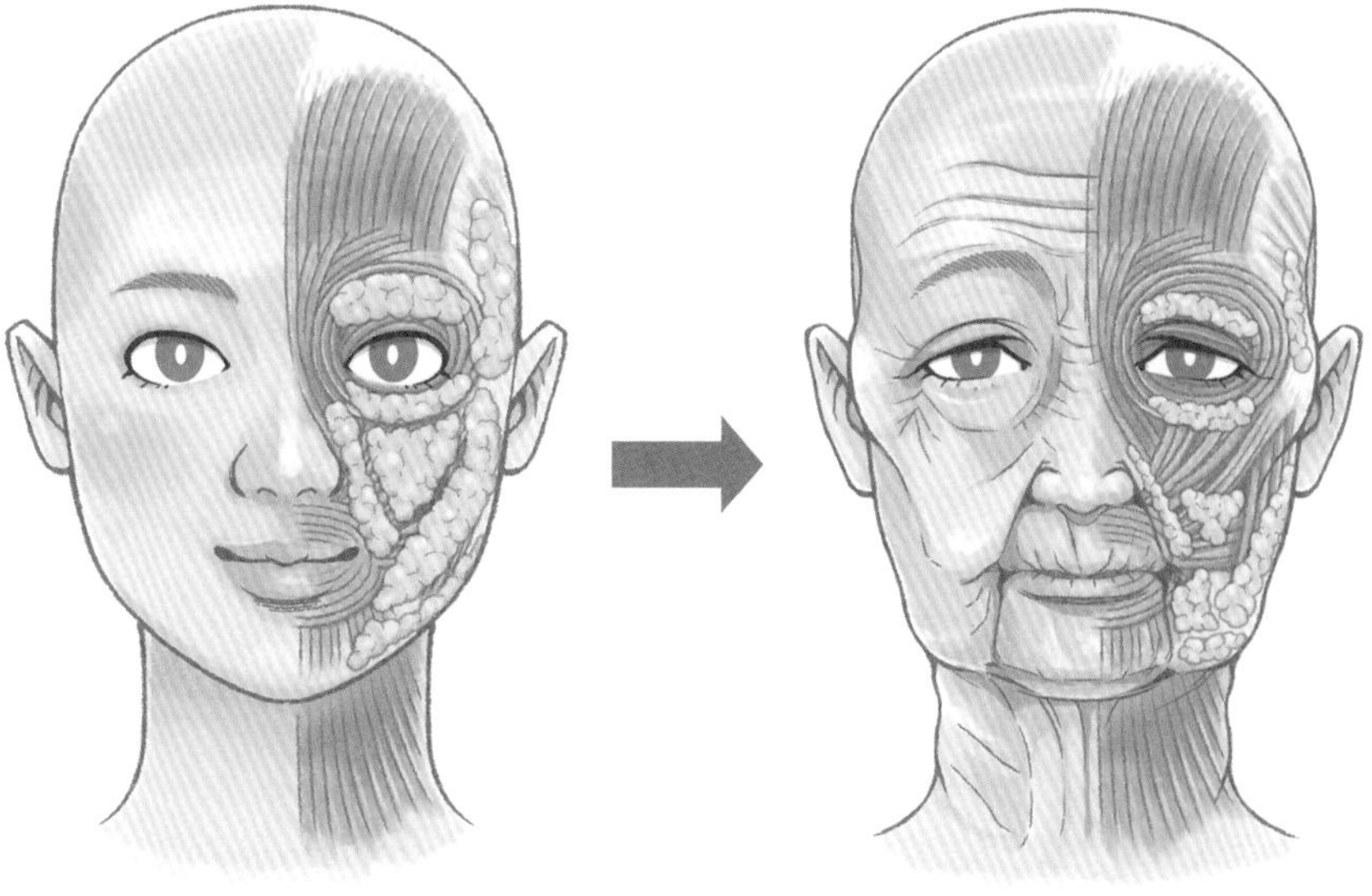

皮下脂肪は１枚につながっているわけではなく、複数のコンパートメント（区画）に分けられています。
それぞれのコンパートメントは、コラーゲンのような線維支持組織に支えられています。
加齢とともに支持組織が弱くなると、重みで下垂していき、たるみの要因の一つになります。

毛

毛が生えているのは、そこに守りたいものがあるから

毛は決して理由もなく生えているわけではありません。

毛穴は、豊富な神経のネットワークが集まっている感覚器官で、触覚としての機能を持ちます。

頭髪は外からの刺激や光線から身体を守るほか、気温に対して体温を一定に保ちます。まつげはほこりの侵入を防ぎ、ワキ毛・陰毛は摩擦などからの刺激をやわらげています。

毛包は全身の皮膚に存在しますが、手のひら・足の裏・指の末節部・口唇・亀頭・包皮内面・大陰唇内面・小陰唇・陰核には存在しません。

2種類の毛

毛には2種類あります。メラニンを有する大型の硬毛と、体表の大部分を占めるメラニンを持たない軟毛（うぶ毛）です。

メラニンは毛の色の決め手にもなっています。

p.37 メラニンの正体

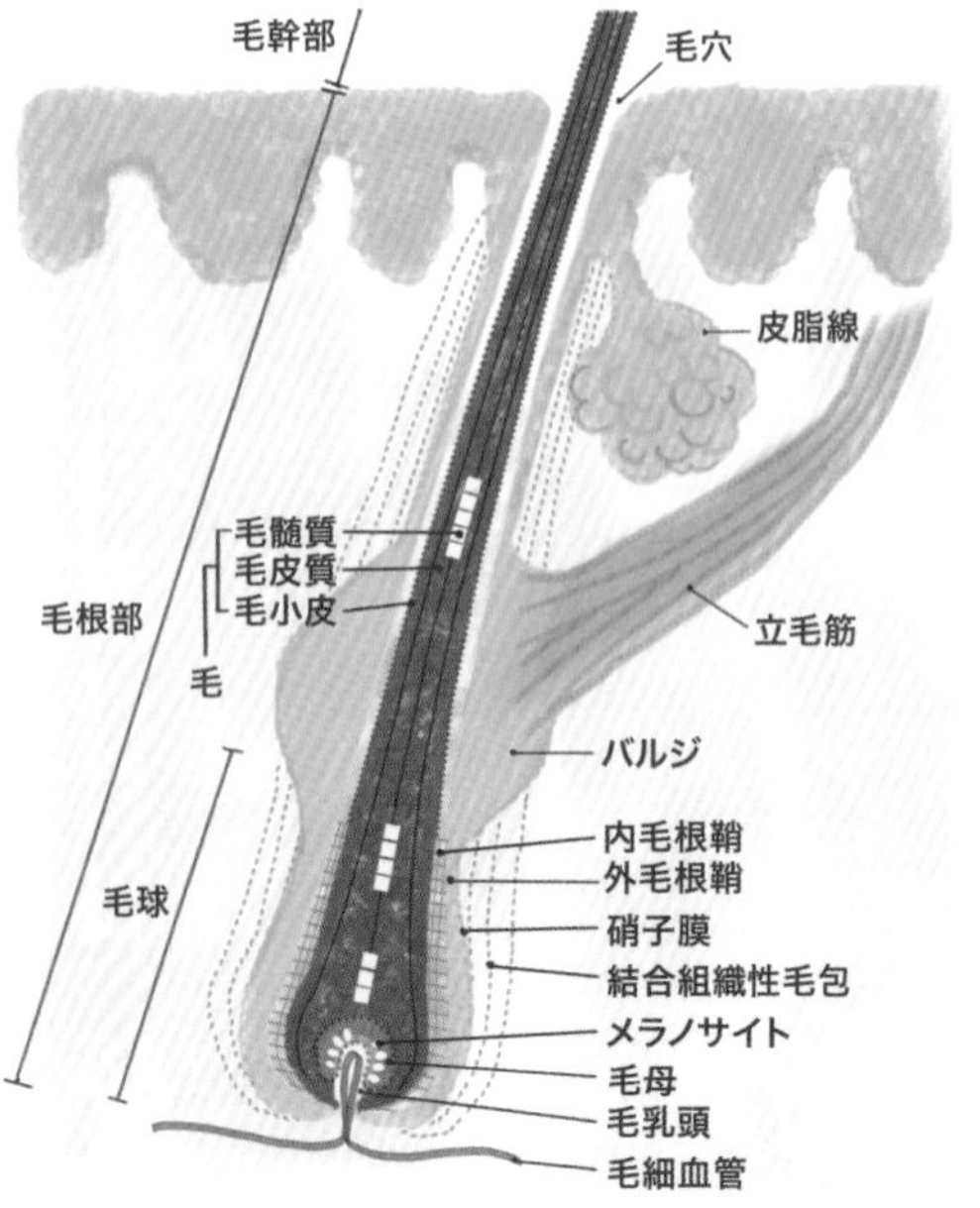

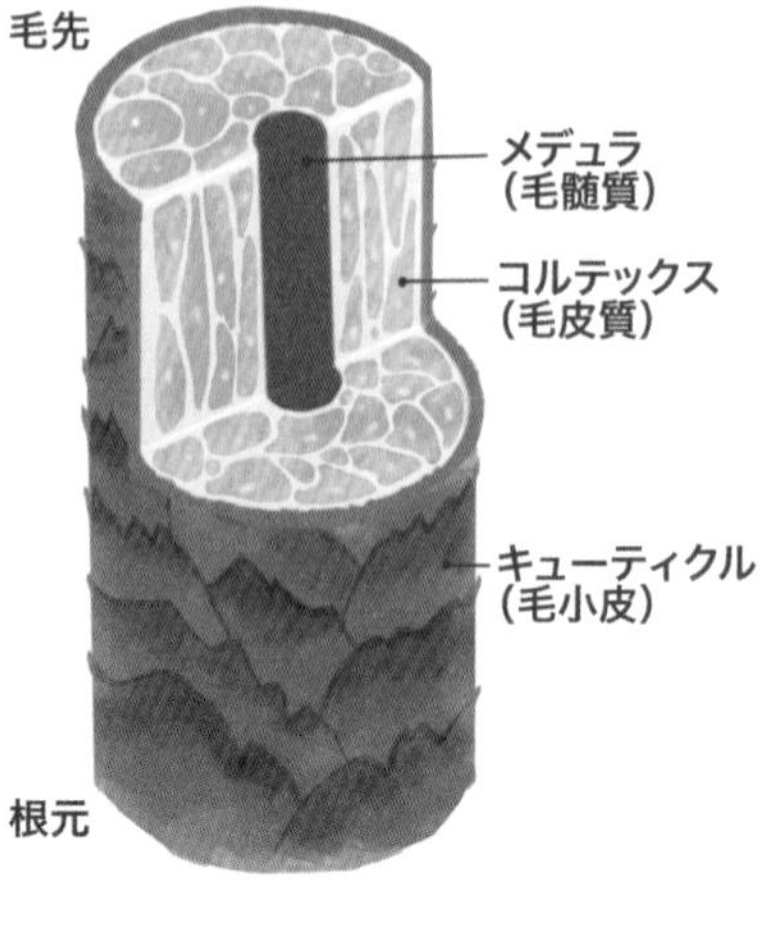

毛球のつくり

毛包下部の膨らんだ部分を毛球と呼び、最下部に毛乳頭があります。毛乳頭を囲む細胞を毛母と呼びます。毛母にはメラノサイトがあり、毛にメラニンを供給しています。

毛は3層構造になっています。**毛小皮は外部から毛を守っており、これが外的刺激を受けると毛皮質が露出し、ツヤが失われます。**

また周期的に生え変わっており、新しい毛が生まれると、これに押し出されるかたちで元の毛が抜け落ちます。

p.228 毛周期

立毛筋

立毛筋は交感神経が優位になることで収縮する小さな筋肉です。自分の意思で動かすことはできません。

立毛筋が収縮すると毛穴が収縮してまわりの皮膚が盛り上がり、毛がまっすぐに立ち上がります。これが鳥肌のしくみです。毛で皮膚を覆うことで、寒さから身を守っています。

また立毛筋が収縮すると、同時にすぐ近くにある皮脂腺が刺激され、皮脂が分泌されます。この皮脂が毛穴の表面に膜をつくり、水分の蒸発を防いで、体温が失われないようにしています。顔に鳥肌が立たないのは、立毛筋が顔の毛穴にはないためです。

◆ 立毛筋の働き

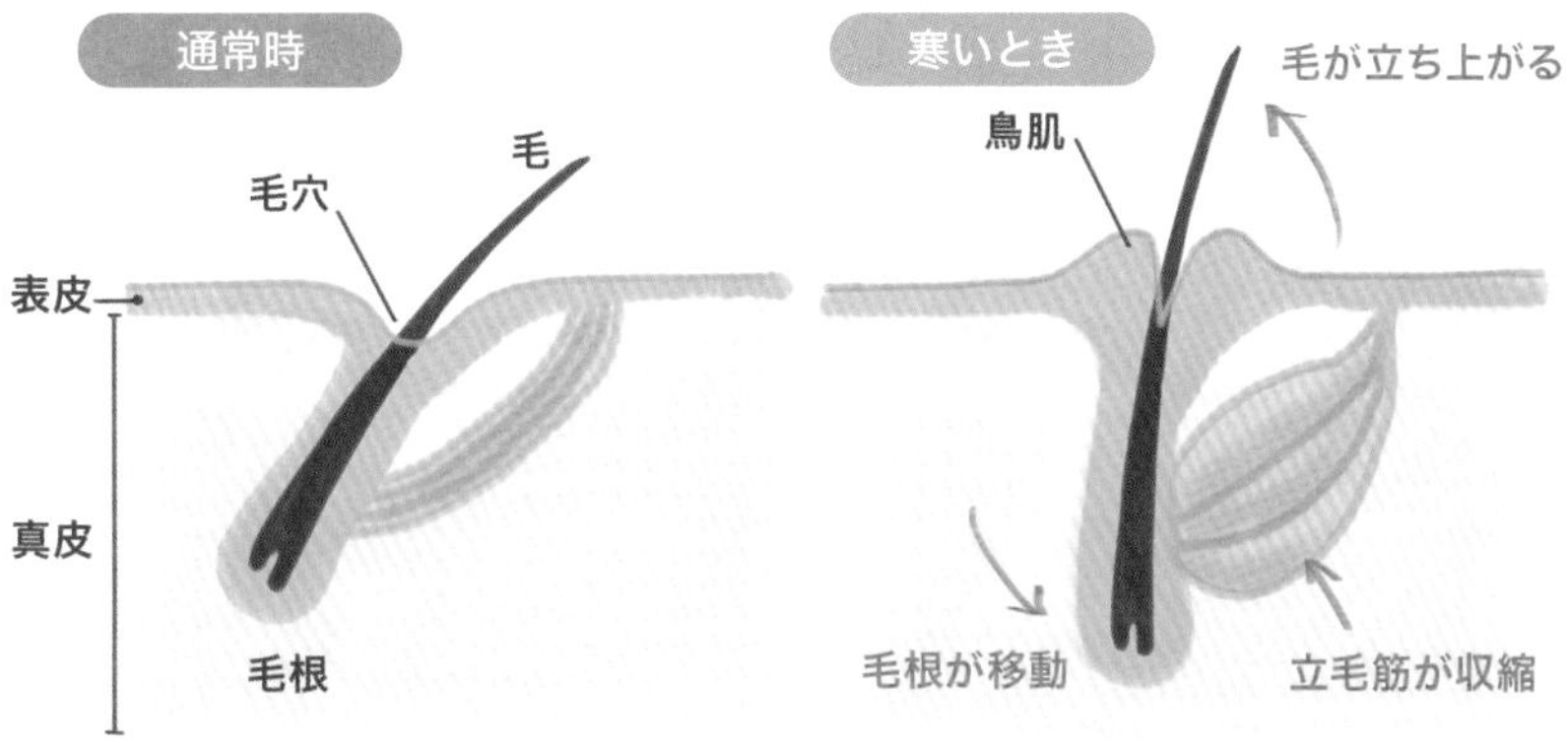

通常時、皮膚の毛は寝ている状態になっている。

立毛筋が収縮して毛が立ち、皮膚が盛り上がって毛穴をふさぐ。

爪

爪は、1日に約0.1㎜成長し、爪全体が生え変わるには6～12カ月かかります。成長の速度は加齢とともに遅くなります。

小指に向かうほど成長は遅くなります。また、年を取ると爪は厚くなります。

爪甲《そうこう》

爪甲は、いわゆる爪の部分で、角層が分化してできます。

爪甲の成長や色みは、栄養状態が反映されやすいものです。折れやすかったり二枚爪になったりするのは、栄養や水分が足りないのが原因です。

爪床《そうしょう》

爪甲の下にある皮下組織の一部です。**爪床には、爪の形成と維持に必要な栄養や水分を補給するための神経や毛細血管が通っています。**爪床には顆粒層がなく角化しており、爪甲と密着しています。

爪母《そうぼ》

爪母は爪甲が生まれるところです。ここで分化・増殖した細胞が伸び、角化することで爪甲となります。

ネイルアートは計画的にお手入れを

ネイルアートは同じものを長く付け続けるのではなく、定期的にケアをしましょう。
爪との間に隙間ができてしまい、水や雑菌が入り込んでしまうと、爪が弱くなったりカビが発生したりします。

Q 爪を強くするにはどうしたらいいですか？

A 爪は皮膚の延長なので、肌の状態がよくなれば、自然と爪も強くなると考えられます。タンパク質、ビタミンA、ビタミンBを多く含む食品を摂るのがおすすめです。

♦ 爪の部位の名称

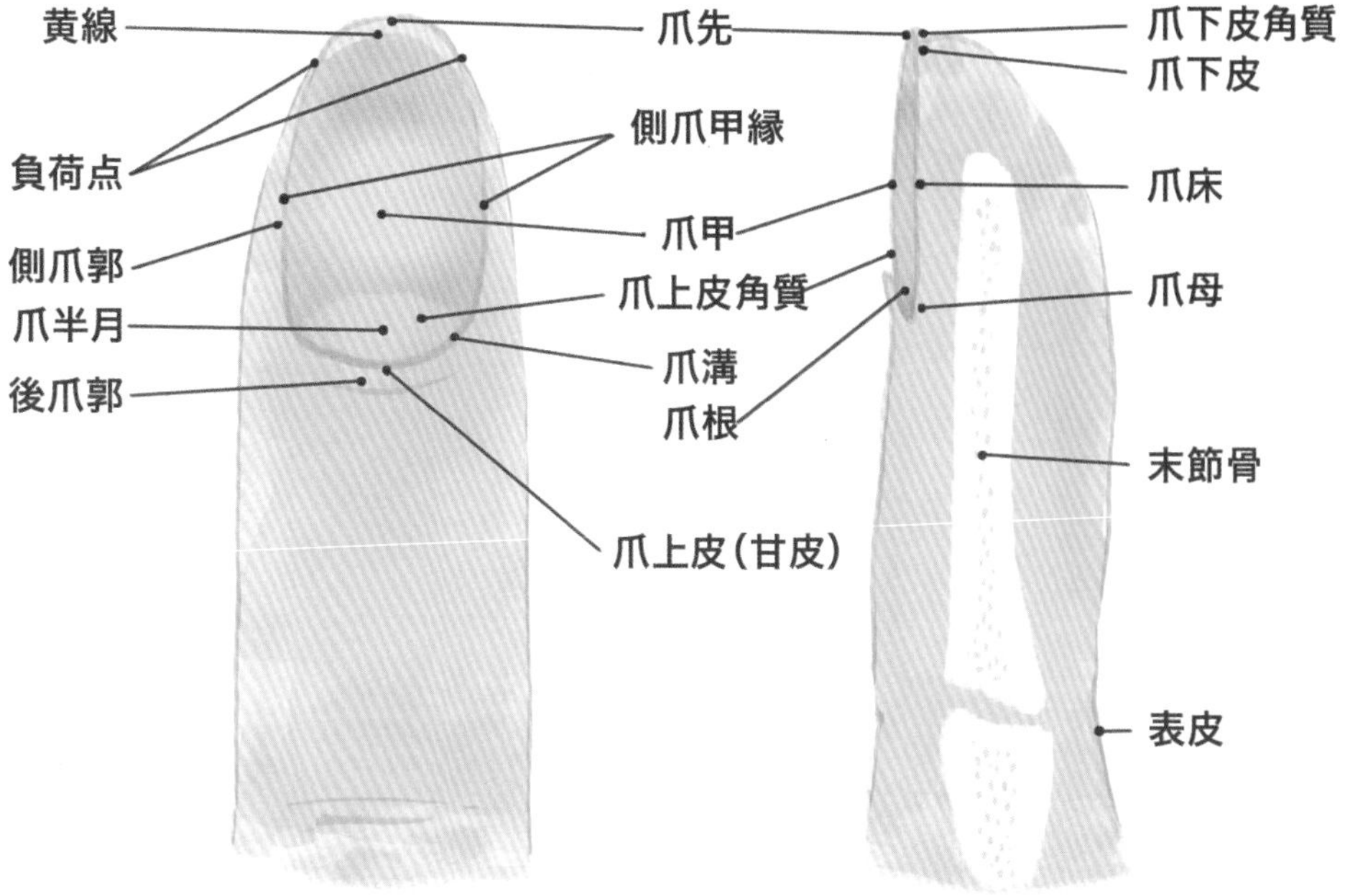

♦ 巻爪の意外な原因

寝たきりで入院している患者さんには、ひどい巻爪が観察されることが多々あります。そのため、歩く体重がかかることによって、爪がまっすぐになるのでは？　と考えられています。足の爪にとって、歩くことはとても大切なのです。

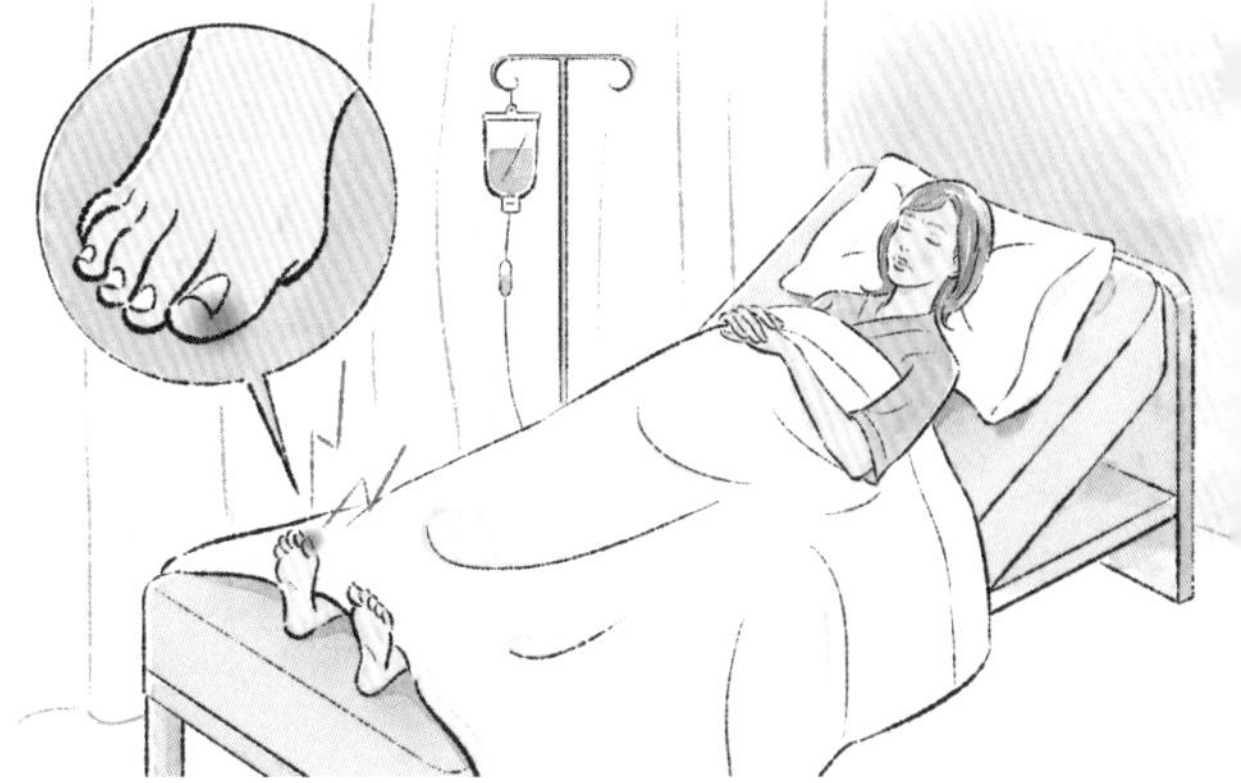

2種類の汗

汗を分泌する汗腺は2種類あります。エクリン汗腺とアポクリン汗腺です。

1日に出る汗は、平均で700〜900㎖ほどです。

エクリン汗腺

暑いときや運動したときにかく汗はエクリン汗腺から出ています。

口唇、亀頭、陰核など一部を除いて全身に存在していますが、手のひらや足の裏、ワキの下に特に多く存在します。

気温の刺激・体温に反応して分泌し、体温調節を行っています。また、肌をきれいに保つ作用があります。

p.218 デトックス

エクリン汗腺から出る汗は成分の99%が水で、分泌された直後は無味無臭です。汗に含まれる成分を皮膚常在菌が分解することで、においの原因物質が発生します。

p.230 においの原因

アポクリン汗腺

他方のアポクリン汗腺は、**諸説ありますがはるか昔のフェロモン器官の名残だと考えられている汗腺です。**

ワキの下や外耳のほか、乳輪、下腹部から陰部、肛門にかけての特定の部位にのみ存在します。

ちなみに、乳腺やまつげ腺もアポクリン汗腺の一種です。

アポクリン汗腺は、性ホルモンの影響を受けて思春期に発達しますが、年齢とともに退化していきます。

アポクリン汗腺は、情緒的な刺激で分泌します。アポクリン汗腺から分泌されたばかりの汗はほぼ無臭ですが、**その成分は中性脂肪や脂肪酸といった脂肪、鉄分、尿素、アンモニアなどで、においのもととなる成分を多く含んでいます。**これらが雑菌などと反応して強いにおいになります。

ワキガの人は、このアポクリン汗腺が発達しています。

p.233 ワキガ

◆ エクリン汗腺とアポクリン汗腺の違い

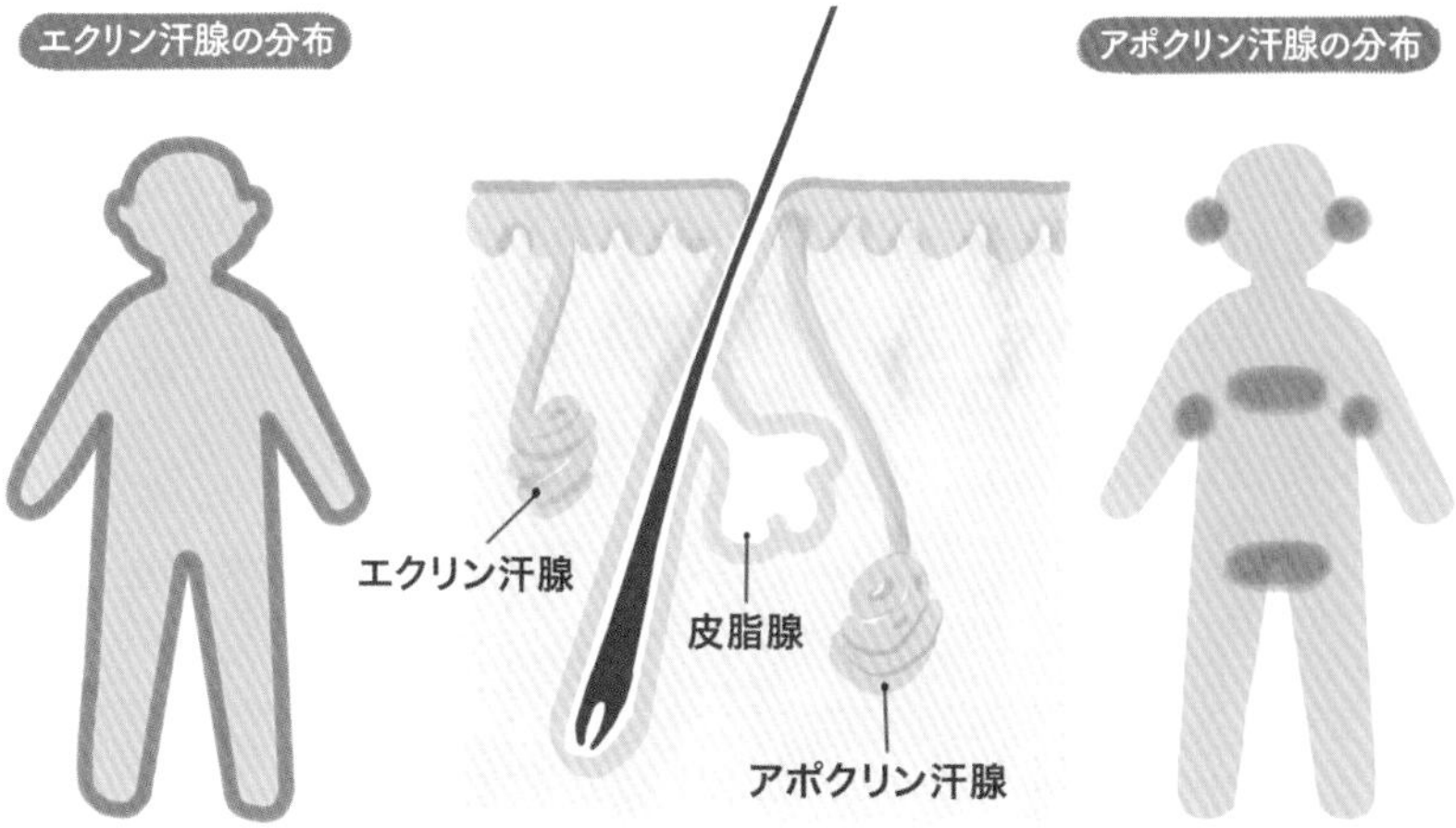

	エクリン汗腺	アポクリン汗腺
部位	全身 (約 200～500 万個)	ワキの下、外耳、乳輪、下腹部から陰部、肛門にかけての特定の部位
作動性	アセチルコリンにより作動する (気温や体温に反応)	アドレナリンにより作動する (情緒的な刺激に反応)
役割	体温調節	フェロモン器官の名残とされる
におい	汗自体はあまりにおわない。糖たんぱくや脂質を分解してにおう	あり
色	無色	乳白色

老化は宿命①

アンチエイジングの基本戦略

人間はなにもしていなくても、時間の経過とともにどんどん老化します。これはあらゆる生物の宿命です。

老化のスピードは大きな個人差がありますが、老化を加速させる大きな原因に酸化と糖化があります。

整っていない睡眠や食生活、誤ったスキンケアなど、生活習慣は大きく老化スピードを左右します。

アンチエイジングの基本戦略は、こうした老化を加速させる行為をやめ、老化のスピードを緩やかにしていくことです。

活性酸素による酸化

活性酸素とは、酸素分子がより反応性の高い化合物に変化したものの総称です。体内で生成される活性酸素の代表的な種類はスーパーオキシド、一重項酸素、過酸化水素、ヒドロキシラジカルです。中でも特に毒性が強いものは、ヒドロキシラジカルです。

人間は、呼吸によって大量の酸素を体内に取り入れていますが、そのうちの約2%が活性酸素になるといわれています。

活性酸素は殺菌力が強く、体内では細菌やウイルスを撃退する役目をしていますが、増えすぎると、正常な細胞や遺伝子をも攻撃

老化細胞がある

最近の研究では、老化細胞を加齢個体から除去すると加齢性変化が抑制され、さまざまな老年病の発症を予防し改善することが示されています。さまざまな臓器に老化細胞は存在しており、増殖はしないものの、加齢に伴いその数は増えることがわかっています。

抗酸化物質が多く含まれる食べ物

ビタミンA

緑黄色野菜に含まれるβ-カロテンが、体内で必要に応じてビタミンAに変わります。β-カロテンは生では吸収されにくく、油と一緒に摂ると吸収率が高まります。

ビタミンC

ビタミンCは食品から摂取する際の吸収率はよいですが、一度に大量に摂取しても余った分は尿から排泄されてしまいます。体内ではつくられないので、毎日摂取が必要です。野菜、果物、芋類に多く含まれます。

ビタミンE

細胞膜のリン脂質の酸化を防ぎ、リン脂質が酸化してできる過酸化脂質の発生を抑えてくれます。ビタミンA、ビタミンCと一緒に摂取することで相乗効果があります。植物性油脂、ナッツ類、かぼちゃなどに多く含まれています。

コエンザイムQ

ビタミンと同様の働きをして、ビタミンを助ける成分です。いわし、さば、牛肉、豚肉などに多く含まれます。

ポリフェノール

スーパーオキシドや一重項酸素といった活性酸素を無毒化する作用があります。

フラボノイド系：アントシアニン（赤ワイン）、イソフラボン（大豆）、ケルセチン（玉ねぎ）、カテキン（緑茶）、テアフラビン（紅茶）、セサミン（ごま）、セサミノール（ごま）などに含まれます。

非フラボノイド系：クルクミン（ウコン）、クロロゲン酸（コーヒー）、フェルラ酸（米ぬか）などに含まれます。

イオウ化合物

活性酸素の中で特に毒性が強いヒドロキシラジカルも除去します。

システインスルホキシド類のアリシン（にんにく）、イソアリシン（ネギ類）などに含まれます。

カロテノイド

スーパーオキシドや一重項酸素といった活性酸素を無毒化する作用があります。

α-カロテン（緑黄色野菜）、β-カロテン（緑黄色野菜）、β-クリプトキサンチン（温州みかん、パプリカ、柿）などに含まれます。

（酸化）してしまいます。これを酸化ストレスといいます。

●皮膚の酸化

アクネ菌は皮脂を食べますが、その代謝物として**ポルフィリン**を分泌します。**ポルフィリンが紫外線に当たると活性酸素が発生し、皮脂を酸化させて過酸化脂質を生成します。**これが皮膚の酸化と呼ばれる状態です。

過酸化脂質はニキビを招き悪化させたり、メラニンを誘発させてシミの原因となったりします。加えて真皮のコラーゲンやエラスチンを破壊し、シワやたるみを促進させます。

p.98 過酸化脂質

●酸化ストレスをためない生活

活性酸素の多くは、フリーラジカルという電子のバランスが崩れて不安定なものになっています。抗酸化物質はフリーラジカルに電子を提供することで安定化させます。

◆活性酸素をつくらない生活習慣

- ☑タバコを吸わない
- ☑アルコールを摂り過ぎない
  - ・肝臓がアルコールを分解するときにも、活性酸素が発生します。
- ☑軽めの運動をする
  - ・激しい運動をすると呼吸量が急増し、活性酸素の発生を促します。反対にウォーキングや水中歩行程度の軽めの運動は抗酸化物質の働きを高め、体の酸化を抑えます。
- ☑ストレスをためない
  - ・ストレスを受けると一時的に血液の流れが悪くなり、これが元に戻るときに活性酸素が発生します
- ☑日焼け止めを塗り、紫外線を避ける
  - ・紫外線に当たると、皮膚細胞でも活性酸素が生成され、シミやシワの原因となります。

日常で取り入れられる抗酸化物質にはビタミンA、ビタミンC、ビタミンEなどがあります。ただしサプリなどで摂取するより、ふだんの食事でバランスよく摂るようにしましょう。

肌の酸化ストレスを引き起こす最大の因子は紫外線。日焼け止めをしっかり塗りましょう。

ほかにも過度な運動やストレスも活性酸素の産生を促し、酸化ストレスを引き起こす要因になります。日頃からバランスの取れた食事、適度な運動習慣、十分な睡眠を取ることが酸化ストレスを防止するために重要です。

糖化

糖化とは、使われずに余った糖質とタンパク質が結びつくことで変性してしまうこと。糖化が起こると**「AGEs（終末糖化産物）」**と呼ばれる物質がつくられます。糖の種類の違いによりさまざまなAGEs構造体があ

POINT

老化を引き起こす第三の刺客・炎症

近注目される肌の老化を引き起こす原因として「炎症」があります。


一般的に、炎症とは体がなんらかの刺激やダメージを受けたときに起こり、発熱、発赤、腫脹、疼痛という4つの症状が起こります。

組織の中ではリンパ球、白血球、単球などがサイトカインや活性酸素、蛋白分解酵素を分泌します。これが目に見える炎症の症状を引き起こします。

ニキビは典型的な炎症反応です。


しかし最近問題になっているのは**こうした自覚症状を持たない慢性炎症が皮膚の老化につながっている**ということ。

言い方を変えると、自覚症状がないほどの炎症がずっと続いている状態を指します。


炎症によりコラーゲンやエラスチンが障害を受けるとシワやたるみ、キメのない肌へとつながります。

メラノサイトは刺激を受けて、シミ、くすみを起こします。

また表皮細胞の分化、増殖にダメージを与え、敏感肌、乾燥肌、インナードライスキンを起こします。

そして体の中では、常に酸化タンパク、糖化タンパク、変性DNAが発生し、これを除去するために炎症が引き起こされます。


酸化・糖化・炎症は切っても切れない皮膚の老化三兄弟。

トラネキサム酸、そしてビタミンCなど抗炎症作用のある成分により、なるべく炎症のない状態を目指したいですね。

ります。

私たちの体の多くはタンパク質から構成されていますが、ＡＧＥsはタンパク質を攻撃その機能を低下させる働きがあります。コラーゲンやエラスチンはタンパク質なので糖の影響を受けやすいのです。

糖化により皮膚が黄色くなり、くすみの原因になります。また、ハリ、弾力が低下し、ターンオーバーが遅れます。

血糖値が高いと糖化反応が加速します。最大の糖化対策は食事。賢く食べて糖化を緩やかにしましょう。

AGEsを増やさない食べ物&食べ方

- ☑ AGEs含有の少ない食品を食べる
- ☑ 血糖値を上げない「低GI値」の食品を食べる
  GIとはグリセミック・インデックスの略。ある食品を食べたときに、体内で糖に変わり血糖値が上昇する程度を測ったものです。この数値が高いほど血糖値が上昇しやすい食品となります。一般的に、消化しやすいものや精白度の高い食品はGI値が高く、消化しにくい繊維質のものは低くなります。
- ☑ 食後急激に血糖値を上げない食べ方をする
  - ・野菜から食べます。食物繊維は食べ物の消化と吸収を遅らせます。最後にご飯やパンなどの炭水化物を食べます。
  - ・料理は薄味に。味付けは酢やみりんがおすすめです。酢には腸の動きをゆっくりにし、糖分の吸収を遅らせる効果があります。みりんはGI値が15しかなく、低GIに分類される食品です。
  - ・ゆっくり食べます。早食いをすると、糖質が一気に消化・吸収され、血糖値が急速に上がります。
- ☑ なるべく低温で調理し、高温で揚げたり焼いたりしたものに注意する
  - ・同じ食材でも調理法によりAGEs量は異なります。例えば鶏肉（皮なし）の場合、生と比べてAGEs量は15分焼くと約7.5倍、20分揚げると約12倍多くなるという報告があります。AGEsをためないためには、生で食べられるものは生で食べ、調理するなら蒸す・茹でる・煮るのがおすすめです。
- ☑ ファストフードを避ける
- ☑ 人工甘味料である果糖入りの飲料水を控える

AGEsを増やさない生活習慣

- ☑ タバコを吸わない
  - ・副流煙を吸うだけでも、約30分でAGEsを増やしてしまうと報告されています。
- ☑ 食後に運動をする
  - ・血糖値が一番上がるのは食後1時間このときに運動することが重要です。

肌・髪の色の違いをつくる

メラニンの正体

メラニンは、肌を紫外線から守るためには必要なもの。**紫外線を吸収することで、角質細胞の核や真皮にまで有害な紫外線が届かないように守っています。**メラノサイトは顔面など日光に当たりやすい部位のほか、外陰部など、体の中でも守るべき重要な部位に多く存在します。

肌の色の違いは、表皮のメラニンの量・分布・種類によって決まります。

メラニンには黒色のユーメラニンと黄色のフェオメラニンの2種類があります。

皮膚と髪に存在するメラニンは、ユーメラニンとフェオメラニンの複合体です。その比率が、皮膚や髪の色の決め手になっています。

ユーメラニンは褐色〜黒色のメラニン、フェオメラニンは黄色〜赤色のメラニンで、肌の色はユーメラニンとフェオメラニンの配合バランスで変わります。
白人はメラニンが小さく、5〜6個を1つのかたまりとして表皮細胞に取り込まれますが、黒人はメラニンが大きく、単独で表皮細胞に取り込まれます。
しかしメラニンの親玉であるメラノサイトの量は、人種によって差はありません。

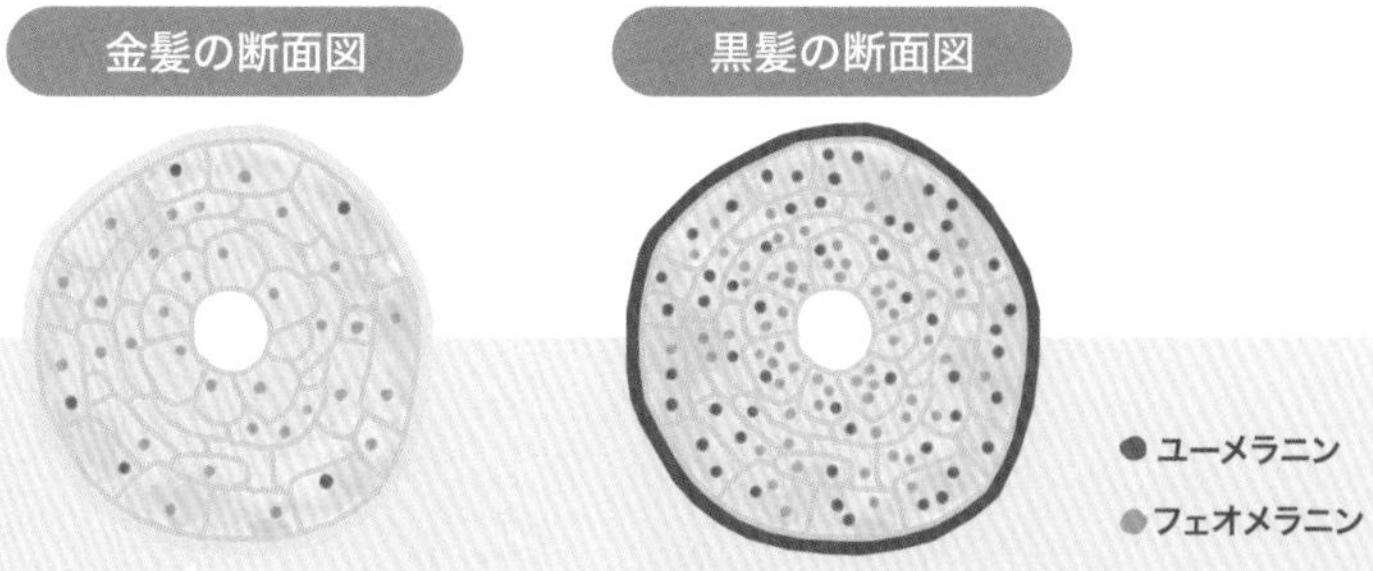

白髪は老化によってメラノサイトの機能が低下し、メラニンがつくることができなくなっている状態です。

一時的に食生活を改善しても意味がない

肌と栄養

肌のために食生活を改善しても、それを継続しなければ意味がありません。

それは**ダイエット中だけ食べる量を減らしても、運動量や食事量を元に戻せばリバウンドしてしまうのと同じ**です。

食生活はスキンケアの前提の一つ

例えば、ニキビはさまざまな要因が絡み合って起こりますが、主に体内のバランスが取れていないのが原因です。

そのため、**体が安定するような生活習慣を実践すること。そのうえで、ニキビケアとなるスキンケアをすることが大切です。**

なんらかの食材が美容によいからと言って、その一つの食材ばかりを食べていると栄養が偏ります。タンパク質やビタミン、ミネラルなどの栄養バランスの優れた食事を続けることで、ターンオーバーが整って肌が乾燥しにくくなります。

ふだんから肉や魚、卵、大豆製品、野菜、果物などをバランスよく食べるに越したことはありません。

♦各種栄養素を多く含有する食べ物

	栄養素	主な作用	代表的な食べ物
水溶性ビタミン	ビタミンB_2	・肌の新陳代謝亢進 ・肌の血液循環改善 ・肌の発育促進	うなぎ、レバー、うずら卵、いわし、強化米など
	ビタミンB_6	・皮膚の新陳代謝亢進 ・皮膚の抵抗力強化 ・皮膚の乾燥防止	レバー、肉類、魚介類、豆類、卵黄　など
	葉酸	・皮膚など細胞分裂に不可欠	アボカド、レバー、ビール酵母　など
	ビタミンC	・メラニン色素の沈着防止 ・コラーゲンの生成 ・血管壁の強化	イチゴ、赤ピーマン、ブロッコリー、芽キャベツ　など
脂溶性ビタミン	ビタミンA	・肌荒れ（角化）防止 ・皮膚の免疫能の維持	うなぎ、レバー、卵黄、牛乳　など
	β-カロテン	・活性酸素抑制効果 ・皮膚の免疫能の維持	モロヘイヤ、春菊、小松菜、人参　など
	ビタミンD	・メラニン色素の沈着防止 ・コラーゲン合成促進 ・血管壁の強化	イチゴ、キウイ、ブロッコリー、ピーマン　など
	ビタミンE	・皮膚の血液循環改善 ・過酸化脂質の生成抑制	アーモンド、たらこ、すじこ、煎茶　など
ミネラル	亜鉛	・細胞の再生に必要	牡蠣、レバー、うなぎ　など
	セレン	・酸化した細胞膜の分解促進 ・発がん抑制効果 ・抗酸化システムでの作用	いわしの丸干し、玄米、小麦胚芽、ぬか、麹など

【出典】日本美容皮膚科学会「美容皮膚科学」南山堂（2005）p.89

でも、ときには自分の好きなものを思いっきり食べるのは心の栄養になります。心のストレスも肌にとってはよくありません！

脂溶性ビタミンは「これだけ（DAKE）」と覚えるといいですよ。

よいお通じは美肌につながる

肌と腸内細菌

消化・吸収だけではない腸の働き

腸と腸内細菌は、食べ物から栄養を吸収・排泄するだけでなく、ほかにもさまざまな働きを担っています。

腸で吸収された栄養は血液に送り込まれ、全身に運ばれますが、腸は入ってきた食べ物が栄養素なのか病原菌などの異物なのかを識別する免疫機能として働きます。

また、異物の無毒化も行うことで、解毒器官として肝臓のサポートもしています。

また、多数の重要なホルモンをつくる内分泌臓器でもあります。身体に必要な酵素やビタミンといった成分をつくりだします。

腸内細菌叢《そう》（腸内フローラ）

腸の中にはさまざまな腸内細菌が棲んでいます。その数は200種、100兆個といわれ、総重量は1.5kgといわれています。

それらが関わり合うことで、まさに一つの生態系といえる環境をつくりだしています。この状態のことを腸内細菌叢といいます。

腸内細菌叢の形成パターンは、一人ひとり異なります。食生活や生活環境も関係しますが、**一番大きな影響を与えるのは母親の腸内環境だといわれています。**赤ちゃんは生まれ

◆腸の７つの働き

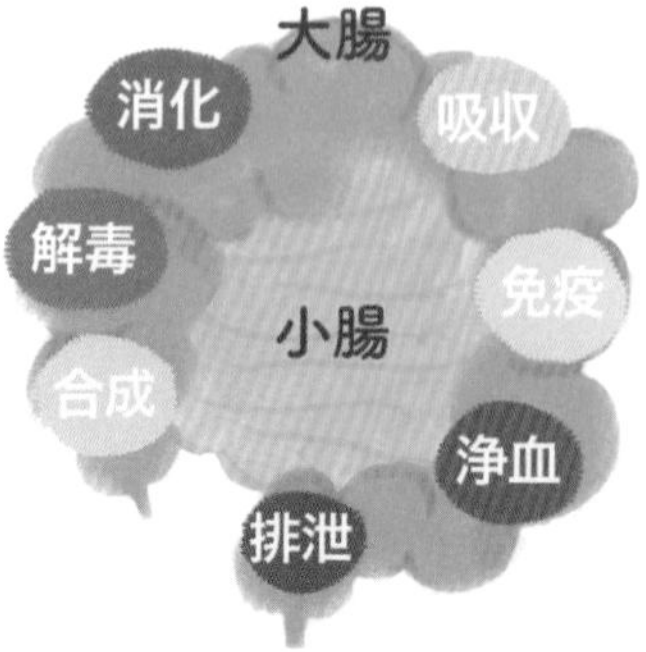

てくるときに、母親の産道にある腸内細菌に接触することで細菌をもらいます（母子伝播）。

さらに親からの食べ物の口移しや、同じ食器類を使用することで菌が移り、赤ちゃんのお腹の中に定着します。腸内細菌叢の原型は3歳までにつくられるといわれています。

そうして形成された腸内細菌叢のパターンは一生変わらず、その後変えるのは難しいとされています。

腸内細菌の3タイプ

腸内細菌叢を形成する腸内細菌は、働きによって3つに分けられます。身体を守る善玉菌、悪玉菌、そして状況によって善玉菌の味方をしたり悪玉菌の味方をしたりする日和見菌です。

この3つには、**「善玉菌2・悪玉菌1・日和見菌7」という理想のバランス**があります。日和見菌は、善玉菌が優勢な状態であれば善

◆善玉菌、悪玉菌、日和見菌の菌種と働き

	主な菌種	働き
善玉菌	乳酸菌、ビフィズス菌など	乳酸や酢酸などをつくりだし、腸内を弱酸性に保つ
悪玉菌	大腸菌（有毒株）、ウェルシュ菌、ブドウ球菌　など	毒性物質をつくりだし、腸内をアルカリ性にする
日和見菌	バクテロイデス大腸菌（無毒株）、連鎖球菌　など	善玉菌、悪玉菌のうち、優勢な菌と同じ働きをする

玉菌につき、腸内で発酵活動を行います。

しかし腸内で悪玉菌が優勢となれば悪玉菌になびいてしまい、腐敗活動を行います。そのため、**腸内環境をコントロールして日和見菌を善玉菌の味方につけることが必要です。**

悪玉菌の肌への影響

腸内細菌叢のバランスが乱れて悪玉菌が増えると、悪玉菌がつくる有害物質が便秘や肌荒れなどを引き起こします。

便秘によってさらに悪玉菌が増えると、アンモニア、インドール、硫化水素などの有毒なガスや活性酸素が発生します。また、腐敗産物であるフェノール類やパラクレゾールが腸内に蓄積されます。

これら有毒物質や活性酸素は腸内環境をさらに悪化させ、血液を通して全身に運ばれ、肌にも影響するという悪循環が起こります。

NOTE

排泄を促す短鎖脂肪酸の働き

体内にとって不要なものをいかに出し切るかは、腸内環境にとって大切です。

排泄がスムーズであれば、食べ物から吸収した栄養分もスムーズに肌に伝わります。

健康な大腸は、ぜん動運動が活発で、必要な粘液がしっかり分泌されています。この働きをコントロールするのが短鎖脂肪酸。

この短鎖脂肪酸も、大部分が腸内細菌叢によってつくり出されています。


短鎖脂肪酸にはさまざまな種類があり、それぞれ役割が異なります。

- **脂肪の蓄積を減らし、代謝を活発にし、肥満を防ぐ**
- **糖尿病改善ホルモン・インクレチンを増やす**
- **アレルギーを抑えるＴレグ細胞を増やす**
- **セロトニンの分泌を促す**
- **腸のバリアー機能を高め、食中毒、炎症、食物アレルギー、動脈硬化、がんなどの病気を防ぐ**
- **短鎖脂肪酸ができる過程で、腸内細菌から水素が発生し、活性酸素を中和する**
- **腸管の活動エネルギーになる**
- **大腸内を弱酸性にして悪玉菌の増殖を防ぎ、腸内環境を整える**
- **カルシウム、マグネシウム、鉄などのミネラルの吸収を助ける**

腸内環境を整える食事の落とし穴

これを防ぐために、腸内細菌叢のバランスを整えることが重要です。しかし、**単純に発酵食品を食べれば善玉菌が増えるというわけではありません。**善玉菌を外から届けても、ほとんどが数日以内に排泄されてしまいます。

それは、**生まれたときからの形成パターンが決まっているので定着しない**ためです。腸にとってはいわば「よそ者」が村にいきなりやってきたような状態です。

そこで、**いま腸に棲み着いている善玉菌の栄養になるものを届けて、いまある善玉菌を育てて増やすことで、バランスを整えていくことが重要**です。

2種類の食物繊維

食物繊維が腸によいと聞いたことがある人も多いでしょう。その食物繊維繊維には**不溶性食物繊維**と**水溶性食物繊維**の2種類があります。

まず不溶性の食物繊維の役割は大きく2つあります。

①便のかさ増し

便の量が増えることで腸管のぜん動が活発になり、便通を促します。

②腸管の掃除

大腸の中を移動しながら腸壁にくっついた古い便かすをからめ取ります。

水溶性の食物繊維にも主に2つの役割があります。

①便を軟らかくして、滑りをよくする

不溶性食物繊維による便のかさ増しとともに、日頃の排便を助けます。

②腸内の細菌のエサになる

善玉菌の多くは水溶性の食物繊維がエネルギー源。善玉菌の勢力拡大を助けます。

♦腸内環境を乱すNG習慣チェックリスト

☑ **食べるものが偏っている**

腸内細菌叢の多様性が維持されていることが重要です。毎日似通ったメニューばかり食べていると、腸内細菌のバランスが乱れてしまいます。特に、腸内細菌のエサになる食物繊維はしっかり摂りましょう。

☑ **お酒を飲みすぎている**

アルコールを摂りすぎると大腸菌などの悪玉菌が増え、腸内で作られる毒素が増える要因になるという報告があります。毒素によって腸管のバリアー機能が破壊されると、毒素が全身へ移行し、ほかの臓器で炎症を引き起こすなどの悪影響につながることがわかっています。

☑ **長時間座りっぱなしでいることが多い**

座りがちな生活をしている人は、活動的な生活の人と比べると善玉菌が少ないという報告があります。

☑ **移動で歩く以外、運動はほとんどしない**

運動は腸内の善玉菌を増やすという報告があります。運動を習慣化しましょう。

☑ **生活のリズムが不規則**

食事を摂るタイミングがいつもバラバラだと体内時計が乱れる要因になります。体内時計の乱れは、腸内細菌叢を乱す恐れがあると報告されています。

☑ **睡眠不足が続いている**

睡眠時間が短いと腸内細菌叢が乱れ、肥満などの代謝異常につながる可能性が報告されています。

☑ **漫然と抗生物質を飲み続けている**

病原菌の撃退に欠かせない抗生物質ですが、むやみに多用すると害のない菌まで死滅させてしまい、正常な腸内細菌叢を乱す要因になります。処方された薬は、医師の指示どおりの服用し、飲まなかったり、必要以上に飲み続けたりすることはやめましょう。

☑ **ストレスを感じることが多い**

脳と腸は密接に関係していると言われています。マウスを使った研究によると、ストレスを感じると腸内細菌の種類が減り、多様性が低下するとの報告もあります。

◆便とおならは腸の状態を知る重要なバロメータ

便の状態を判別するブリストルスケール

消化管の通過時間			
非常に遅い（約100時間）	❶	コロコロ便	硬くてコロコロの兎糞状の便
	❷	硬い便	ソーセージ状であるが硬い便
	❸	やや硬い便	表面にひび割れのあるソーセージ状の便
	❹	普通便	表面がなめらかで柔らかいソーセージ状、あるいは蛇のようなとぐろを巻く便
	❺	やややわらかい便	はっきりとしたしわのあるやわらかい半分固形の便
	❻	泥状便	境界がほぐれて、ふにゃふにゃの不定形の小片便泥状の便
非常に早い（約10時間）	❼	水様便	水様で、固形物を含まない液体状の便

通過時間
①〜②：腸内の停滞時間が長く、便秘と判断されます。
③〜⑤：正常便、特に「④」が理想便です。
⑥〜⑦：柔らかすぎて、下痢と判断されます。

便の硬さだけでなく、便の量や色、においの観察も大切です。

腸の中に便が長く滞在するほど、腸が水分を吸収してしまいコロコロ状態になります。

ぜん動運動が活発で腸に滞在する時間が短いほど水分が吸収されず、便はやわらかくなります。

おならが匂うのは悪玉菌が発生する有毒ガスのため。腸内環境が整い善玉菌が増えると、明確に匂いが薄くなります。

No

「宿便」はウソ

「宿便を出して健康に!」「宿便を出して痩せる!」という広告があります。排出されずに、腸の中に長い間たまっている便のことを宿便と呼ぶことがあります。

腸壁がひだのようになっているため、その谷間部分に便が入り込んでたまってしまい、腸にヘドロのようにこびりつくと考えられているようですが、これは医学的には誤りです。

消化管は、食べた物を移動させるためにぜん動運動をしていますが、常に動いているので、**同じところがずっと谷間になっていることはありません。**谷間にもなれば山にもなります。また、**腸壁は新陳代謝で数日で新しい細胞に置き換わります。**そのため、**ヘドロのように便がこびり付いてしまうことはありません。**

「便秘で腸にたまっている便」という意味では宿便はあります。便秘がちのときは、まず生活習慣などを見直すことから始めてみましょう。

同じ人間だと思ってナメたらだめ!

男性の肌

男性の肌と女性の肌は、構造も性質も大きく違います。

●皮膚が厚く、キメが粗い

男性の皮膚は、女性に比べると0.5㎜厚いといわれていますが、脂肪層は女性が多いです。また、男性の皮膚は女性の皮膚と比べてキメが粗いです。

●角質水分量が低い

近年の研究では、男性の肌は**女性の肌と比べると水分量が30~50%以下**であるということがわかってきています。

●水分蒸散量が多い

水分量が少ないのに、水分蒸散量は女性の2倍以上多く、保水力が低いということがわかってきています。

ほかにも、**角質層のターンオーバーが早い傾向**があります。とても乾燥しやすいのが男性の肌の特徴です。

●皮脂分泌量が多い

男性の皮膚は女性の約2~3倍の皮脂量を分泌します。

女性は加齢とともに皮脂の分泌量が低下しますが、男性はあまり減少しません。そのため自然に毛穴も大きく開き、汚れが詰まりや

すくなります。他方、皮脂が多いため乾燥しにくく、シワなどになりにくいといった利点もあります。

また、男性はシェービング（ヒゲ剃り）を行います。これは、**ヒゲを剃り落とすだけではなく、肌表面の角質や皮脂膜まで必要以上にそいでしまうため、肌荒れの原因につながります。**

男性用化粧品の特徴

男性用化粧品も、化粧水や乳液など種類が増えてきました。

しかし一般的に、皮脂量が多くさっぱりとした使用感が好まれるため、油分の少ない処方になっています。

しかし、エタノールなど清涼感を出す成分は、水分の蒸散を促す可能性があります。

すると水分を守ろうとして、皮脂がいっそう分泌されてしまうという悪循環に陥ります。

男性の肌についての研究が進んでいますが、**男性肌は脂性肌一様ではない**こともわかっています。男性の肌生理を考えると、女性の肌を想定したコスメが合うと限りません。男性の肌に着目したコスメの登場が、今後ますます期待されます。

◆ 皮膚特性値の男女比較

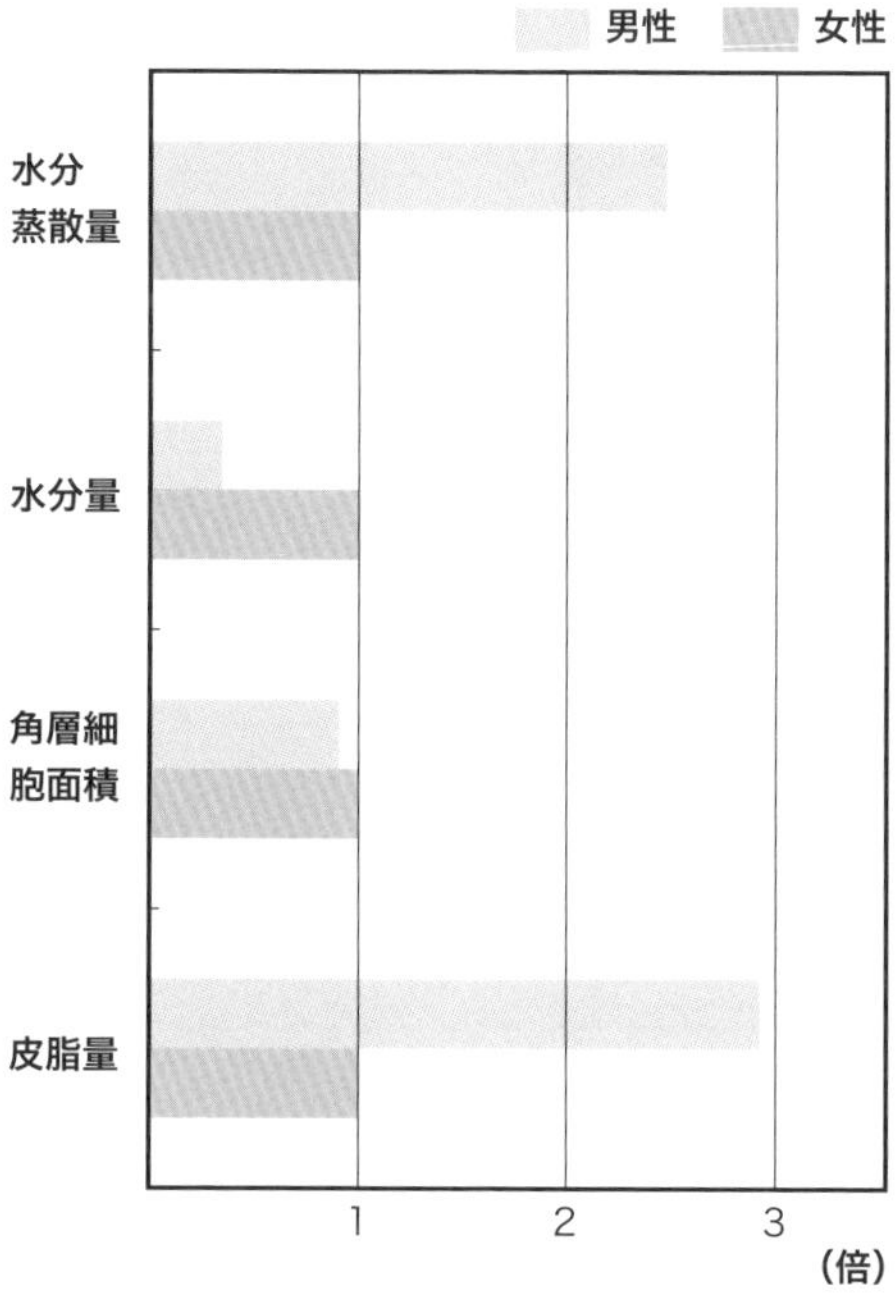

【出典】ポーラ化成工業株式会社「ポーラ化成が男性の肌を徹底調査」（2009）

心の安定は
美肌の土台

肌とストレス

肌は紫外線やほこり、汚れなどだけでなく、精神的ストレスでもダメージを受けます。またストレスや不規則な生活によるホルモンバランスの乱れも肌に影響を与えます。

ホルモンは各臓器から血液中に分泌される分泌物で、微量ながらも人体のさまざまな活動に大きな影響を与えるもの。多種多様な種類があり、体内で厳密にコントロールされています。

男性ホルモン（テストステロン）

ストレスを受けると、男性ホルモンが分泌されます。**男性ホルモンには、皮脂腺を活発にさせる作用があり、肌表面のテカリやベタつき、ニキビがひどくなります。**

皮脂が過剰に分泌されると、毛穴に皮脂が詰まりやすくなります。

ターンオーバーが乱れ、肌細胞の再生が正常に行われないと、古い角質が剥がれにくくなり、肌表面にとどまります。その結果、古い角質が毛穴に詰まり、アクネ菌が増殖してニキビができてしまいます。

男性ホルモンは、肌をニキビができやすい環境にしてしまううえ、ニキビが治りにくい状態にします。

ホルモン治療

ホルモンバランスを整えたいからといって、ホルモン剤などでむやみに増やしたりするのは危険。ホルモン剤は、特定の病気の治療以外には使わないものです。
ホルモンバランスを整えるには、規則正しい生活を送るのが一番です。

ストレスホルモン（コルチゾール）

脳がストレスを感じると、ストレスホルモンが分泌されます。ストレスホルモンは、血糖値や血圧を上げ、免疫を調整するなどの働きがあり、ストレスに対抗するために大切なホルモンです。

しかしストレスホルモンが増えると、うるおいのもとであるフィラグリンが減少。コラーゲンやエラスチンの合成を抑えてしまいます。

また、コラーゲンと並んで水分の維持に必要なヒアルロン酸の合成を抑えてしまいます。その結果、シワやたるみ、肌の乾燥を招きます。

黄体ホルモン（プロゲステロン）

女性ホルモンの一つで、生理前に分泌されます。この黄体ホルモンは、皮脂分泌を増やしてニキビやシミをできやすくするといわれ、またむくみやイライラの原因にもなります。

生理前の肌は、ふだんよりも敏感になる傾向にあるので、ＵＶケアをしっかりと行いましょう。生理前にニキビができやすいという人は、この黄体ホルモンの影響です。

肌とホルモン

肌の再生を促す成長ホルモン

成長ホルモンは、大人にとっても大切なホルモン。肝臓から成長因子のＩＧＦ-１の分泌を促します。ＩＧＦ-１は細胞に働きかけて、肌の再生を促します。

3時間以上の良質な深い睡眠を取る

成長ホルモンのほとんどは睡眠中に分泌されます。

最近まで、「夜22時から2時が睡眠のゴールデンタイムで成長ホルモンが多く分泌される」とされていましたが、それは間違い！

実は、成長ホルモンの分泌には時間帯が重要なのではなく、睡眠の長さや眠りの深さ、ほかのホルモンとの関係など、ほかの要因のほうが大きいと最近では考えられています。

大切なのは、睡眠の長さと深さ

成長ホルモンは、眠りについてから3時間以内に分泌されており、特に最初の90分間に迎えるノンレム睡眠のときにたっぷりと分泌されます。このため、**大切なのは何時に寝るかではなく、3時間以上の良質な深い睡眠を取ることです。**

コルチゾールは、成長ホルモンの分泌を阻害します。寝る直前までストレスの負荷があ

最近はショートスリーパーが話題です。かのナポレオンもショートスリーパーだったという説がありますね。しかし、自分の体質に合わない睡眠時間より、それぞれのほどよい睡眠時間を取るのがよいでしょう。

ると、コルチゾールが体内に残り、眠りにつきにくく、眠りも浅くなります。

成長ホルモンがきちんと分泌される良質な睡眠を取るために、眠る前にはできるだけリラックスしましょう。

活性酸素を除去するメラトニン

脳の松果体から分泌されるメラトニンは睡眠ホルモンと呼ばれ、体温を下げて眠りにつかせる役目をして、体内時計を正常な働きにリセットしてくれます。

このメラトニンは強い抗酸化力を持っていると考えられており、一説にはその効果はビタミンCやビタミンEを上回るともいわれます。

メラトニンは、それ自体も強力な抗酸化成分として働きますが、さらに体内の活性酸素を除去する酵素の働きを高める作用も持っており、ダブルで抗酸化効果を発揮します。

p.32 活性酸素による酸化

メラトニンは光の刺激で分泌が抑制されるため、光の刺激がない夜間に分泌します。**夜にブルーライトなどの光を浴びると脳は昼だと判断し、メラトニンの分泌を抑制します。**「夜寝る前にスマホやゲームをするのはよくない」といわれますが、それはメラトニンの作用を妨げてしまうからです。

寝る前のスマホを控えるのはアンチエイジングの面からも重要なのです。

♦成長ホルモンの肌への作用

❶
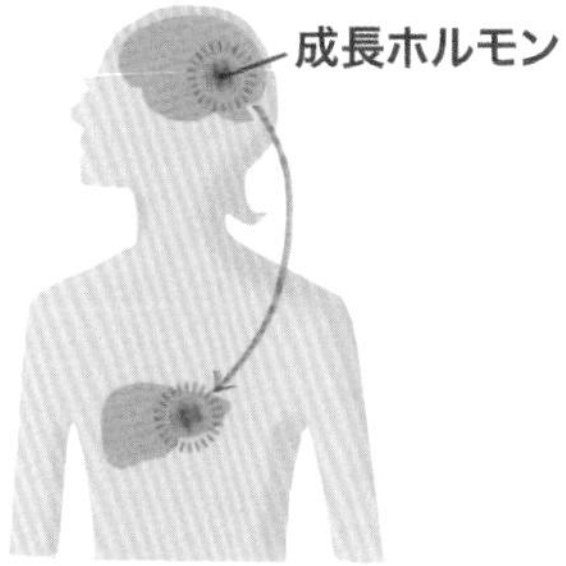

❷
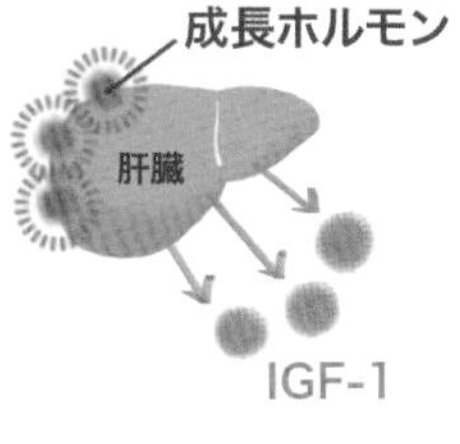

❸
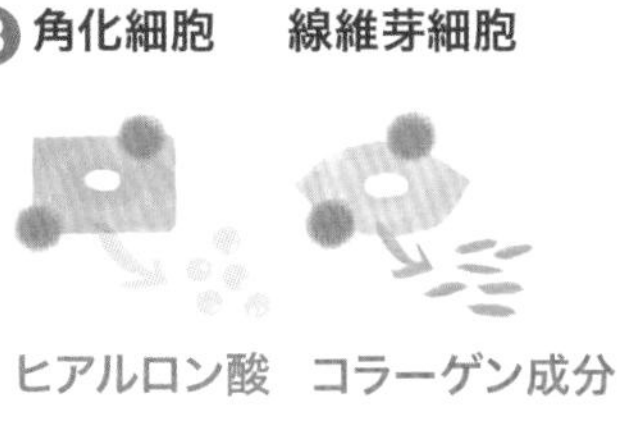

❶成長ホルモンが脳の下垂体から分泌され、肝臓に働きかける。
成長ホルモンによって、肝臓から成長因子・IGF-1が産生される。
❷ IGF-1は、ダメージを受けた細胞やDNA、組織などの修復、疲労回復・疲労物質の排出などを行う。
❸肌の回復・再生を促す。紫外線や乾燥などから来るダメージを修復し、ヒアルロン酸やコラーゲンなどのうるおい成分の生成を促し、ターンオーバーを促進する。

ハッピーホルモンを出そう

ストレスが肌にダメージを与えることは説明しました。実はその逆で、幸せを感じれば感じるほど、肌によい反応が起こります。

愛情ホルモン（オキシトシン）

オキシトシンは、ストレスや痛みをやわらげたり、血圧を下げたりする効果もあります。また分娩時に子宮を収縮させたり、授乳に関する働きもあります。

肌に対しては、傷を治す幹細胞の動きを活性化する働きがあり、肌のターンオーバーを促すことがわかっています。

オキシトシンの分泌量が増加するのは、基本的にはハグやマッサージを受けているときなどスキンシップをしているときです。また自分の好きなことをしているときや、運動・ストレッチをしているときなどにも増加します。

幸せホルモン（セロトニン）

脳内セロトニンは幸せホルモンと呼ばれるホルモン。脳は緊張やストレスを感じるとセロトニンを分泌してノルアドレナリンやドーパミンの働きを制御し、自律神経のバランスを整えようとします。うつ病の発症にも脳内セロトニンが関わっていると考えられています。睡眠を促すメラトニンというホルモンの原料にもなり、質の高い睡眠にもつながる効果があります。

セロトニンは月経前に減少する傾向があり、更年期との関連性も指摘されています。セロトニンが減ると、女性ホルモンが減り、更年期の不眠、月経前の日中の眠気、妊娠中に起こる日中の眠気や不眠、出産後の睡眠不足などの原因となります。これらのストレスが肌の回復を遅らせることがわかっています。

実はこの脳内セロトニンに重要なのが腸の働き。脳内セロトニンの前駆物質である５ヒドロキシトリプトファンは、腸でつくられるためです。

セロトニンの原料であるトリプトファンは、食べ物から摂取します。トリプトファンは腸内でビタミンB_6などと合成され、５ヒドロキシトリプトファンになります。それが脳に送られて脳内セロトニンに変化します。

腸内細菌の活躍がないと、脳内セロトニンもつくられません。脳と腸の間には重要な関わりがあります。

PART

2

つくりがわかると合うものが選べる
コスメのキホン

化粧品・医薬部外品・医薬品

どれが特に優れているというわけではない

化粧品

化粧品は、よい状態を保つ、よりよい状態に導く、乾燥や紫外線から肌を守るというような働きをする「効能」が求められ、それに適した機能性成分が配合されています。医薬品医療機器等法（薬機法）では、化粧品の効能・効果の範囲を56項目に規定しています。化粧品は、**この範囲外の効能・効果を表示したり、うたったりしてはいけません。**

医薬部外品

医薬品の規制が緩和され、「医薬品のうち人体に対する作用が緩和で販売業者による情報提供の努力義務を課すまでもない」ものについては一般販売店での販売を認められるものとなり、新たに分類されました。「薬用化粧品」は「医薬部外品」として認められた製品の呼称です。

特定の目的に対して効能・効果を認められた有効成分が一定の濃度で配合されていますが、医薬品のように治療が目的ではありません。

医薬品

医薬品は悪い状態（病気）を正常にするという結果の「効果」を訴求でき、その効果を実現する有効成分が配合されています。身体に強く作用し、重大な副作用を生じることもあるので、医師の処方と監督が必要です。

NoTE

医療専売コスメ

医薬品であっても、医薬部外品であっても、化粧品であっても、医療機関でしか購入できないコスメのことを医療専売コスメと呼びます。

医療専売コスメには３通りの意味があります。

①激しい反応・効果が予想されるため、医師の監視が必要なもの

②強い反応・効果は予想されず、本来市販品でも問題ないが、メーカーの自主基準で医師の処方を必須としているもの

③メーカーの自主基準で医療機関のみで販売するという戦略を取っているもの

医薬品、医薬部外品および化粧品の違い

	医薬品	医薬部外品	化粧品
目的	各症状に対する予防や治療を目的としたもの	肌荒れなどの各症状の防止や衛生を目的としたもの	美しく見せ、皮膚および毛髪を健やかに保つことを目的としたもの
成分	有効成分あり		有効成分なし

機能性（訴求）成分 ニキビや乾燥など、肌の悩みに対して、化粧品の効能・効果を発揮する成分。訴求成分、美容成分とも。

有効成分 厚生労働省により効能・効果と安全性が認められた成分。それをルールに則って配合、処方したコスメが「医薬部外品」として販売されている。

作用	人体に対する作用が強く、(重大な）副作用を生じることもある	人体に対する作用が緩和	医薬部外品よりさらに人体に対する作用が緩和

化粧品と医薬部外品の違い

	化粧品	医薬部外品
効能・効果の範囲	56 効能	有効成分の効能＋化粧品の効能
届出制度	届出制度（各都道府県） 以前は、販売前に製品ごとに処方を申請し、審査・承認を受ける必要がありましたが、現在では販売前に製品の販売名称や成分などを行政に届け出るだけでよくなりました。 化粧品に使用する成分は、各企業の責任のもとで配合することができますが、必ず遵守すべき成分規制があります。	承認制度（審査：独立行政法人医薬品医療機器総合機構、承認：厚生労働大臣） 製品が、品質、有効性および安全性の観点から、薬用化粧品の範囲として適当か行政が審査して判断します。
成分表示	全成分表示（薬機法上の義務）	全成分表示（業界自主基準） ※ただし、表示指定成分は薬機法上の義務
特徴的な表示	なし	「医薬部外品」の５文字を表示

どれが一番効くの？　といえば、一概には言えません。化粧品、医薬部外品、医薬品それぞれに目的や使用方法があります。単純な比較はできません。

p・94 医薬部外品と化粧品　どちらがいいの？

【出典】都賀谷京子（2018）「日本香粧品学会誌」42（3）：162–171.

♦表1　化粧品の効能・効果の範囲

1	頭皮、毛髪を清浄にする。	32	肌をなめらかにする。
2	香りにより毛髪、頭皮の不快臭を抑える。	33	ひげをそりやすくする。
3	頭皮、毛髪をすこやかに保つ。	34	ひげそり後の肌を整える。
4	毛髪にハリ、こしを与える。	35	あせもを防ぐ（打粉）。
5	頭皮、頭髪にうるおいを与える。	36	日やけを防ぐ。
6	頭皮、頭髪のうるおいを保つ。	37	日やけによるシミ、ソバカスを防ぐ。
7	毛髪をしなやかにする。	38	芳香を与える。
8	くしどおりをよくする。		
9	毛髪のつやを保つ。	39	爪を保護する。
10	毛髪につやを与える。	40	爪をすこやかに保つ。
11	ふけ、かゆみがとれる。	41	爪にうるおいを与える。
12	ふけ、かゆみを抑える。		
13	毛髪の水分、油分を補い保つ。	42	口唇の荒れを防ぐ。
14	裂毛、切毛、枝毛を防ぐ。	43	口唇のキメを整える。
15	髪型を整え、保持する。	44	口唇にうるおいを与える。
16	毛髪の帯電を防止する。	45	口唇をすこやかにする。
		46	口唇を保護する。口唇の乾燥を防ぐ。
17	（汚れを落とすことにより）皮膚を清浄にする。	47	口唇の乾燥によるかさつきを防ぐ。
18	（洗浄により）ニキビ、あせもを防ぐ（洗顔料）。	48	口唇をなめらかにする。
19	肌を整える。	49	ムシ歯を防ぐ （使用時にブラッシングを行う歯みがき類）。
20	肌のキメを整える。	50	歯を白くする （使用時にブラッシングを行う歯みがき類）。
21	皮膚をすこやかに保つ。	51	歯垢を除去する。 （使用時にブラッシングを行う歯みがき類）。
22	肌荒れを防ぐ。	52	口中を浄化する（歯みがき類）。
23	肌をひきしめる。	53	口臭を防ぐ（歯みがき類）。
24	皮膚にうるおいを与える。	54	歯のヤニをとる （使用時にブラッシングを行う歯みがき類）。
25	皮膚の水分、油分を補い保つ。	55	歯石の沈着を防ぐ。 （使用時にブラッシングを行う歯みがき類）。
26	皮膚の柔軟性を保つ。		
27	皮膚を保護する。	56	乾燥による小ジワを目立たなくする。
28	皮膚の乾燥を防ぐ。		
29	肌を柔らげる。		
31	肌につやを与える。		

注1）たとえば、「補い保つ」は「補う」あるいは「保つ」との効能でも可とする。
注2）「皮膚」と「肌」の使い分けは可とする。
注3）（）内は、効能には含めないが、使用形態から考慮して、限定するものである。
※56は平成23年に追加されたもの。効能評価試験済みのもののみ記載可能。

❶ この範囲表にある言葉をそのまま使わなければならないというわけではありません。この意図を超えない言い換えは可能ですが、超える言い換えはできません。

❷ 1つの一般化粧品で複数の効能を表現することも可能です（例：メイク用化粧品にスキンケア的な効能を謳う）。

❸ 化粧品は機能的な表現（例：シミが消える）はいえない原則です。しかし、この表で認められている機能的な表現（例：日やけによるシミの予防）はいえます。また、この表で認められている機能的な表現と同等の表現もいえます（例：肌を柔らかくする、肌に弾力を与える）。

♦表2　医薬部外品の効能・効果の範囲

種類	使用目的	おもな剤型	効能・効果
口中清涼剤	吐き気その他の不快感の防止を目的とする内用剤である。	丸剤、板状の剤型、トローチ剤、液剤。	悪心・嘔吐、乗物酔い、二日酔い、口臭、胸つかえ、気分不快、暑気あたり。
腋臭防止剤	体臭の防止を目的とする外用剤である。	液剤、軟膏剤、エアゾール剤、散剤、チック様のもの。	わきが（腋臭）、皮膚汗臭、制汗。
てんか粉剤	あせも、ただれ等の防止を目的とする外用剤である。	外用散布剤。	あせも、おしめ（おむつ）かぶれ、ただれ、股ずれ、カミソリ負け。
育毛剤（養毛剤）	脱毛の防止および育毛を目的とする外用剤である。	液状、エアゾール剤。	育毛、薄毛、かゆみ、脱毛の予防、毛生促進、発毛促進、ふけ、病後・産後の脱毛、養毛。
除毛剤	除毛を目的とする外用剤である。	軟膏剤、エアゾール剤。	除毛。
染毛剤（脱色剤、脱染剤）	毛髪の染色、脱色または脱染を目的とする外用剤である。毛髪を単に物理的に染毛するものは医薬部外品には該当しない。	粉末状、打型状、液状、クリーム状の剤型、エアゾール剤。	染毛、脱色、脱染。
パーマネント・ウェーブ用剤	毛髪のウェーブ等を目的とする外用剤である。	液状、ねり状、クリーム状、粉末状、打型状の剤型、エアゾール剤。	毛髪にウェーブをもたせ、保つ。くせ毛、ちぢれ毛またはウェーブ毛髪をのばし、保つ。
衛生綿類	衛生上の用に供されることが目的とされている綿類（紙綿類を含む）である。	綿類、ガーゼ。	生理処理用品については生理処理用、清浄用綿類については、乳児の皮膚・口腔の清浄・清拭または授乳時の乳首・乳房の清浄・清拭、目、局部、肛門の清浄・清拭。
浴用剤	原則としてその使用法が浴槽中に投入して用いられる外用剤である（浴用石けんは浴用剤には該当しない）。	散剤、顆粒剤、錠剤、軟カプセル剤、液剤。	あせも、あれ性、うちみ、肩こり、くじき、神経痛、湿疹、しもやけ、痔等、冷え性、腰痛、リウマチ、疲労回復、ひび、あかぎれ、産前産後の冷え性、にきび。
薬用化粧品（薬用石けんを含む）	化粧品としての使用目的を併せて有する化粧品類似の剤型の外用剤である。	液状、クリーム状、ゼリー状の剤型、固形、エアゾール剤	p・58 表3
薬用歯みがき類	化粧品として、使用目的を有する通常の歯みがきと類似の剤型の外用剤である。	ペースト状、液状、粉末状、剤型、固型、潤製。	歯を白くする、口内を浄化する、口内を爽快にする、歯周炎（歯槽膿漏）の予防、歯肉炎の予防。歯石の沈着を防ぐ。むし歯の発生および進行の予防、口臭の防止、タバコのやに除去。
忌避剤	はえ、蚊、のみ等の忌避を目的とする外用剤である。	液状、チック様、クリーム状の剤型。エアゾール剤。	蚊成虫、ブユ（ブヨ）、サシバエ、ノミ、イエダニ、トコジラミ（ナンキンムシ）等の忌避。
殺虫剤	はえ、蚊、のみ等の駆除または防止の目的を有するものである。	マット、線香、粉剤、液剤、エアゾール剤、ペースト状の剤型。	殺虫。はえ、蚊、のみ等の衛生害虫の駆除または防止。
殺そ剤	ねずみの駆除または防止の目的を有するものである。		殺そ。ねずみの駆除、殺滅または防止。
ソフトコンタクトレンズ用消毒剤	ソフトコンタクトレンズの消毒を目的とするものである。		ソフトコンタクトレンズの消毒。

♦表3　薬用化粧品の効能・効果の範囲

種類	効能・効果
シャンプー	ふけかゆみを防ぐ 毛髪・頭皮の汚臭を防ぐ 毛髪・頭皮を清浄にする 毛髪・頭皮をすこやかに保つ／頭髪をしなやかにする（二者択一）
リンス	ふけ・かゆみを防ぐ 毛髪・頭皮の汚臭を防ぐ 毛髪の水分・脂肪を補い保つ 裂毛・切毛・枝毛を防ぐ 毛髪・頭皮をすこやかに保つ／頭髪をしなやかにする（二者択一）
化粧水	肌あれ、あれ性 あせも・しもやけ・ひび・あかぎれ・にきびを防ぐ 脂性肌 カミソリ負けを防ぐ 日やけによるしみ・そばかすを防ぐ 日やけ・雪やけ後のほてり （※平成 20 年 4 月 1 日以降申請のものは「日やけ・雪やけ後のほてりを防ぐ」） 肌をひきしめる 肌を清浄にする 肌を整える 皮膚をすこやかに保つ 皮膚にうるおいを与える
クリーム、乳液、ハンドクリーム、化粧用油	肌あれ、あれ性 あせも・しもやけ・ひび・あかぎれ・にきびを防ぐ 脂性肌。カミソリ負けを防ぐ 日やけによるしみ・そばかすを防ぐ 日やけ・雪やけ後のほてり （※平成 20 年 4 月 1 日以降申請のものは「日やけ・雪やけ後のほてりを防ぐ」） 肌をひきしめる 肌を清浄にする 肌を整える 皮膚をすこやかに保つ 皮膚にうるおいを与える 皮膚を保護する 皮膚の乾燥を防ぐ
ひげそり用剤	カミソリ負けを防ぐ 皮膚を保護し、ひげをそりやすくする
日やけ止め剤	日やけ・雪やけによる肌あれを防ぐ 日やけ・雪やけを防ぐ 日やけによるしみ・そばかすを防ぐ 皮膚を保護する
パック	肌あれ、あれ性。にきびを防ぐ 脂性肌 日やけによるしみ・そばかすを防ぐ 日やけ・雪やけ後のほてり （※平成 20 年 4 月 1 日以降申請のものは「日やけ・雪やけ後のほてりを防ぐ」） 肌をなめらかにする 皮膚を清浄にする
薬用石けん（洗顔料を含む）	<殺菌剤主剤のもの> 皮膚の清浄・殺菌・消毒。体臭・汚臭およびにきびを防ぐ <消炎剤主剤のもの> 皮膚の清浄、にきび、カミソリ負けおよび肌あれを防ぐ

注 1）作用機序によっては「メラニンの生成を抑え、しみ・そばかすを防ぐ」も認められる。
注 2）上記にかかわらず、化粧品の効能・効果の範囲（表 2）のみを標榜するものは、医薬部外品としては認められない。

薬用化粧品と一般化粧品の効能・効果範囲はほとんど重なっていますが、薬用化粧品独自のものとしては次のようなものがあります。

・「にきびを防ぐ」→「化粧水」「クリーム、乳液、ハンドクリーム、化粧用油」「パック」に認められる
・「皮膚の殺菌・消毒」→「薬用石けん」に認められる
・「体臭を防ぐ」→「薬用石けん」に認められる

安易な個人輸入は気をつけて

海外コスメ

インターネットのサイトから気軽に海外のコスメを買えるようになりましたが、思わぬ落とし穴があることにも留意したいものです。

同じコスメでも成分が変わる

それぞれの国ごとに、化粧品に関わる法律が異なります。そのため、同じ製品でも成分が違うということはよくあります。

例えば、美白で人気の成分・ハイドロキノンはアメリカでは使用できますが、ヨーロッパ、中韓では使用が禁止されています。

メーカーが国外で化粧品を正規販売する場合、その国の法律に合わせて成分を調整したものが販売されているので、同じブランドの同じ名前の製品でも成分が違う……ということが起こります。

日本は厳しい基準で薬品・化粧品を規制していますが、**人種が違えば肌質も変わります**。つまり、日本の製品では起こらない反応があることも予想されます。

海外の化粧品を個人輸入した場合、トラブルが起きたとき、成分表示の内容が現地の言語で書かれていると、原因を突き止めにくいというリスクもあります。

また、製品の品質が保証されていません。中身が漏れていたり、相手先での保管法が悪くて品質が劣化していたりする可能性もあります。その場合も保証対応してくれるとは限りません。

薬機法と化粧品基準

薬機法

化粧品を生産するにあたって最も重要な法律である「薬機法」。

薬機法の正式名称は、「医薬品、医療機器等の品質、有効性及び安全性の確保等に関する法律」。つまり、医薬品、医療機器等の品質、有効性、安全性を確保するための法律です。製造・表示・販売・流通・広告などについて細かく定めています。

薬機法が規制する対象は医薬品、医薬部外品、化粧品、医療機器、再生医療等製品です。

化粧品基準

この薬機法に基づいて、日本で流通する化粧品の成分にはルールが定められています。それが「化粧品基準」こと「厚生省告示 第331号」です。**日本で流通していれば、国産・海外製を問わず適用されます。**

主な項目に以下のものがあります。

POINT

化粧品基準の主な項目

●ネガティブリスト

絶対に配合してはいけない成分を定めます。

- **配合禁止成分**

●ポジティブリスト

配合量を守れば使用してよい成分を定めます。

- **配合制限成分**
- **防腐剤（配合してよい成分とその量）**
- **紫外線吸収剤（配合してよい成分とその量）**
- **タール色素**

薬機法の規制の体系

開発・治験	医薬品等の品質、有効性、安全性を確保するための臨床試験の方法やデータの集め方等について規制	薬機法で規定
▼		
承認審査	医薬品医療機器総合機構（PMDA）が品質、有効性および安全性を審査 薬事・食品衛生審議会からの答申を受け、厚生労働大臣が承認	
▼		
製造	品質確保の観点から、製造業、製造販売業を規制	
▼		
販売規制	医薬品等の流通経路（薬局、店舗販売業等）を規制 医薬品等の表示（ラベルや外箱、添付文書）を規制	
▼		
市販後安全対策	副作用等の情報収集 副作用の拡大を防ぐための安全対策（添付文書の改訂等）の実施	
▼		
監視指導	無承認・無許可医薬品の監視指導 不良医薬品等の取締り	
▼		
副作用被害の救済	医薬品副作用被害救済制度等による給付	独立行政法人医薬品医療機器総合機構法で規定

化粧品に関わるさまざまな法律

- 薬機法
- 製造物責任法（PL法）
- アルコール事業法
- 特許法
- 消防法
- 不当景品類および不当表示防止法（景品表示法）
- 高圧ガス保安法
- 廃棄物の処理及び清掃に関する法律
- 環境基本法
- 毒物及び劇物取締法
- 家庭用品品質表示法
- 計量法
- 食品衛生法
- 化学物質の審査及び製造等の規制に関する法律
- 意匠法
- 商標法
- 実用新案法
- 独占禁止法
- 不正競争防止法
- 消費者基本法
- 特定商取引に関する法律
- 工業標準化法

このように、薬機法以外にも実に多くの法律の下で化粧品開発は行われています。

◆ネガティブリスト〜化粧品基準「別表第１」

❶ すべての化粧品で配合禁止とされている成分

・6-アセトキシ-2,4-ジメチル-m-ジオキサン
・アミノエーテル型の抗ヒスタミン剤（ジフェンヒドラミン等）以外の抗ヒスタミン
・エストラジオール、エストロン又はエチニルエストラジオール以外のホルモン及びその誘導体

・塩化ビニルモノマー
・塩化メチレン
・オキシ塩化ビスマス以外のビスマス化合物
・過酸化水素
・カドミウム化合物
・過ホウ酸ナトリウム
・クロロホルム
・酢酸プログレノロン
・ジクロロフェン
・水銀及びその化合物
・ストロンチウム化合物
・スルファミド及びその誘導体
・セレン化合物
・ニトロフラン系化合物
・ハイドロキノンモノベンジルエーテル
・ハロゲン化サリチルアニリド
・ビタミン L1 及び L2
・ビチオノール
・ピロカルピン
・ピロガロール
・フッ素化合物のうち無機化合物
・プレグナンジオール
・プロカイン等の局所麻酔剤
・ヘキサクロロフェン
・ホウ酸
・ホルマリン
・メチルアルコール

【出典】化粧品基準、平成 12 年 9 月 29 日、厚生省告示第 331 号

ネガティブリスト～化粧品基準「別表第２」

❶ すべての化粧品に配合の制限がある成分

成分名	100g 中の最大配合量（g）
アラントインクロルヒドロキシアルミニウム	1.0g
カンタリスチンキ、ショウキョウチンキ又はトウガラシチンキ	合計量として 1.0g
サリチル酸フェニル	1.0g
ポリオキシエチレンラウリルエーテル（8～10E.O.）	2.0g

❷ 化粧品の種類又は使用目的により配合の制限がある成分

成分名	100g 中の最大配合量（g）
○エアゾール剤	
ジルコニウム	配合不可
○石けん、シャンプー等の直ちに洗い流す化粧品	
チラム	0.50g
○石けん、シャンプー等の直ちに洗い流す化粧品以外の化粧品	
ウンデシレン酸モノエタノールアミド	配合不可
チラム	0.30g
パラフェノールスルホン酸亜鉛	2.0g
2－（2－ヒドロキシ－5－メチルフェニル）ベンゾトリアゾール	7.0g
ラウロイルサルコシンナトリウム	配合不可
○頭部、粘膜部又は口腔内に使用される化粧品及びその他の部位に使用される化粧品で脂肪族低級一価アルコール類を含有する化粧品（当該化粧品に配合された成分の溶解のみを目的として当該アルコール類を含有するものを除く。）	
エストラジオール、エストロン又はエチニルエストラジオール	合計量として 20000 国際単位
○頭部、粘膜部又は口腔内に使用される化粧品以外の化粧品で脂肪族低級一価アルコール類を含有しない化粧品（当該化粧品に配合された成分の溶解のみを目的として当該アルコール類を含有するものを含む。）	
エストラジオール、エストロン又はエチニルエストラジオール	合計量として 50000 国際単位
○頭部のみに使用される化粧品	
アミノエーテル型の抗ヒスタミン剤	0.010g
○頭部のみに使用される化粧品以外の化粧品	
アミノエーテル型の抗ヒスタミン剤	配合不可
○歯磨	
ジエチレングリコール	配合不可
ラウロイルサルコシンナトリウム	0.50g
○ミツロウ及びサラシミツロウを乳化させる目的で使用するもの	
ホウ砂	0.76g（ミツロウ及びサラシミツロウの 1/2 以下の配合量である場合に限る。）
○ミツロウ及びサラシミツロウを乳化させる目的以外で使用するもの	
ホウ砂	配合不可

❸ 化粧品の種類により配合の制限のある成分（注 1）

成分名	100g 中の最大配合量（g）		
	粘膜に使用されることがない化粧品のうち洗い流すもの	粘膜に使用されることがない化粧品のうち洗い流さないもの	粘膜に使用されることがある化粧品
タイソウエキス（注 2）	○	○	5.0
チオクト酸	0.01	0.01	配合禁止
ユビデカレノン	0.03	0.03	配合禁止

（注 1）○印は、配合の上限がないことを示す。

（注 2）日本薬局方タイソウを 30%（w/v）エタノール水溶液で抽出することにより得られるエキスをいう。

♦ポジティブリスト～化粧品基準「別表第3」

❶ すべての化粧品に配合の制限がある成分

成分名	100g 中の最大配合量（g）
安息香酸	0.2
安息香酸塩類	合計量として 1.0
塩酸アルキルジアミノエチルグリシン	0.20
感光素	合計量として 0.0020
クロルクレゾール	0.50
クロロブタノール	0.10
サリチル酸	0.20
サリチル酸塩類	合計量として 1.0
ソルビン酸及びその塩類	合計量として 0.50
デヒドロ酢酸及びその塩類	合計量として 0.50
トリクロロヒドロキシジフェニルエーテル（別名トリクロサン）	0.10
パラオキシ安息香酸エステル及びそのナトリウム塩	合計量として 1.0
フェノキシエタノール	1.0
フェノール	0.10
ラウリルジアミノエチルグリシンナトリウム	0.030
レゾルシン	0.10

❷ 化粧品の種類により配合の制限がある成分（注 1）

成分名	100g 中の最大配合量（g）		
	粘膜に使用されることがない化粧品のうち洗い流すもの	粘膜に使用されることがない化粧品のうち洗い流さないもの	粘膜に使用されることがある化粧品
亜鉛・アンモニア・銀複合置換型ゼオライト（注 4）	1.0	1.0	配合禁止
安息香酸パントテニルエチルエーテル	○	0.30	0.30
イソプロピルメチルフェノール	○	0.10	0.10
塩化セチルピリジニウム	5.0	1.0	0.010
塩化ベンザルコニウム	○	0.050	0.050
塩化ベンゼトニウム	0.50	0.20	配合禁止
塩酸クロルヘキシジン	0.10	0.10	0.0010
オルトフェニルフェノール	○	0.30	0.30
オルトフェニルフェノールナトリウム	0.15	0.15	配合禁止
銀－銅ゼオライト（注 5）	0.5	0.5	配合禁止
グルコン酸クロルヘキシジン	○	0.050	0.050
クレゾール	0.010	0.010	配合禁止
クロラミンT	0.30	0.10	配合禁止
クロルキシレノール	0.30	0.20	0.20
クロルフェネシン	0.30	0.30	配合禁止
クロルヘキシジン	0.10	0.050	0.050
1,3- ジメチロール -5,5- ジメチルヒダントイン	0.30	配合禁止	配合禁止
臭化アルキルイソキノリニウム	○	0.050	0.050
チアントール	0.80	0.80	配合禁止
チモール	0.050	0.050	○（注 2）
トリクロロカルバニリド	○	0.30	0.30
パラクロルフェノール	0.25	0.25	配合禁止
ハロカルバン	○	0.30	0.30
ヒノキチオール	○	0.10	0.050
ピリチオン亜鉛	0.10	0.010	0.010
ピロクトンオラミン	0.05	0.05	配合禁止
ブチルカルバミン酸ヨウ化プロピニル（注 6）	0.02	0.02	0.02
ポリアミノプロピルビグアナイド	0.1	0.1	0.1
メチルイソチアゾリノン	0.01	0.01	配合禁止
メチルクロロイソチアゾリノン・メチルイソチアゾリノン液（注 3）	0.10	配合禁止	配合禁止
N,N"- メチレンビス［N'-（3- ヒドロキシメチル -2,5- ジオキソ -4- イミダゾリジニル）ウレア］	0.30	配合禁止	配合禁止
ヨウ化パラジメチルアミノスチリルヘプチルメチルチアゾリウム	0.0015	0.0015	配合禁止

（注 1）○印は、配合の上限がないことを示す。（注 2）粘膜に使用される化粧品であって、口腔に使用されるものに限り、配合することができる。（注 3）5- クロロ -2- メチル -4- イソチアゾリン -3- オン 1.0 ～ 1.3% 及び 2- メチル -4- イソチアゾリン -3- オン 0.30 ～ 0.42% を含む水溶液をいう。（注 4）強熱した場合において、銀として 0.2% ～ 4.0% 及び亜鉛として 5.0% ～ 15.0% を含有するものをいう。（注 5）強熱した場合において、銀として 2.7% ～ 3.7% 及び銅として 4.9% ～ 6.3% を含有するものをいう。（注 6）エアゾール剤へ配合してはならない。

◆ポジティブリスト～化粧品基準「別表第4」

❶ すべての化粧品に配合の制限がある成分

成分名	100g 中の最大配合量（g）
サリチル酸ホモメンチル	10
2- シアノ -3,3- ジフェニルプロパ -2- エン酸 2- エチルヘキシルエステル（別名オクトクリレン）	10
ジパラメトキシケイ皮酸モノ -2- エチルヘキサン酸グリセリル	10
トリスビフェニルトリアジン	10.0
パラアミノ安息香酸及びそのエステル	合計量として 4.0
4-tert- ブチル -4'- メトキシジベンゾイルメタン	10

❷ 化粧品の種類により配合の制限がある成分（注 1）

成分名	100g 中の最大配合量（g）		
	粘膜に使用されることがない化粧品のうち洗い流すもの	粘膜に使用されることがない化粧品のうち洗い流さないもの	粘膜に使用されることがある化粧品
4-（2- β - グルコピラノシロキシ）プロポキシ -2- ヒドロキシベンゾフェノン	5.0	5.0	配合禁止
サリチル酸オクチル	10	10	5.0
2,5- ジイソプロピルケイ皮酸メチル	10	10	配合禁止
2-[4-（ジエチルアミノ）-2- ヒドロキシベンゾイル] 安息香酸ヘキシルエステル	10.0	10.0	配合禁止
シノキサート	○	5.0	5.0
ジヒドロキシジメトキシベンゾフェノン	10	10	配合禁止
ジヒドロキシジメトキシベンゾフェノンジスルホン酸ナトリウム	10	10	配合禁止
ジヒドロキシベンゾフェノン	10	10	配合禁止
ジメチコジエチルベンザルマロネート	10.0	10.0	10.0
1-（3,4- ジメトキシフェニル）-4,4- ジメチル -1,3- ペンタンジオン	7.0	7.0	配合禁止
ジメトキシベンジリデンジオキソイミダゾリジンプロピオン酸 2- エチルヘキシル	3.0	3.0	配合禁止
テトラヒドロキシベンゾフェノン	10	10	0.050
テレフタリリデンジカンフルスルホン酸	10	10	配合禁止
2,4,6- トリス [4-（2- エチルヘキシルオキシカルボニル）アニリノ]-1,3,5- トリアジン	5.0	5.0	配合禁止
トリメトキシケイ皮酸メチルビス（トリメチルシロキシ）シリルイソペンチル	7.5	7.5	2.5
ドロメトリゾールトリシロキサン	15.0	15.0	配合禁止
パラジメチルアミノ安息香酸アミル	10	10	配合禁止
パラジメチルアミノ安息香酸 2- エチルヘキシル	10	10	7.0
パラメトキシケイ皮酸イソプロピル・ジイソプロピルケイ皮酸エステル混合物（注 2）	10	10	配合禁止
パラメトキシケイ皮酸 2- エチルヘキシル	20	20	8.0
2,4- ビス -[{4-（2- エチルヘキシルオキシ）-2- ヒドロキシ }- フェニル]-6-（4- メトキシフェニル）-1,3,5- トリアジン	3.0	3.0	配合禁止
2- ヒドロキシ -4- メトキシベンゾフェノン	○	5.0	5.0
ヒドロキシメトキシベンゾフェノンスルホン酸及びその三水塩	10（注 3）	10（注 3）	0.10（注 3）
ヒドロキシメトキシベンゾフェノンスルホン酸ナトリウム	10	10	1.0
フェニルベンズイミダゾールスルホン酸	3.0	3.0	配合禁止
フェルラ酸	10	10	配合禁止
2,2'- メチレンビス（6-（2H ベンゾトリアゾール -2- イル）-4-（1,1,3,3- テトラメチルブチル）フェノール	10.0	10.0	配合禁止

（注 1）○印は、配合の上限がないことを示す。（注 2）パラメトキシケイ皮酸イソプロピル 72.0 ～ 79.0%、2,4 - ジイソプロピルケイ皮酸エチル 15.0 ～ 21.0% 及び 2,4 - ジイソプロピルケイ皮酸メチル 3.0 ～ 9.0% を含有するものをいう。（注 3）ヒドロキシメトキシベンゾフェノンスルホン酸としての合計量とする。

ルールを守って
消費者に
正しく伝える

化粧品の広告・PR

化粧品の広告には、大きく二つの法律が関わっています。

一つは薬機法です。厚生労働省ではさらにかみくだいて、どのような広告表現が違反となるのかを「医薬品等適正広告基準」としてまとめています。

二つ目は消費者庁が出す景品表示法（景表法）です。広告表現について規制しています。

消費者がよりよい商品やサービスをきちんと選べるようにするために、過剰な宣伝をしないよう法律として厳しく規制しています。

ルールに則った宣伝をしている会社かどうかは、安心して使用できるコスメかどうかの一つの基準になるかもしれません。

♦ 化粧品広告に関連する法律とガイドライン

薬機法（厚生労働省）
虚偽・誇大広告の禁止

↓ 解釈・具体化

医薬品等適正広告基準
（厚生労働省）

↓ さらに具体化

化粧品等の適正広告
ガイドライン
（日本化粧品工業連合会）

景品表示法（消費者庁）
不当な顧客誘引の禁止
（消費者の利益保護）

↓ 表示規制

化粧品の表示に関する
公正競争規約
（化粧品公正取引協議会）

【出典】日本化粧品検定協会「日本化粧品検定１級対策テキスト」（2016）

薬機法や厚生労働省のガイドラインは、化粧品などの製造と販売側から見たもの。景品表示法は、消費者の購買と選択の視点からの規制が定められています。

実は使ってはいけない宣伝文句の例

共通

NG! 「まったく新しい」「唯一無二の」	➡ 「独自の」「新しい」	明示できる根拠が必要
NG! 「革新的」	➡ 「画期的」	
NG! 「日本初」	➡ 「独自の」	

美白・ホワイトニング

NG! 「肌全体が白くなる」ような表現

NG! できてしまったシミ・そばかすをなくす表現

肌の疲れ

NG! 「疲労回復」「疲れた肌に」など

シミ

NG! 小さく「シミを防ぐ」と表記 ➡ 「日焼けによる」を省いてはNG。「シミを防ぐ」と同じくらいの大きさで書くこと。

お肌の弱い方・低刺激性

NG! 「お肌の弱い方」「アレルギー性肌の方」

NG! 「刺激がない」

「奥まで浸透」「肌内部」「肌の奥深く」

NG! 「肌のすみずみ」 ➡ 注釈で「角層」である旨の説明があっても、角層の範囲を超えて浸透するかのような印象を与えるのはNG

アンチエイジング

NG! 日本化粧品工業連合会では「エイジングケア」はOKだが、「エイジングケア」とは「年齢に応じたお手入れ」という注釈が必要としている

全成分表示

２００１年４月、化粧品の規制が緩和され、企業の責任において化粧品販売ができるようになりました。同時に、化粧品の全成分表示が義務付けられました。

以前は、アレルギー反応を起こす可能性のある成分だけ表示すればよいルールでした（旧表示指定成分）。しかし作用が緩和である化粧品であってもかぶれや湿疹などのアレルギー性皮膚障害が少なからず発生しています。

そこで全成分表示を義務付け、万が一肌トラブルが起こった場合でも、全成分表示がなされている容器や外箱から、原因物質を特定しやすくしています。

同じ成分でも名称が違う

化粧品の成分表示は原則、日本化粧品工業連合会が作成する「化粧品の成分表示名称リスト」の名称を用いて記載することになっています。これはアメリカの国際命名法委員会が化粧品原料国際命名法に基づいて作成している化粧品成分の名称（ＩＮＣＩ名）に基づいています。ＩＮＣＩ名は、化粧品の国際的な名称です。

医薬部外品は、原則として、厚生労働省に申請した名称で表示することになっています。そのため、同じ成分でも化粧品と医薬部外品で異なる名称になるときがあります。

NoTE

キャリーオーバー成分

精製過程で使用した成分などは最後に除去しますが、ごく微量残ってしまうことがあります。このどうしても残ってしまう成分のことをキャリーオーバー成分といいます。
中には防腐剤などの旧表示指定成分だったものもあり、アレルギー物質として見逃す可能性があるため表示されるべきという考え方が広まっていますが、すべてを記載するとスペースが足りないという現実的な問題もあります。

旧表示指定成分とは？

まれにアレルギーなどの皮膚トラブルを起こす可能性のある成分102種と香料を指定し、消費者がトラブルを回避できるようにしたもの。化粧品については全成分表示が義務付けられたため、この区分は廃止されました。

全成分表示のルール

- ☑ 配合量の多いものから表示する
- ☑ 配合量が1％以下（微添）の成分は 記載順序自由

➡ 消費者にとって魅力的な成分を先に表記するなど、製造側の意図が反映できる。前に書いてあるからたくさん配合されているわけではないことに注意。

- ☑ 着色剤は配合量にかかわらず末尾にまとめて記載することも可能

※すべてのものに当てはまるわけではありません。

化粧品と薬用化粧品の表示イメージ

化粧品

販売名：○○○化粧水

肌にうるおいを与え、
肌をすこやかに保ちます。

配合成分：水・BG・エタノール
オキシベンゾン -5・水添レシチン・メチルパラベン……

100mL　5,000円

製造販売元：△△△株式会社
東京都△△区……
お問い合わせ先：0120……

薬用化粧品

販売名：◆◆◆化粧水
医薬部外品

メラニンの生成を抑え、
しみ・そばかすを防ぐ。
肌にうるおいを与え、
肌をすこやかに保ちます。

有効成分：トラネキサム酸
配合成分：精製水・1,3ブチレングリコール・エタノール・ヒドロキシメトキシベンゾフェノンスルホン酸ナトリウム・水素添加大豆リン脂質・メチルパラベン……

100mL　5,000円

製造販売元：△△△株式会社
東京都△△区……
お問い合わせ先：0120……

薬用化粧品では、有効成分を全成分の中に入れずに、別欄に書いてもよいことになっています。さらに、配合分量は割愛することができるというルールのため、実際に何％含まれているかはわかりません。
他方の化粧品では配合の多い順に書かれているので、どのくらいの配合量か想像することができます。

◆旧表示指定成分の一覧

同じ成分であっても、旧表示指定成分における表示名称と、全成分表示が義務付けられてからの表示名称が異なる場合があります。

成分名の末尾の「○」には数字またはアルファベットが入ります。

旧表示指定成分での表示名称	全成分表示での表示名称	主な用途
安息香酸及びその塩類	安息香酸及び安息香酸○	防腐殺菌剤
イクタモール	イクタモール	収れん剤
イソプロピルメチルフェノール	シメン -5- オール	防腐殺菌剤
ウンデシレン酸及びその塩類	ウンデシレン酸及びウンデシレン酸○	防腐殺菌剤
ウンデシレン酸モノエタノールアミド	ウンデシレナミド MEA	防腐殺菌剤
エデト酸及びその塩類	EDTA 及び EDTA- ○	金属イオン封鎖剤
塩化アルキルトリメチルアンモニウム	ベヘントリモニウムクロリド	界面活性剤（帯電防止剤）
塩化ジステアリルジメチルアンモニウム	ジステアリルジモニウムクロリド	界面活性剤（帯電防止剤）
塩化ステアリルジメチルベンジルアンモニウム	ステアラルコニウムクロリド	界面活性剤（帯電防止剤）
塩化ステアリルトリメチルアンモニウム	ステアルトリモニウムクロリド	界面活性剤（帯電防止剤）
塩化セチルトリメチルアンモニウム	セトリモニウムクロリド	界面活性剤など
塩化セチルピリジニウム	セチルピリジニウムクロリド	界面活性剤（防腐殺菌剤）
塩化ベンザルコニウム	ベンザルコニウムクロリド	界面活性剤（防腐殺菌剤）
塩化ベンゼトニウム	ベンゼトニウムクロリド	界面活性剤（防腐殺菌剤）
塩化ラウリルトリメチルアンモニウム	ラウリルトリモニウムクロリド	界面活性剤
塩化リゾチーム	塩化リゾチーム	酵素類
塩酸アルキルジアミノエチルグリシン	アルキル（C12-14）ジアミノエチルグリシン HCl	界面活性剤（防腐殺菌剤）
塩酸クロルヘキシジン	クロルヘキシジン 2HCl	防腐殺菌剤
塩酸ジフェンヒドラミン	ジフェンヒドラミン HCl	消炎剤
オキシベンゾン	オキシベンゾン -3	紫外線吸収剤、安定化剤
オルトフェニルフェノール	フェニルフェノール	防腐殺菌剤
カテコール	カテコール	抗酸化剤など
カンタリスチンキ	マメハンミョウエキス	毛根刺激剤
グアイアズレン	グアイアズレン	紫外線吸収剤、消炎剤
グアイアズレンスルホン酸ナトリウム	グアイアズレンスルホン酸 Na	消炎剤
グルコン酸クロルヘキシジン	グルコン酸クロルヘキシジン	防腐殺菌剤
クレゾール	クレゾール	防腐殺菌剤
クロラミンT	クロラミンT	防腐殺菌剤
クロルキシレノール	クロルキシレノール	防腐殺菌剤
クロルクレゾール	クロルクレゾール	防腐殺菌剤
クロルフェネシン	クロルフェネシン	防腐殺菌剤
クロロブタノール	クロロブタノール	防腐殺菌剤
5- クロロ -2- メチル -4- イソチアゾリン -3- オン	メチルクロロイソチアゾリノン	防腐殺菌剤
酢酸 dl- α - トコフェロール	酢酸トコフェロール	抗酸化剤など
酢酸ポリオキシエチレンラノリンアルコール	酢酸ラネス -9, 酢酸ラネス -10	界面活性剤
酢酸ラノリン	酢酸ラノリン	基剤
酢酸ラノリンアルコール	酢酸ラノリンアルコール	基剤
サリチル酸及びその塩類	サリチル酸及びサリチル酸○	防腐殺菌剤
サリチル酸フェニル	サリチル酸フェニル	紫外線吸収剤
ジイソプロパノールアミン	DIPA	中和剤
ジエタノールアミン	DEA	中和剤
シノキサート	シノキサート	紫外線吸収剤
ジブチルヒドロキシトルエン	BHT	抗酸化剤
1,3- ジメチロール -5,5- ジメチルヒダントイン	DMDM ヒダントイン	防腐剤
臭化アルキルイソキノリニウム	ラウリルイソキノリニウムブロミド	界面活性剤（防腐殺菌剤）
臭化セチルトリメチルアンモニウム	セトリモニウムブロミド	界面活性剤
臭化ドミフェン	臭化ドミフェン	界面活性剤、防腐殺菌剤
ショウキョウチンキ	ショウキョウエキス	毛根刺激剤
ステアリルアルコール	ステアリルアルコール	基剤・乳化安定助剤
セタノール	セタノール	基剤・乳化安定助剤
セチル硫酸ナトリウム	セチル硫酸 Na	界面活性剤

セタノール	セタノール	基剤・乳化安定助剤
セチル硫酸ナトリウム	セチル硫酸 Na	界面活性剤
セトステアリルアルコール	セテアリルアルコール	基剤
セラック	セラック	皮膜形成剤
ソルビン酸及びその塩類	ソルビン酸及びソルビン酸○	防腐殺菌剤
チモール	チモール	防腐殺菌剤
直鎖型アルキルベンゼンスルホン酸ナトリウム	ドデシルベンゼンスルホン酸○	界面活性剤（洗浄剤）
チラム	チラム	防腐殺菌剤
デヒドロ酢酸及びその塩類	デヒドロ酢酸○	防腐殺菌剤
天然ゴムラテックス	ゴムラテックス	基剤・接着剤
トウガラシチンキ	トウガラシエキス及びトウガラシ果実エキス	毛根刺激剤
dl- α - トコフェロール	トコフェロール	抗酸化剤など
トラガント	トラガント	増粘剤
トリイソプロパノールアミン	TIPA	中和剤
トリエタノールアミン	TEA	中和剤
トリクロサン	トリクロサン	防腐殺菌剤
トリクロロカルバニリド	トリクロカルバン	防腐殺菌剤
ニコチン酸ベンジル	ニコチン酸ベンジル	消炎剤
ノニル酸バニリルアミド	ヒドロキシメトキシベンジルペラルゴナミド	毛根刺激剤
パラアミノ安息香酸エステル	○ PABA	紫外線吸収剤
パラオキシ安息香酸エステル	パラベン	殺菌防腐剤
パラクロルフェノール	クロロフェノール	防腐殺菌剤
パラフェノールスルホン酸亜鉛	フェノールスルホン酸亜鉛	収れん剤
ハロカルバン	クロフルカルバン	防腐殺菌剤
2-（2- ヒドロキシ -5- メチルフェニル）ベンゾトリアゾール	ドロメトリゾール	紫外線吸収剤
ピロガロール	ピロガロール	色材原料、防腐殺菌剤
フェノール	フェノール	防腐殺菌剤
ブチルヒドロキシアニソール	BHA	抗酸化剤
プロピレングリコール	PG	保湿剤など
ヘキサクロロフェン	ヘキサクロロフェン	防腐殺菌剤
ベンジルアルコール	ベンジルアルコール	調合香料の原料など
没食子酸プロピル	没食子酸プロピル	抗酸化剤
ポリエチレングリコール（平均分子量が 600 以下の物）	PEG- ○（○は 12 以下）	基剤
ポリオキシエチレンラウリルエーテル硫酸塩類	ラウレス硫酸○	界面活性剤
ポリオキシエチレンラノリン	PEG- ○ラノリン	界面活性剤
ポリオキシエチレンラノリンアルコール	ラネス - ○	界面活性剤
ホルモン	エストラジオール、エストロン（エチニルエストラジオール）	ホルモン
ミリスチン酸イソプロピル	ミリスチン酸イソプロピル	基剤
2- メチル -4- イソチアゾリン -3- オン	メチルイソチアゾリノン	殺菌防腐剤
NN"- メチレンビス [N'-（3- ヒドロキシメチル -2.5- ジオキソ -4- イミダゾリジニル）ウレア]（別名 : イミダゾリジニルウレア）	イミダゾリジニルウレア	防腐剤
ラウリル硫酸塩類	ラウリル硫酸○	界面活性剤
ラウロイルサルコシンナトリウム	ラウロイルサルコシン Na	界面活性剤（殺菌・防腐剤）
ラノリン	ラノリン	基剤
液状ラノリン	液状ラノリン	基剤
還元ラノリン	水添ラノリン	基剤
硬質ラノリン	ラノリンロウ	基剤
ラノリンアルコール	ラノリンアルコール	基剤
水素添加ラノリンアルコール	水添ラノリンアルコール	基剤
ラノリン脂肪酸イソプロピル	ラノリン脂肪酸イソプロピル	基剤
ラノリン脂肪酸ポリエチレングリコール	ラノリン脂肪酸 PEG- ○	基剤
レゾルシン	レゾルシン	殺菌防腐剤
ロジン	ロジン	粘着剤、皮膜形成剤
医薬品等に使用することができるタール色素を定める省令（昭和 41 年厚生省令第 30 号）に掲げるタール色素		化粧品用色材

肌トラブルが起きたらまずは使用中止

化粧品による肌荒れ、アレルギー

パッチテスト

化粧品や原料メーカーではさまざまな試験を通じて安全性を確認していますが、必ずしもすべての人に反応が起こらないことを保証するものではありません。化粧品でも重篤なアレルギーを起こすこともあります。

敏感肌などで心配な場合は、事前にパッチテストを行ってみると一つの基準になります。

パッチテストとは、その化粧品で自分の肌がかぶれを起こすかどうか、上腕の内側や前腕の屈側部など、紫外線があたらない場所に実際に使ってみて24時間後、48時間後にその反応を見るテストです。

ただし24時間以上たってからアレルギーを発症することもあります。使ってみるまでわからない部分があることに注意しましょう。

医師にかかる場合

アレルギー反応が起こる前の生活と起こった後の生活に変化があるはずです。**医師にかかる際は、その変化はなにか、いつから症状が出るのか、どういうときに出るのかを伝えます。**

もちろん、化粧品が原因だと思っていたけれど違った……という場合もあります。**アレ**

POINT

アレルギーが起きると……

アレルギーが起きると、まず赤み、腫れが出ます。中でも膨れるような腫れ、まだらな赤みを呈します。
ピリピリするなど、不快な刺激が起こり、さらに進むと、のどなど、体内の腫れが起こります。
ひどくなると、呼吸困難などのアナフィラキシーショックが起こる場合があります。

メーカーでの主なチェック項目

検査の項目	検査の内容
急性毒性	経口、経皮、吸入などで投与して毒性があるかどうか
皮膚一次刺激性	1回塗ったときにネガティブな反応があるかどうか
連続皮膚刺激性	一定期間、反復して塗ったときに、ネガティブな反応があるかどうか
感作性	アレルギー反応が出る可能性があるかどうか
光毒性	光によって皮膚刺激を起こす可能性があるかどうか
光感作性	光によってアレルギー反応がでる可能性があるかどうか
眼感作性	眼に入れてしまったときの刺激
変異原性	細胞核や遺伝子に影響を与えて変異を起こさないかどうか
ヒトパッチ	赤み、腫れなどの皮膚炎を起こさないかどうか

化粧品メーカーは各自独自の基準を設け、販売するまでに非常に多くの項目を確認しています。安全性のためには、できるだけ多くの人数、さまざまなタイプの皮膚、状況、使用回数で行う必要があります。

ルギー症状が出たときは、疑われるものはすべてやめ、すぐに医療機関を受診しましょう。

花粉症などではアレルゲンを少量から摂取して身体をアレルゲンに慣れさせて治療する減感作療法などがありますが、化粧品では行いません。

化粧品の場合、最初はただの肌荒れだと思いやすいものです。ひどくなってから気づくケースも多いです。初期の症状では医師でも判断が難しい場合が多々あります。**アレルゲンとなっているコスメを使えば使うほどアレルギーの症状は悪化します。**

あらかじめ自分が使う化粧品がどういうものなのか、しっかり説明を受け、理解してから使うようにしましょう。

そして違和感を感じたら無理せず使用をやめ、必要に応じて医療機関に相談に行きましょう。

「好転反応」は医学用語ではない

一般的に好転反応というのは、「一時的に悪化するが、これから良くなる前兆」というような意味で使われますが、医学にはこのような考え方はありません。**厚生労働省は、好転反応という表現自体が薬機法違反にあたるとし、商品説明の表現として好転反応をうたうものには十分注意するよう注意喚起をしています。**

国民生活センターも、「事業者の好転反応という説明は、利用を継続させるためのセールストークである場合もあるのでうのみにしないこと」と、呼びかけています。

“自然由来コスメは安全”という神話

オーガニック、ナチュラルコスメ

オーガニックは本来「有機栽培の」という意味。このことから、有機栽培でつくられた植物を使った化粧品を、「オーガニックコスメ」などと呼ぶことがあります。なお、「ボタニカル」は「植物の」という意味で、オーガニックとは限りません。

有機栽培というのは、化学肥料を使わず遺伝子操作をせずに作物をつくる農法で、認定基準は各国さまざま。

日本の有機野菜の基準は、「過去2年間、農薬も化学肥料も未使用の土壌で栽培」「化学合成農薬や化学肥料は未使用」「遺伝子組み換え原料は未使用」などです。

日本のオーガニック認定機関には有機JAS認定がありますが、これは食品に対しての認定で、化粧品を対象とするものではありません。**つまり、オーガニックコスメ、ナチュラルコスメがどういうものか、国としての定義はありません。**メーカーが独自に定義していたり、外国の認証基準に自主的にならっていたりします。海外の認証を取得しているものもありますが、**認定機関によって基準が厳しいものもあればやさしいものもあります。**

ISOが基準を制定

オーガニック、ナチュラルコスメは世界的に増えていますが、その定義や解釈は地域や

ISO16128での自然原料の定義

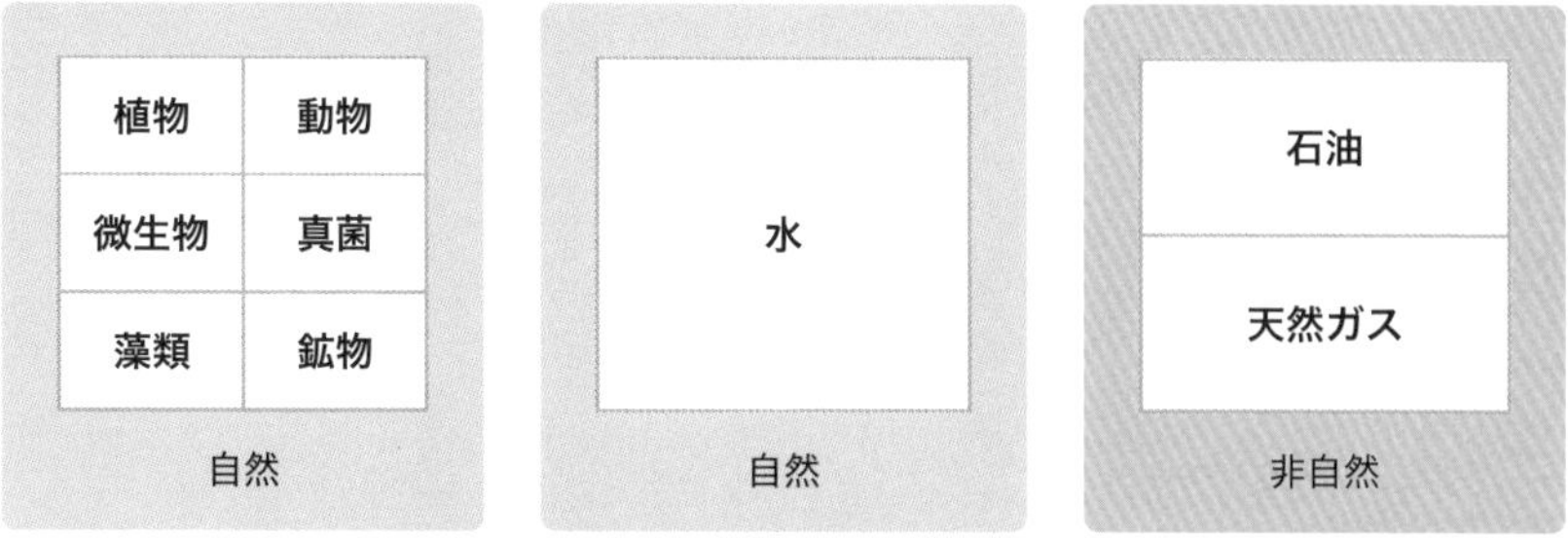

由来 ＼ 処理方法	物理処理（粉砕、乾燥、希釈　など）	意図的な化学修飾を伴う化学的／生物学的処理
・植物、動物、藻類 ・微生物、真菌 ・鉱物	自然原料 （オレンジ果汁、バラ抽出液　など） 自然鉱物原料 （タルク　など）	自然由来原料（50% 超※自然由来） 脂肪酸エステル　など 鉱物由来原料（自然鉱物原料と同じ化学組成を持つ） 酸化チタン　など
化石燃料	非自然原料	

※分子量または再生可能な炭素量、または関連する手法による

ISO16128でのオーガニック原料の定義

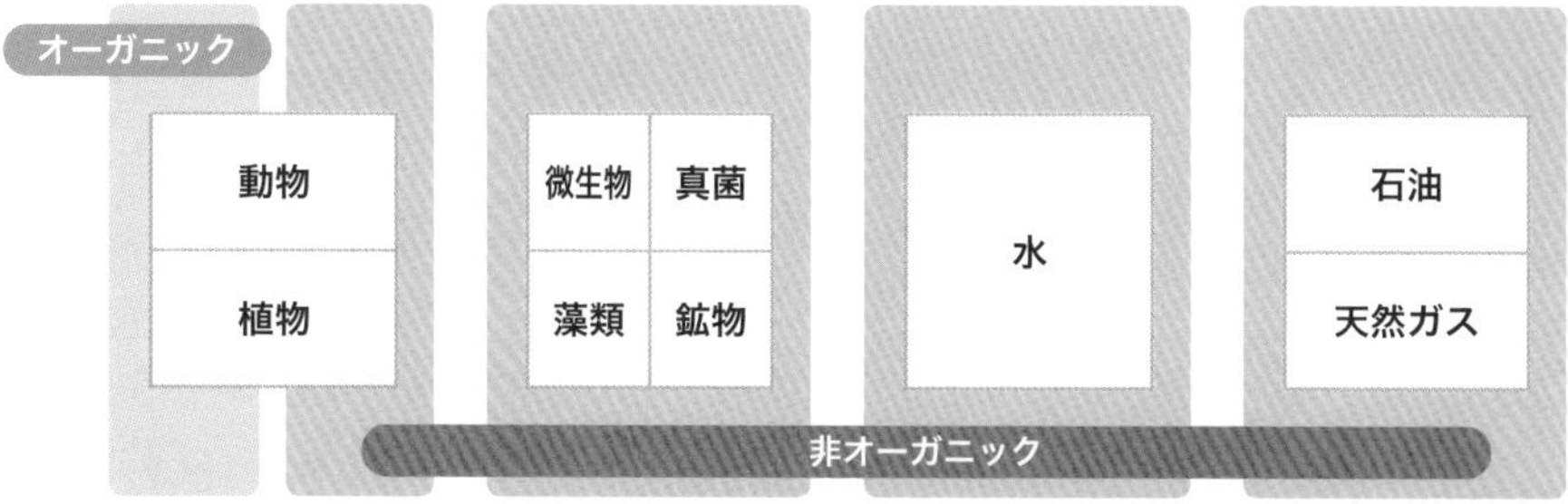

由来 ＼ 処理方法	物理処理（粉砕、乾燥、希釈　など）	意図的な化学修飾を伴う化学的／生物学的処理
各国基準や国際基準に合致したオーガニック農法、または収穫方法で得られた自然原料	オーガニック原料	オーガニック由来原料 （石油由来部分を含まない）
上記以外	その他の原料	

※分子量または再生可能な炭素量、または関連する手法による

【出典】日本化粧品工業連合会「ISO 16128に基づく化粧品の自然及びオーガニックに係る指数表示」

認証機関によってさまざま。そのため、消費者は同一基準で商品を比較することができませんでした。

そこで2016年に国際標準化機構（ISO）が、初めて化粧品の「自然及びオーガニックに係る示数表示」を制定しました。

ISO16128ではどんな原料が自然原料、自然由来原料、自然鉱物原料、鉱物由来原料、オーガニック原料、オーガニック由来原料、あるいは非自然原料なのかを定義しています。また水も4タイプに分類しています。

同時に定められた指数表示とは、製品にISO16128で定義されたオーガニック、ナチュラル原料が何%含まれているのかを示す値です。

指数はあくまでも任意表示で、表示のしかたも規定がありません。日本化粧品工業連合会がガイドラインを出しています。

◆オーガニック指数

製品にISO 16128で定義されたオーガニック原料が何%含まれているのかを示すための計算式は、以下のようになっています。製品では任意の場所に記載します。

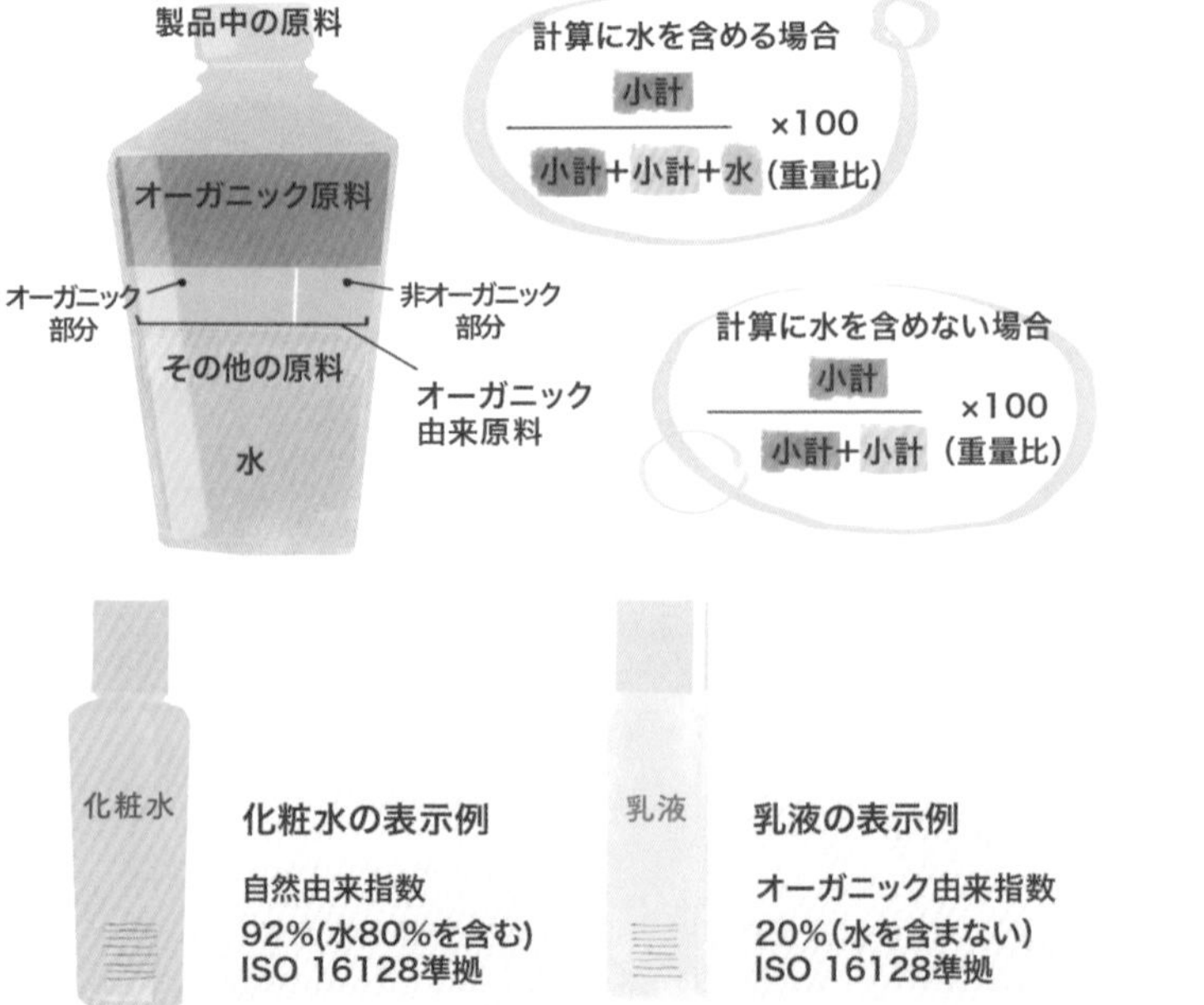

【出典】日本化粧品工業連合会「ISO 16128に基づく化粧品の自然及びオーガニックに係る指数表示」

ナチュラルだから安心?

化学物質は危険と捉える向きもありますが、そもそも世の中すべてのものは化学物質です。水も「H_2O」という化学物質です。

自然の成分も化学式で表すことができます。例えば、「甘草エキス」と「グリチルリチン酸」は同じものです。そもそも日本の法律下では、明らかに有毒なものは使用されません。

「天然そのまま」は成分不明

大事なのは、精製されているかどうかです。例えば、「バラのエキス」には無数の化学物質が含まれています。**精製しなければ、機能性成分以外の不純物も多数含まれ、アレルギー反応を引き起こす有害なものが含まれる可能性が高まります。**

また、天然そのままだと成分が安定しません。ある年のバラのエキスは栄養たっぷり、ある年はそうでもない、といった具合です。

無添加だから安心？

無添加化粧品とは、文字通り添加物を使用していないことをうたった化粧品です。ただし、どんな添加物を使用していないものを無添加化粧品と呼ぶことができるのかは明確に定められていません。**つまり特定の成分を使っておらず、そのことを公表していれば無添加化粧品とうたえます。**

無添加とは、旧表示指定成分を含まないという意味で使われることがほとんどです。

p.69 旧表示指定成分とは？

ミネラルは安心？

石油由来の油脂のことを鉱物油といいます。この鉱物油には、2つのタイプがあります。ミネラルオイルとワセリンです。ミネラルオイルは常温で液体のもの、ワセリンは常温で固形のものをいいます。

それではミネラルオイルは石油由来で避けるべきものと思うかもしれませんが、非常に純度高く精製されており、医療現場でも使われるほど安全なものです。

「石油由来」「ミネラル」など言葉のイメージに振り回されないようにしましょう。

ばい菌を顔に塗らないよう注意

化粧品の保管方法・使用期限

保管方法

開封前、開封後ともに、高温多湿、温度変化の激しい場所、直射日光の当たる場所を避けて保管することが望ましいです。さらに、開封後は容器の口元をきれいに拭き取り、きちんとキャップを閉めて保管しましょう。

使用期限

薬機法では未開封の場合、適切な保存条件のもとで3年を超えて性状および品質が安定している化粧品は、使用期限や製造日の表示義務はないとされています。

一度開封してしまうと、空気中に浮遊する雑菌や手指からの微生物の混入による二次汚染などにより品質が低下します。**どのような場所で、どのように使うかは人によって異なり、企業には制限ができません。**そのため化粧品の開発時は、日本の一般的な気候で開封後約半年〜1年間品質が安定するようにつくられています。

さらに品質の安全性を期すために、一般的な使い方であればおよそ1〜2カ月で使い切るような容量で梱包し、常に安定した品質で使い続けてもらえる状態を目指しています。

実は汚い！　パフやブラシ

化粧用のパフ、ブラシなどが肌荒れの原因の一つになっていると考えられています。

◆毎日使っているそのコスメ、ばい菌がいっぱい！

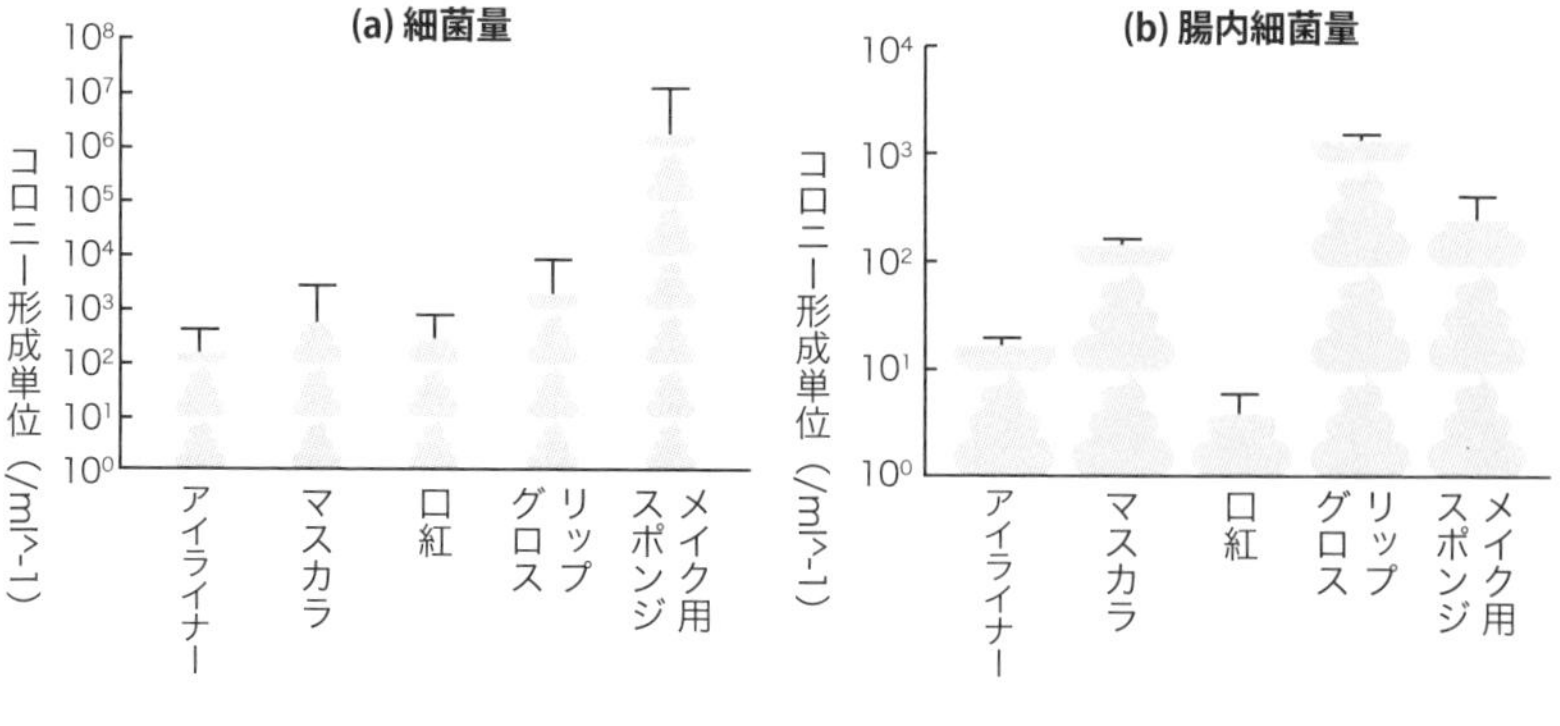

467 個の使用済み化粧品を調べたところ、70 ～ 90% の製品で大腸菌やブドウ球菌などのばい菌が検出されたという報告。
【出典】Bashir A. (2020) Journal of Applied Microbiology 128(2): 598-605.

パフ、スポンジなどを使う場合、本来は毎回きれいに洗浄してきちんと乾燥させてから使用することが必要です。ブラシもティッシュで粉を払い、3カ月を目安に専用のクリーナーなどで洗いましょう。使い捨てのスポンジを使うこともおすすめの方法です。

フリマサイトで買わない・売らない

中古品の化粧品も多く売られるフリマサイトですが、化粧品によっては劣化しやすい成分があります。目に見えて変色するものもあれば、見た目でわからなくとも劣化しているものもあります。**中古品の売買は、健康被害を誰かに引き起こす可能性があることに留意しましょう。中古品で健康被害が起こっても、メーカーの保証はありません。**メーカーやオンラインショップによっては、購入履歴や製造番号などで、誰がいつどの商品を買ったかを照合できます。中古品など使用済みのものは、使わないようにしましょう。

Q 化粧品は冷蔵庫で保管するほうがいいですか？

A 一般的に化粧品は安定性試験を行っており、日本の気候で起こりうる温度で安定していることを確かめています。なにも説明がなければ、大抵は常温でもよいですが、温度変化が少なく直射日光の当たらない冷暗所の安定した環境で保管したほうが、製品の変性や劣化を防ぐうえではよりよいです。直射日光の当たる窓際や風呂場に置いていると、早く劣化します。最近は化粧品専用の小型冷蔵庫なども販売されています。注意書き、使用法の説明があるときはしっかり読むようにしましょう。

化粧品の基本のつくり

主な構成成分

化粧品はおおまかに、基本成分、機能性成分または有効成分、香料・色素成分、品質保持のための成分の４つで構成されます。成分それぞれに役割があり、商品のコンセプト、安定性、使用感などの目的のために配合されています。

価格のしくみ

原価には原材料費のほか、研究・開発費や工場での製造費、さらに運搬費、それらを担う人々の人件費などがかかります。また容器代とその加工代、デザイン費、さらにＣＭなどの広告・宣伝費がかかります。

◆化粧品の原価構造イメージ

基本成分

- 水溶性成分
- 油性成分
- 界面活性剤
- 品質保持のための成分

＋

- 機能性成分、有効成分
- 香料・色素成分

＋

- 容器代・加工代・デザイン費
- 広告・宣伝費
- 人件費
- 研究・開発費
- 原材料費
- 運搬費
- 製造費

など

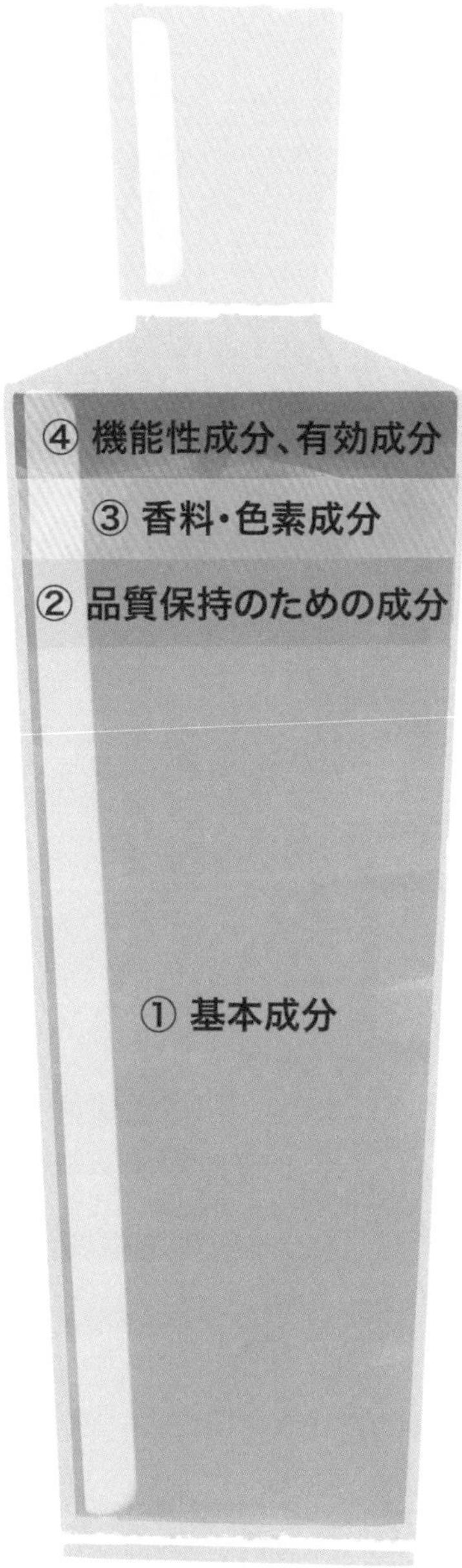

④ 機能性成分、有効成分

機能性成分や有効成分は、乾燥、シミ、シワ、ニキビなどの肌の悩みに対して、化粧品の効能・効果を発揮する原料のこと。美白、アンチエイジング、保湿、ハリをもたらす……など、さまざまな目的に合わせて役割や機能を果たし、セールスポイントとなる部分に当たります。

③ 香料・色素成分

化粧品に存在感をもたらすのが、香料や色素。香料は現在、天然・合成を合わせて約1,500種類が化粧品に使用されています。

② 品質保持のための成分

防腐剤、酸化防止剤、キレート剤（金属封鎖剤）、pH調整剤など、商品の品質をある一定期間保たせるための成分です。

① 基本成分

化粧水、美容液、乳液、クリームなどの用途に合わせてつくられる骨組みの部分。

サッパリ感やシットリ感といった使用感、またはジェルタイプ、ヨーグルトやシャーベットのような質感といったテクスチャーをつくります。

大きく分けて水溶性成分、油性成分、粉末成分、乳化や可溶化のための界面活性剤の４つに分類されます。

基本成分

化粧品の成分は基本成分と機能・作用を与える成分の2つに大きく分かれます。

p.112 機能性成分

基本成分はクリームなのかジェルかといった形や状態を決める骨組みになるもので、化粧品の70～90%は基本成分にあたります。機能性成分の力をしっかりと引き出すための土台です。また基本成分そのものにも、機能性を持たせることができます。

この基本成分は主に水溶性成分、油性成分、界面活性剤に分けることができます。

水溶性成分

水溶性成分はモイスチャライザーとして、肌へ化粧品を浸透しやすくし、うるおし、柔らかく保ちます。また水溶性成分を溶かし込む溶剤としての役割もあります。

水溶性成分の代表は水。通常は精製水を使用しますが、製品によっては海洋深層水や温泉水などを使用するものもあります。

水性成分はほかにもグリセリン、BG、DPG、PEG、ヒアルロン酸Na、コラーゲン、糖類などの保湿成分があります。

「しっとりタイプの化粧水なら保湿剤多めでエタノール少なめ」「さっぱりタイプの化粧

NOTE

モイスチャライザーとエモリエント

保湿は原則2ステップで行います。水分を与えるモイスチャライザーと、油分で蓋をするエモリエントです。

モイスチャライザーとは、皮膚に水分を与えること。エモリエントは、油分の蓋をして肌から水分が蒸発するのを防ぎます。いわゆる皮脂膜に相当します。

水溶性成分と油性成分のバランスは、モイスチャライザーの機能、エモリエントの機能のどちらを優先するかで決まります。

水ならエタノール多め」というように、同じ成分を使っていても、配合率によって使用感を変えることができます。

油性成分

油性成分は肌に薄い油膜をつくり、柔らかくする保湿効果とエモリエント効果を発揮します。

水溶性成分と混ぜ合わせる際、油性成分が多いほどこっくりとした乳液やクリームになります。

また、脂溶性の成分を溶かし込む溶剤としての役割もあります。

界面活性剤

本来混じることのない水と油。これをつなぎ合わせるのが界面活性剤です。

p.84 界面活性剤

化粧品のタイプと基本成分のバランス

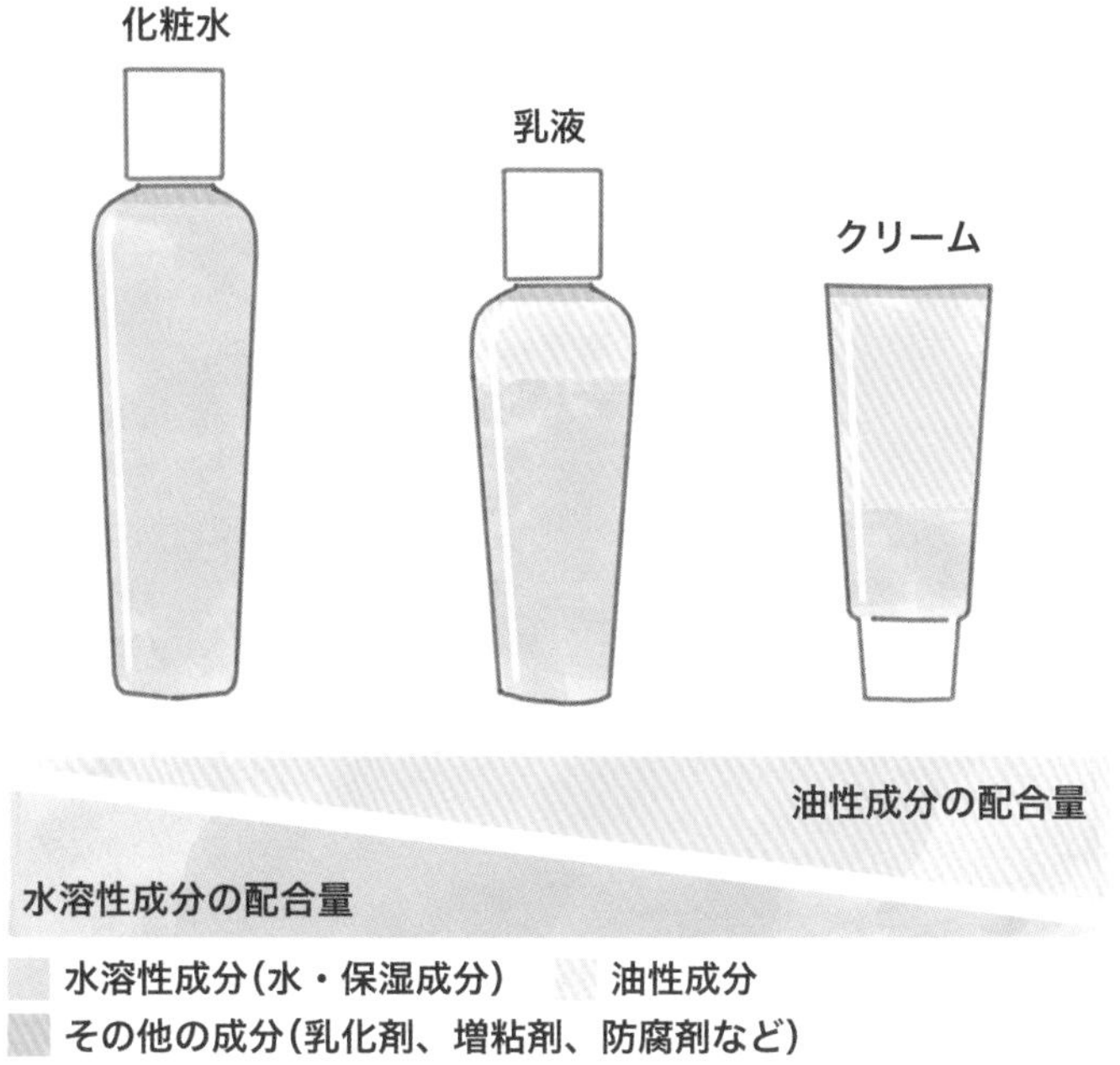

界面活性剤

水と油を混ぜることができる理由

界面活性剤と聞くと特殊な薬剤のようなイメージを持つ人もいるかもしれませんが、**化学的に作られた化合物だけでなく自然にも存在します。**

その代表例はマヨネーズの材料となる卵です。マヨネーズの材料である酢（水溶性）と油（脂性）は、そのまま一緒に入れても混ざらず分離します。しかし卵黄と一緒に混ぜると、酢と油がクリーム状になります。

これは卵に含まれるレシチンが界面活性剤なので、油の粒子を覆って酢になじませる役割を果たすからです。**本来は互いに溶け合わない液体どうしが混じり合った状態をエマルジョンといい、このような状態にすることを乳化といいます。**

界面活性剤は一つの分子の中で、油になじみやすい部分（親油基）と、水になじみやすい部分（親水基）の両方を持ちます。

この性質を利用して水と油という本来混ざり合わないものをなじませるため、化粧品には必要な成分です。

肌の皮脂（汚れ）と親油基がくっつき、水で流すと親水基と水がくっつき、皮脂（汚れ）が落ちます。

p.100 汚れを落とす界面活性剤の働き

♦O/W型とW/O型

乳化は、界面活性剤の作用で油または水が細かい粒子になって他方の中に分散している状態で、水と油が完全に溶解しているわけではありません。水の中に油が分散した状態（O/W型）や、逆に油の中に水が分散した状態（W/O型）になっています。

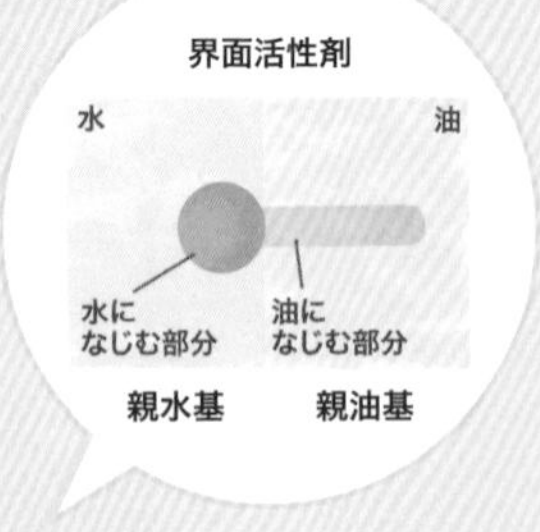

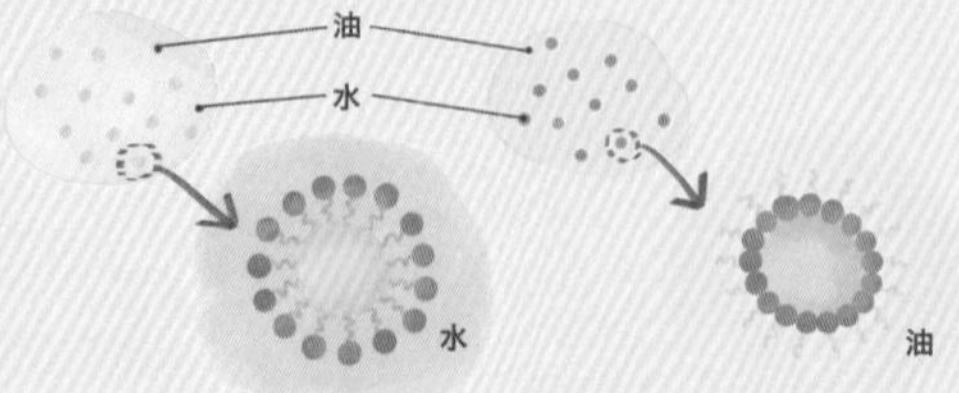

O/W型
(Oil in water)
水の中で油が粒子となっている状態。
例）牛乳、乳液、クリーム

W/O型
(Water in oil)
油の中で水が粒子となっている状態。
例）バター、ウォータープルーフの日焼け止めなど

界面活性剤の種類と特徴

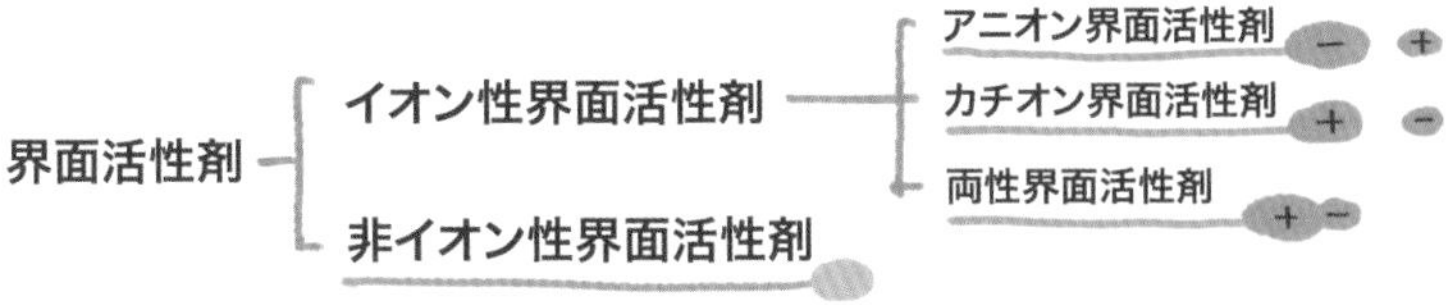

界面活性剤は、大きく４つのタイプがあります。水に溶けたときに、電離してイオン（電荷を持つ原子または原子団）となるイオン性界面活性剤が３タイプ。イオンにならない非イオン（ノニオン）界面活性剤が１タイプあります。
イオン性界面活性剤の３つのうち、水に溶けた場合のイオンの種類で、アニオン（または陰イオン）界面活性剤、カチオン（または陽イオン）界面活性剤および両性（陰イオンと陽イオンの両方を併せ持つ）界面活性剤に分類されます。

タイプ	主な用途	成分例	刺激
アニオン界面活性剤	洗浄・可溶化・乳化助剤石けんシャンプー・洗顔料　など	名前の最後に「〜石けん」、「〜硫酸ナトリウム」とつくもの。高級脂肪酸石けん、ラウリル硫酸ナトリウム、ラウレス硫酸ナトリウム、N-アシルアミノ酸塩、アルキル硫酸エステル塩　など	アミノ酸系は比較的マイルド それ以外のものは刺激は強いものが多い
カチオン界面活性剤	柔軟・帯電防止・殺菌トリートメント・コンディショナー・リンス・制汗剤　など	名前の最後に「〜クロリド」、「〜アンモニウム」とつくもの。ベンザルコニウムクロリド、ベヘントリモニウムクロリド、塩化アルキルトリメチルアンモニウム　など	やや強い
両性界面活性剤	マイルドな洗浄成分・増粘剤・シャンプー・洗顔料	名前の最後に「〜ベタイン」とつくもの。コカミドプロピルベタイン、アルキルジメチルアミノ酢酸ベタイン　など	マイルド アニオンと合わせて配合することで、アニオンの刺激を抑える作用がある
非イオン性界面活性剤	乳化・可溶化化粧水・乳液・クリームを中心に多くの化粧品に使われている	ステアリン酸グリセリル、PEG-60 水添ヒマシ油　など	とても弱い

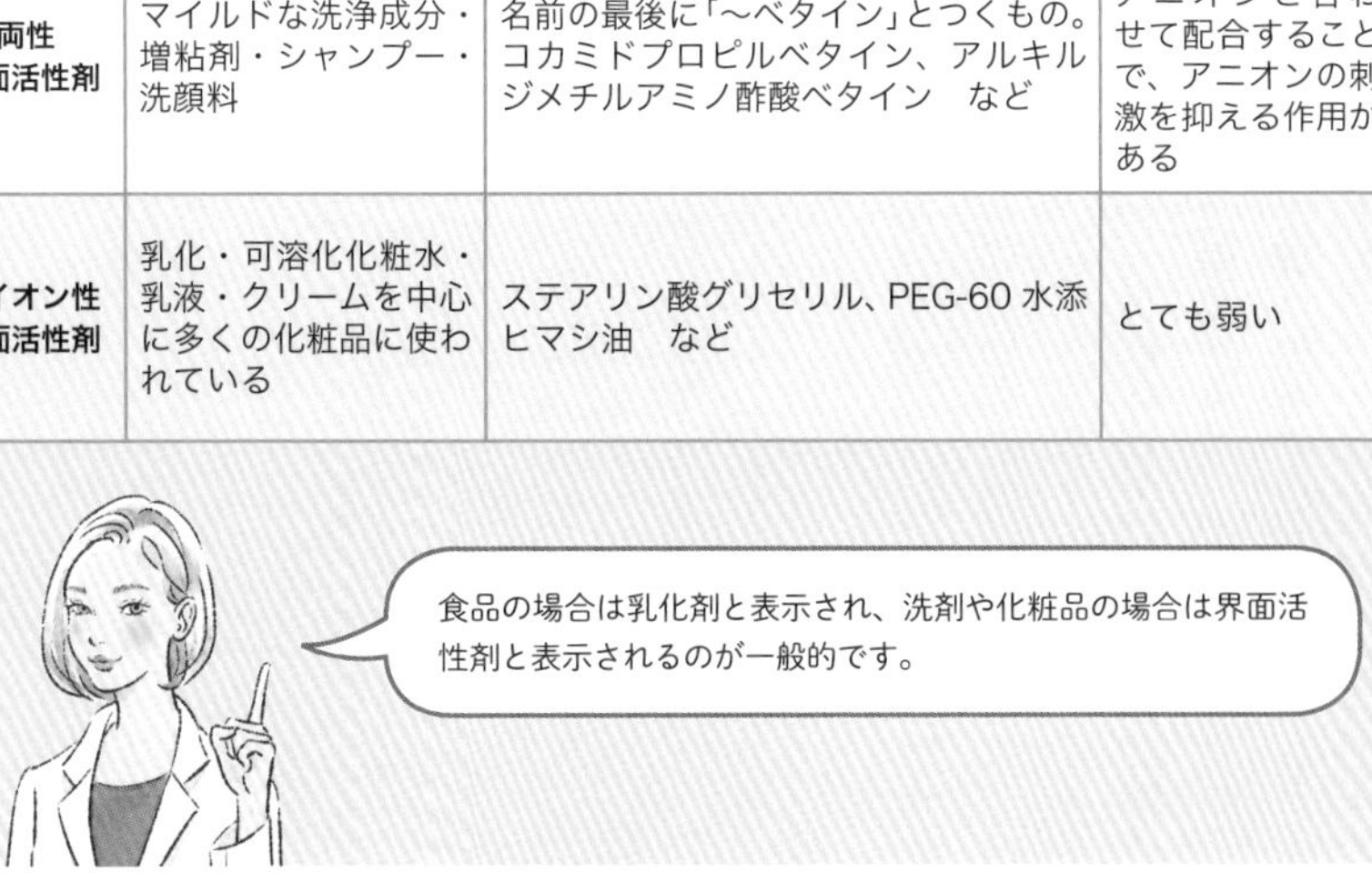

余分なものを加えているわけではない

品質保持のための成分

増粘剤

増粘剤は液体へのとろみづけ、液だれを防いで使いやすくするといった使用感の向上、乳化された水と油が分離しないようにする乳化安定やゲル化、皮膜形成など、多岐にわたる役割があります。

ポリマー（高分子）が主に使用されますが、ポリマーとは、小さい分子が鎖のようにつながって大きな分子をつくっている状態です。

キレート剤（金属封鎖剤）

金属イオンによる化粧品の劣化を防ぐ成分です。**化粧品中にわずかでも金属イオン、ミネラルが存在すると、酸化して変色・変臭したり、化粧品中の成分と結びついて機能を低下させたりすることがあります。**

キレート剤は金属イオンと強く結合し、金属イオンの働きを封鎖するために使われています。主な成分にはＥＤＴＡ（エデト酸）、エチドロン酸などがあります。

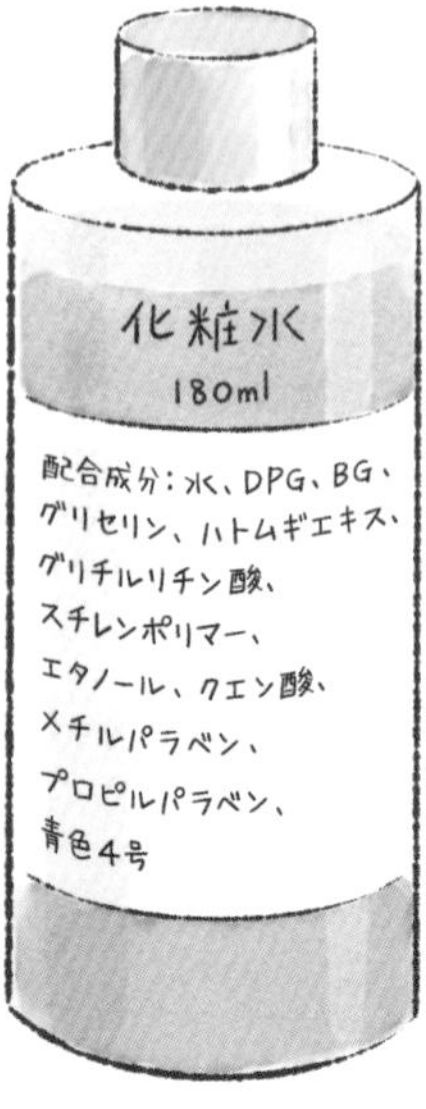

酸化防止剤

化粧品に使用される原料、特に油性成分の中には酸化されやすいものもあります。**化粧品が空気中の酸素と結びついて酸化すると、においが変化したり、皮膚への刺激の原因となることもあります。**

♦よく使われる品質保持のための成分

増粘・ゲル化	商品の粘度を調整し、見た目や使用感、使いやすさをよくする	カルボマー、キサンタンガム、ヒドロキシエチルセルロース　など	乳液、美容液、ジェル、ボディソープ　など
保湿	適度な水分を保持して皮膚にうるおいを与える	ヒアルロン酸Na、コラーゲン　など	スキンケア製品　など
感触向上	洗髪中や乾いた毛髪の感触を調整し、洗浄後の肌にしっとり感を与える	ポリクオタニウム-7、ポリクオタニウム-10　など	シャンプー、ボディソープ　など
皮膜形成	乾くと膜をつくり、パック性の付与、スタイリング力の調整、メイクアップの色落ち防止などの性能や機能を高める	ポリビニルアルコール(PVA)、(ビニルピロリドン/VA)コポリマー　など	パック剤、ヘアスタイリング剤、メイクアップ化粧品　など
感触調整	水に溶けない細かい球状の粉末で、すべりをよくする	ポリエチレン粉末、ナイロン粉末　など	ファンデーション　など
酸化防止	・成分が酸化して皮膚刺激を持つ物質に変化するのを抑える ・成分が酸化することによる悪臭が発生するのを抑える ・紫外線や老化によって皮膚細胞が酸化されるスピードを抑える	BHT(油溶性)、トコフェロール(脂溶性、ビタミンE)、TPNa®(両親媒性)　など	美容液、クリーム　など
金属封鎖剤	化粧品の品質を劣化させる金属イオンから守る	EDTA、エチドロン酸　など	石けん、シャンプー、ボディソープ　など

弱酸性が正しいとは限らない

pH調整剤

化粧品のpHを調整する成分。

pHとは、ある物質の酸性からアルカリ性までの度合いを示す数のこと。0～14までの数値で表します。数値が7で中性となり、それより小さい数値に傾くほど、酸としての性質がより強くなり、大きくなるとアルカリとしての性質がより強くなります。

酸性の製品や成分では、pH5ではあまり刺激を感じませんが、pH3ほどで強く刺激を感じます。ピーリング剤などの酸性の化粧品を使ってもピリピリしないのは、pH調整剤でpHをコントロールしているためです。

肌は弱酸性

成人ではpH4.5～6.0の間の弱酸性を保っています。この数値が、健康的な肌の基準となります。**肌を覆っている皮脂膜の働きで弱酸性を保つことで、外的刺激や菌から肌を守ります。**

乾燥などは、肌をアルカリ性に傾けます。すると肌は過敏になり、バリアー機能が低下し、角質が剥けやすくなります。外的刺激や菌に弱くなり、炎症が起こりやすくなります。肌の悪玉菌である黄色ブドウ球菌も増えると考えられています。

時間がたつと中和する

それではアルカリ性のコスメを避けるべきかというとそうでもありません。石けんはアルカリ性。特に泡立てたときはpH9.5～10前後になります。だからといって石けんで肌を洗っても、肌のpHが9～10に傾くわけではありません。石けんでの洗顔直後、どの程度アルカリ性に傾くかというと、およそ0.6～0.8です。

多少のアルカリ性であれば、体内から分泌される皮脂や汗によって中和されるため、15分ほどで自分本来のpHに戻ります（アルカリ中和能）。

POINT

ピーリングの濃度とpH

クリニックのピーリングもホームケアのピーリングも、基本的に酸性の物質を使って角質を溶かします。
強いピーリング剤は基本的に強酸性（pH2 未満）です。
アメリカのケミカルピーリング剤使用基準は、以下のように規定されています。

AHA 濃度がたとえ同じであっても、pH 調整剤によってpH が変わると効果も反応も変わります。
化粧品におけるピーリングと、クリニックにおけるピーリングは別物と認識しましょう。

p・150 ケミカルピーリング

化粧品

・AHA 濃度……10%未満
・pH……3.5 以上

クリニックケア

・AHA 濃度……30%以上
・p H……3.0 以下

pHと主なpH調整剤

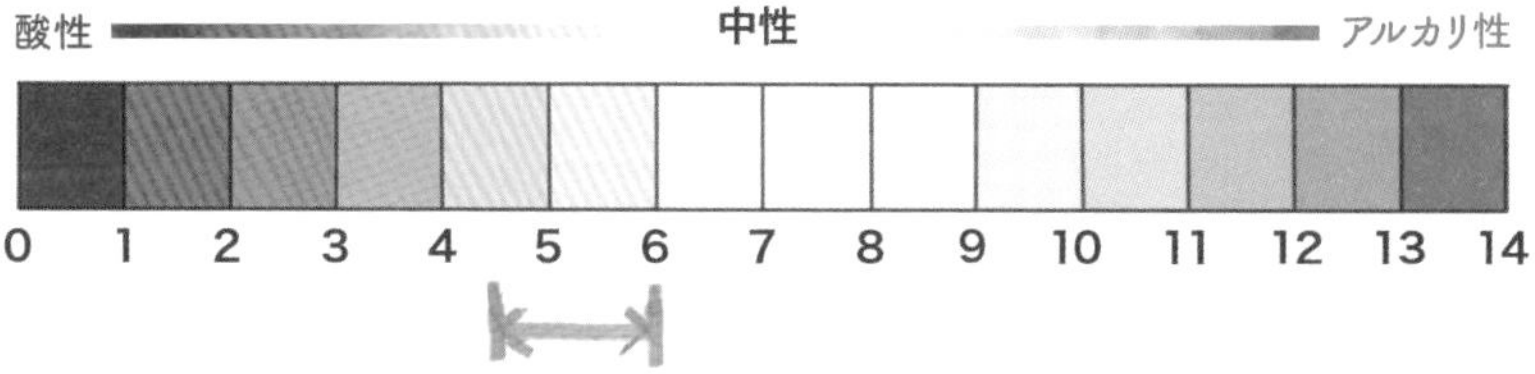

健康な肌の人のpHは
4.5-6.0の弱酸性

酸性の成分

・クエン酸
・リン酸
・乳酸
・アスコルビン酸
・グリコール酸

など

アルカリ性の成分

・水酸化ナトリウム
・水酸化カリウム
・アルギニン
・トリエタノールアミン
（TEA）

など

なければ〝ばい菌水〟になる

防腐剤

化粧品は、次のような特徴があるため、微生物が混入、繁殖しやすいといえます。

・アミノ酸、糖類、天然油脂など、カビや微生物のエサとなる成分が多数ある
・食品と違って使用期間が長いため、微生物に汚染されやすい
・手指などから微生物が混入しやすい

微生物が混入して繁殖すると、化粧品が変質し、肌トラブルの原因となります。長期間安定した品質を保持するためには、防腐剤の添加は欠かせません。

静菌作用のある保湿剤で代用

防腐剤は、ポジティブリストで定められているものしか使ってはいけません。

代表的なものにはフェノキシエタノールや安息香酸Naなどがあります。

防腐剤として有名なパラベンは、最近は化粧品での使用が減ってきました。

代わりにBG（ブチレングリコール）やDPG（ジプロピレングリコール）、ペンチレングリコール、エチルヘキシルグリセリンなど、**防腐（静菌）効果を持つ保湿剤で代用したり組み合わせて使用することが多くなりました。**

「パラベンフリー」は「防腐剤フリー」？

パラベンは人によってはアレルギー等の肌トラブルを起こす恐れのある成分として知られています。
パラベンフリーとは、「パラベンが含まれていない」という意味であり、防腐剤無配合というわけではありません。

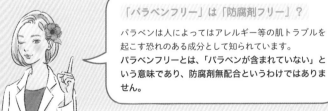

♦ 主な抗菌原料

フェノキシエタノール	グラム陰性菌、カビに対して優れた抗菌効果をもつ防腐剤であり、ほかの防腐剤と併用して用いられることが多い。
BG（1,3- ブチレングリコール）	刺激性が低く、濃度 7-10% 程度でグラム陰性菌に対して特異的に抗菌活性を示すことが知られており、単独で防腐目的で用いられることはないが、ほかの主要な防腐剤の配合量を減らすなど防腐補助を兼ねた保湿剤としてさまざまな製品に用いられる。
ペンチレングリコール	1,2- ヘキサンジオールまたはカプリリルグリコールと併用することで、相乗的な抗菌性を示すことも報告されている。
エタノール	化粧品でアルコールとは、エチルアルコールのこと。化粧品の全成分表示にあるベヘニルアルコール、ステアリルアルコールやセチルアルコールなどは「アルコール」とついていても別物。濃度 20% 以下の低濃度では殺菌力は有さず、静菌作用にとどまり、他の主要な防腐剤の配合量を減らすなど、防腐助剤としての働きをする。
DPG（ジプロピレングリコール）	単独で防腐目的で用いられることはありませんが、ほかの主要な防腐剤の配合量を減らす防腐補助を兼ねた保湿剤としてさまざまな製品に用いられる。
1,2- ヘキサンジオール	多価アルコール。グリコール類の抗菌性は、グリコール類が自分自身を溶解させることで、微生物から水分を奪い取ってしまう作用から起こっており、微生物は増殖が不可能になるうえに死滅してしまうと考えられている。
カプリリルグリコール	グラム陰性菌、グラム陽性菌および真菌（カビ、酵母）に対して抗菌活性を示すことが知られている。単独またはほかの防腐剤と組み合わせて用いられる。

♦ 主な抗菌原料の比較例

抗菌剤	MIC：最小発育阻止濃度（%）				
	黄色ブドウ球菌	緑膿菌	大腸菌	カンジダ	コウジカビ
メチルパラベン	0.2	0.225	0.125	0.1	0.1
フェノキシエタノール	0.75	0.75	0.5	0.5	0.4
BG	16	8	10	14	18
ペンチレングリコール	4	2	2	3	3
エタノール	9	5	5	7	5
DPG	22.5	8	12	16	22.5
1,2- ヘキサンジオール	2.5	1	1	1.5	1.5
カプリリルグリコール	0.35	>0.5	0.125	0.175	0.175

化粧品に広く使用される８種類の抗菌性原料の抗菌性を、５つの菌種で培養比較した試験。MIC は最小発育阻止濃度であるため、数字が小さい（濃度が低い）ほど抗菌力が高いことを意味します。

化粧品では組み合わせて配合して、抗菌性の効果を高めたり、ほかの防腐剤の使用量を減らしたりします。

【出典】谷口康将（2012）「日本化粧品技術者会誌」46（4）：295-300.

着色剤

化粧品に彩りを加えるための原料です。着色剤は彩りを加えるだけでなく、ツヤや輝きを出したり、テカリを抑えたり肌の質感を変えたりするためにも使われます。

顔料と染料の違いって？

着色剤は大きく顔料と染料に分かれます。

顔料は、水や油に溶けないもので、粉砕して粉末状にして配合します。皮膚に吸収されないサイズの粉体なので、肌が色に染まってしまうことはありません。

染料は水や油に溶け、中には角層に染着する色素もあります。鮮やかに発色するのが特徴です。

色が変わるコスメ

水分量や体温、pHなどに反応して色が変わるコスメが近年登場しています。例えば肌のpHに反応するリップがあります。

染料にも種類があり、中でも酸性染料は皮膚の弱酸性に反応して発色します。

普段、人間の唇の表面はpH5～6の弱酸性ですが、酸っぱいものを食べたり、ストレスを感じたりすると唇の酸性度が強まります。それに反応して色が濃く変わるというしくみです。

POINT

ティントの成分

「ティント（tint）」という単語には「染める」という意味があります。具体的なティントの定義は各社さまざまですが、落ちにくいコスメとして認識されています。

主に原料となっているのは染料。顔料主体のものでは、被膜持続性の高い油剤を使い、落ちにくさを実現しています。

顔料

粉体で粒子が大きいため、皮膚表面の凸凹に入り込まない。
密着が弱いぶん色素は定着せず、穏やかに発色する。

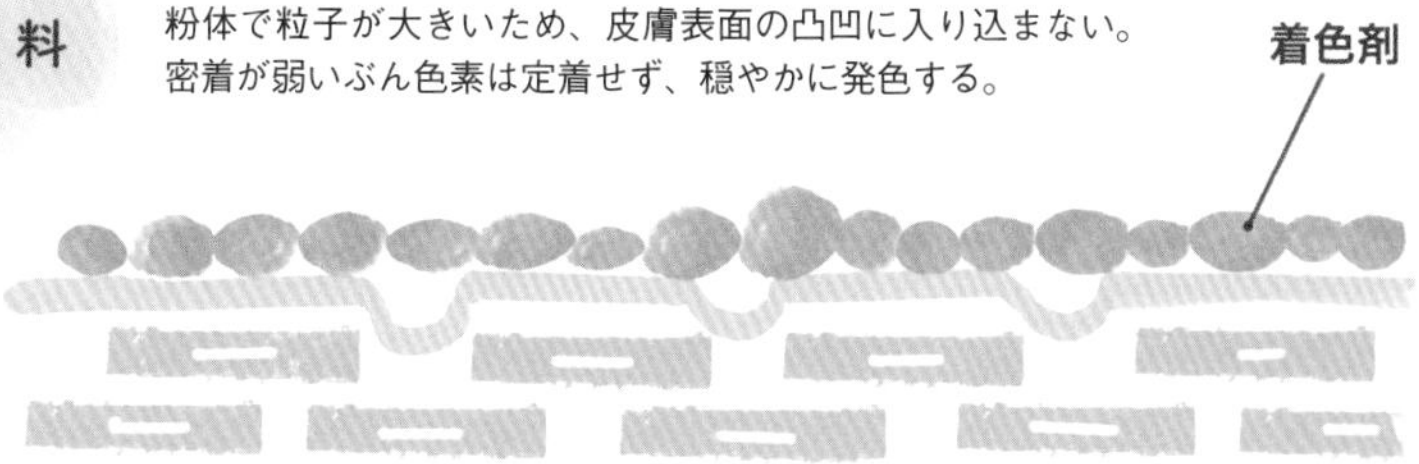

染料

粒子が小さいため、皮膚表面の凸凹に入り込む。
ぴったり密着して鮮やかに発色する。

主な着色剤

無機顔料	体質顔料	タルク、マイカ、セリサイト、カオリン、シリカ、硫酸バリウム、炭酸カルシウムなど
	着色顔料	酸化鉄（ベンガラ、黄酸化鉄、黒酸化鉄）、群青など
	白色顔料	酸化チタン、酸化亜鉛など
	真珠光沢顔料	魚鱗箔（パール）、オキシ塩化ビスマス、雲母チタン、酸化チタン被覆マイカなど
タール（色素有機合成色素）	染料	黄色5号、赤色213号、赤色223号など
	有機顔料	赤色228号、青色404号など
天然色素		β-カロテン、クチナシ青、ベニバナ赤（カルタミン）、クロロフィル、クルクミンなど

染料でアレルギー反応？

体の表面を覆う顔料と違い、染料は「体内」まで侵入するものといえます。その異物を除去するために、皮を剥がすという反応が起こります。皮が剥けやすいというのは、必ずしもアレルギー反応ではありません。ただし**腫れやかゆみの症状を呈したらアレルギーの可能性もありますので、使用を控えましょう。**

医薬部外品と化粧品
どちらがいいの？

医薬部外品のほうが有効成分たっぷり入ってて肌によさそう、と思っていませんか？

実は、必ずしもそうとは限りません。化粧品のほうが高濃度配合できる成分もあります。


医薬部外品の場合、通常は申請者が、その濃度での有効性の結果と安全性のデータを示し、それを厚労省が承認することで販売が可能になります。

前例のある濃度であれば、比較的簡単に承認されますが、もし前例を越えて配合させようとすると、膨大な手続きが必要です。

例を挙げると医薬部外品にしか配合できないトラネキサム酸は、こうした事情があるので前例のある濃度で配合することが多いです。


化粧品の場合、成分によっては企業の責任で任意の濃度を配合できます。

例えばナイアシンアミドは医薬部外品でも化粧品でも配合できますが、化粧品の場合は濃度に規定がありません。そこで医薬部外品として新たな濃度で申請するより、化粧品として高濃度で配合して販売している場合があるのです。


では化粧品のほうが、よい成分がたっぷり入っているものが多いかというとそうでもありません。

化粧品は全成分表示が義務付けられていますが、その配合濃度は記載しなくてもよいことになっています。

そのため、ある成分を大々的に打ち出していても、実際には非常に少ない濃度でしか配合されていないということもあります。

PART 3

やり方がわかると無駄がなくなる
スキンケアのキホン

スキンケア4原則

さわるな・こするな・叩くな・伸ばすな

肌は非常に繊細な組織。肌に加わるあらゆる刺激は、ダメージとなって蓄積されます。目指すべきは「接触ゼロ」。肌はさわればさわるほどダメージを受けるものと考えましょう。

・コットンで勢いよくパッティング
・顔のむくみ取りマッサージ
・マッサージオイルをたっぷり使ったフェイシャルエステ
・肌をアイロンのように伸ばす
・肌の筋力を鍛える表情筋トレーニング

このような美容法がSNSやメディアで紹介されますが、**「わざわざ自分から肌にダメージを与えるケア」と言っても過言ではありません。**皮膚のしくみやつくりを考えると、その理由が理解できるでしょう。

①さわればさわるほどたるむ

真皮はベッドに例えるとマットレスのような存在。コラーゲンやエラスチンがマットレスのスプリングの役割を果たします。

ベッドの上でジャンプを続ければ、マットレスがへたってしまうように、コラーゲンやエラスチンもさわるほどへたります。そうし

POINT

マッサージは肌を伸ばすだけ！

血液やリンパの循環を高め、肌機能を向上させる働きがあるといわれるマッサージですが、肌をこすったり伸ばしたりするので、**一時的な効果はあっても、将来のデメリットのほうがはるかに大きい**です。**わざわざ毎日手間と時間をかけて、将来のシワ、たるみ、シミをつくる行為**にほかなりません。

て皮膚が垂れ下がり、たるみになります。

p.19 ハリの正体

皮膚と骨は靭帯によってつながっています。靭帯はこすったり揉んだりして頻繁に引き伸ばされると、伸びて緩んでいきます。

②摩擦の刺激でシミができる

摩擦を受けると、紫外線を浴びたときと同じように肌を守ろうとしてシミのもととなるメラニンが大量に生成されます。

③肝斑ができる

主に、頬骨に沿った位置、または目尻の下あたりに左右対称にできるもやもやとしたシミのことです。

一度できた肝斑は、あらゆる刺激で悪化します。

p.178 肝斑

美肌を第一に考えるなら、一切〝日光に当たらず〟〝さわらず〟〝動かさない〟。しかし、それでも肌はどんどん衰えます。

日焼け止めを塗り、肌をこすらないようにスキンケアやメイクをして、余計なダメージを蓄積させないようにすることが、美肌を維持するための基本中の基本です。

日本人は人種的には2番目に強い肌を持っているといわれます。最も強い肌を持つのは黒人で、黒人の肌は高齢になってもハリがあります。
逆に高齢になってシワが出やすいのが白人です。これこそ肌の性質の違いです。

過酸化脂質

酸化の元凶・ポルフィリン

肌に常在するアクネ菌は、皮脂を食べるとポルフィリンを代謝物として産生します。**このポルフィリンに紫外線が当たると活性酸素が発生します。**

p.32 活性酸素による酸化

老化を促す過酸化脂質

活性酸素は皮膚の細胞膜の働きを阻害し、皮脂を酸化させて過酸化脂質を生みます。

この過酸化脂質は肌に多様な悪影響を与えます。

・メラニンを誘発させ、シミの原因になる

皮脂の成分

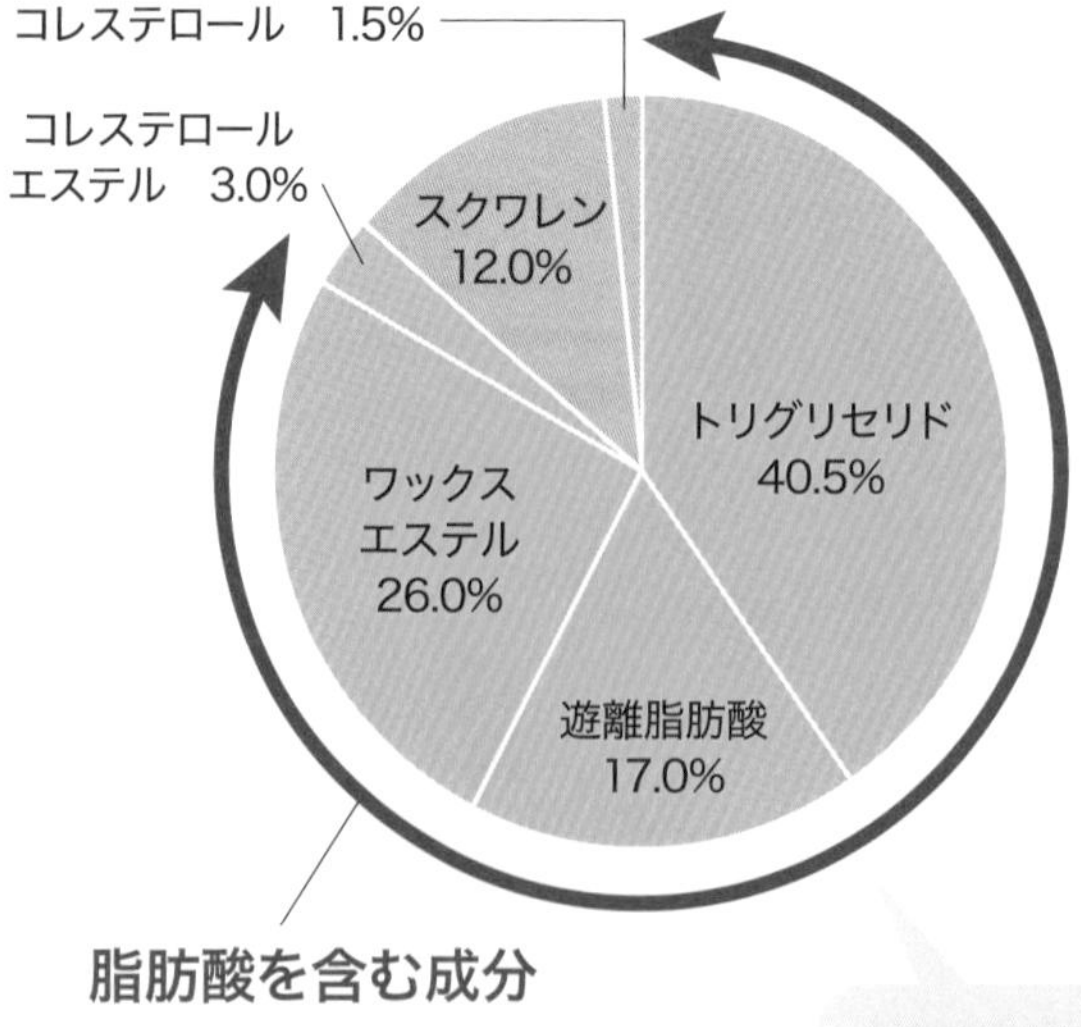

脂肪酸の内訳を見ると、飽和脂肪酸より不飽和脂肪酸のほうが多く含まれます。
中でもパルミチン酸、パルミトレン酸、オレイン酸が多く、最も多く含まれているのがオレイン酸といわれています。

皮脂成分の一つであるスクワレンが過酸化すると、過酸化スクワレン（スクワレンモノヒドロペルオキシド）になります。紫外線はこのプロセスを促進させる作用があります。過酸化スクワレンは、ほかの脂質の過酸化反応を促進させます。するとドミノ倒しのように連鎖的にほかの脂質も酸化していきます。

- 酸化の刺激がニキビを招き、悪化させる
- 真皮層のコラーゲンやエラスチンを破壊してシワやたるみ、肌の老化を促す
- 角質水分量を低下させて真皮の弾力性が失わせ、くすみを促す

体内から分泌された皮脂だけでなく、メイクの油分でも同じことが起こります。朝晩のクレンジングや洗顔は、過酸化脂質を防ぐうえでとても大切です。

なにより紫外線から守るために日焼け止めをしっかり塗りましょう。

酸化が招く「すり鉢状」毛穴

皮脂が紫外線に当たると皮脂の中の脂肪酸やスクワレンなどが酸化し、過酸化脂質や過酸化スクワレンという物質に変化します。

毛穴の目立つ人は、そうでない人に比べて皮脂量が優位に多いですが、特に不飽和脂肪酸（オレイン酸、パルミトレイン酸など）の比率が高いことがわかっています。**皮脂が酸化すると、毛穴の周囲が炎症を起こして角質層が厚く盛り上がってすり鉢状になるため、毛穴が広がって見えます。**

このすり鉢状の部分の角質層では、本来死んでいるはずの角質細胞が死んでおらず、細胞核が残ってしまっている様子が多く観察されます。

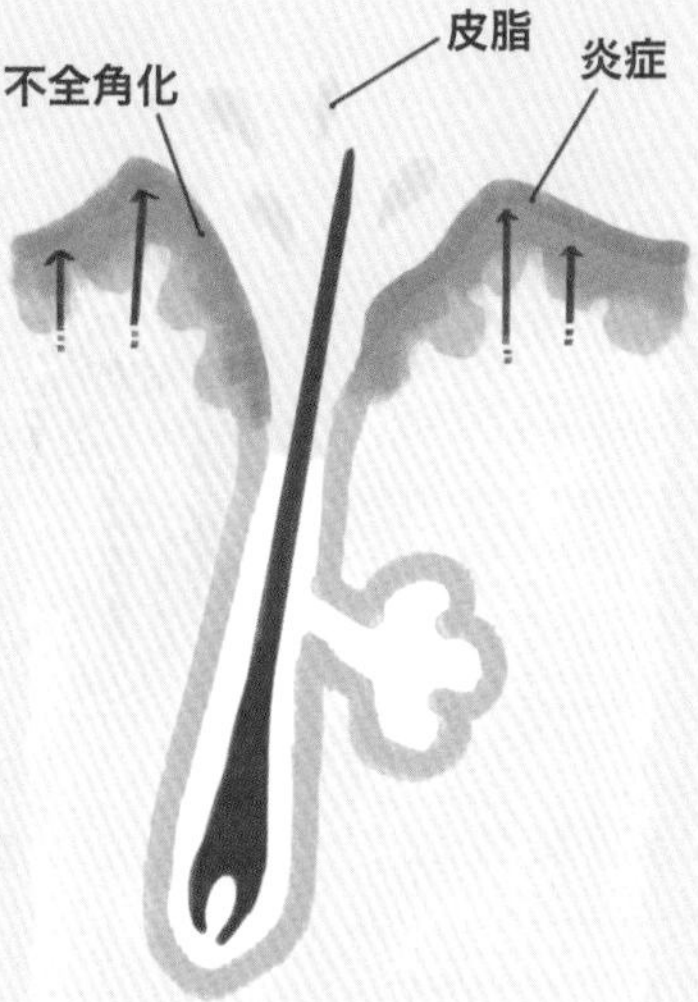

すり鉢状毛穴の様子

クレンジング

皮脂やメイクは、オフしなければ酸化し、過酸化脂質へと変化します。過酸化脂質は、ニキビやシミ、くすみ、シワ、たるみなどさまざまな肌トラブルを引き起こします。

p・98 過酸化脂質

メイクをしているときはまず、クレンジング料でメイクをなじませてから落としましょう。

ウォータープルーフタイプの処方で使われる着性が強い油は、洗顔では取りにくく、油を溶かしだす力があるクレンジングオイルや専用のリムーバーで落としましょう。

汚れを落とす界面活性剤の働き

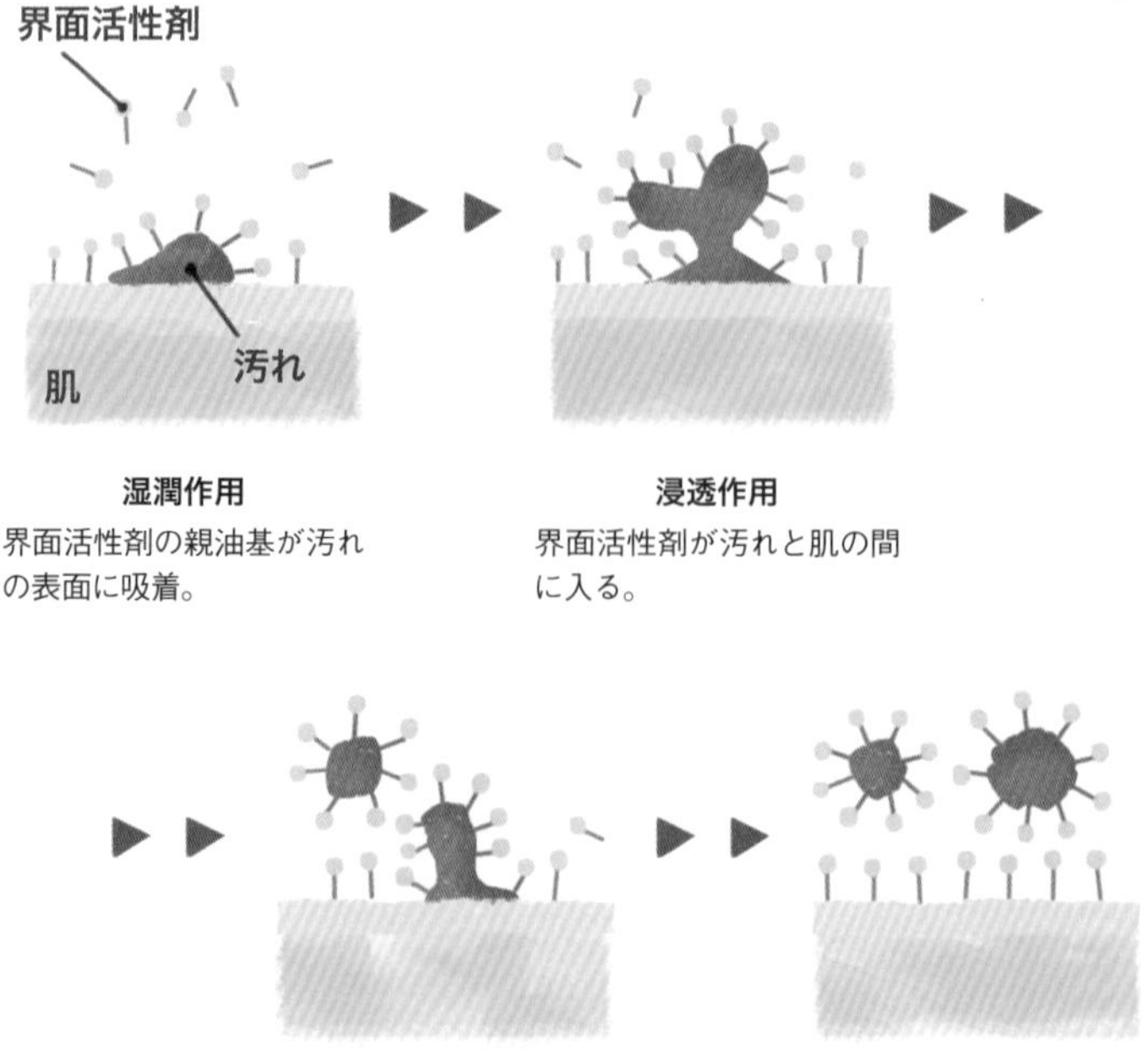

湿潤作用
界面活性剤の親油基が汚れの表面に吸着。

浸透作用
界面活性剤が汚れと肌の間に入る。

乳化・分離作用
汚れが水中に取り出される。

再付着防止作用
汚れが再び肌に付着するのを防ぐ。

クレンジング料に界面活性剤が入っているのは、浮いたメイクを水と混ぜて流せるようにするためです。

p・84 界面活性剤

それでもまだ汚れが肌に残っているような場合や、オイル系クレンジングでは油分が流しきれないので、さらに洗顔料の界面活性剤で包み込んで落とします。

POINT

「お湯で落ちる」コスメ

お湯で簡単にオフできるフィルムタイプの化粧品には、**水に容易になじむ水溶性高分子が配合されていることが多い**です。

中でも「(アクリル酸アルキル／VA) コポリマー」、別名「(アクリル酸アルキル／VA) コポリマー」という成分はお湯で落としやすいフィルムを形成します。

また耐水性を上げる目的でミツロウ、カルナウバロウなどのワックスが含まれており、これらも35～40℃程度で溶けはじめるように調整されています。

クレンジング料の種類別、肌への負担と洗浄力

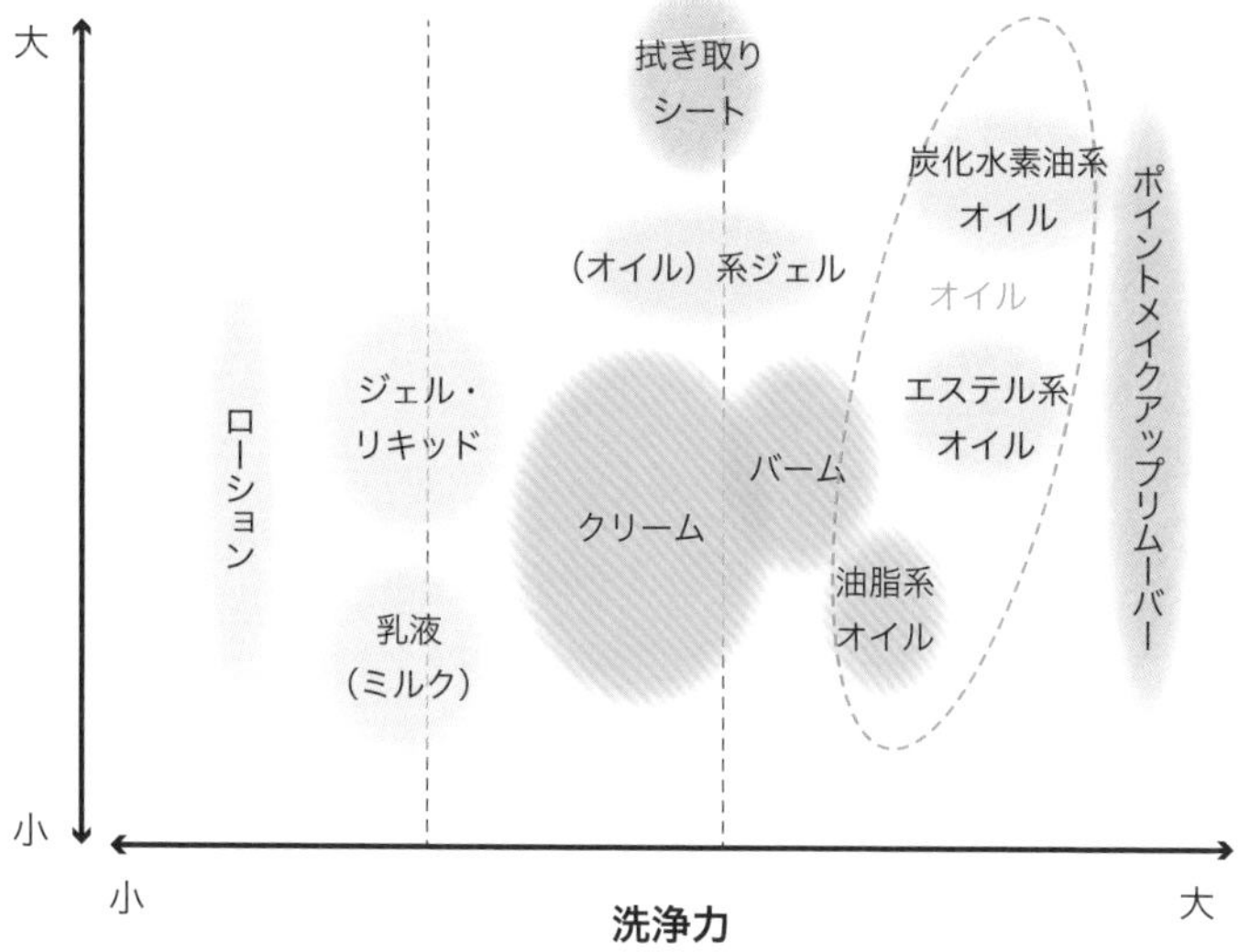

落とせるメイクアップ化粧品の目安

- パウダー、ミネラルファンデーション
- BBクリーム
- リキッドファンデーション
- 油性のエマルジョンファンデーション
- ウォータープルーフの日焼け止め
- アイライナーやマスカラなど

拭き取りタイプのメイク落としシート

シートの繊維との摩擦が肌への強い刺激になってしまいます。拭き取りタイプのメイク落としシートは、どうしても洗顔できる場所がないなどの緊急用として使うのがおすすめです。

落としすぎでも落とさなくてもダメ

洗顔

朝の洗顔の目的は、寝ているうちに分泌された汗や皮脂、ほこりなどの水洗いだけでは落ちない汚れを洗い流すことです。

夜の洗顔では、ほこりや汗などの水溶性の汚れを落とし、古い角層や余分な脂分、メイク、肌に残ったクレンジング料を洗い流します。

理想の洗顔とは？

洗い終わったときに主観で、しっかり汚れが落ちているのに、つっぱった感覚がしないのが理想の洗顔ができている状態です。適切な洗顔はその人の肌質、メイクによって変わります。例えば普段たっぷりメイクしている人なら、水洗顔だけでは落としきれません。

洗いすぎのサイン

- ☑ しっかり洗顔したはずなのに、しばらくたつと顔が脂っぽくなる
- ☑ しっかり洗顔をしているのに、角栓が詰まりやすい（成人の場合）

これらに当てはまる人は洗いすぎです。必要以上に皮脂を洗い落とすと、肌が乾燥を感じ、水分の蒸発を防ごうと、過剰に皮脂を分泌してしまいます。

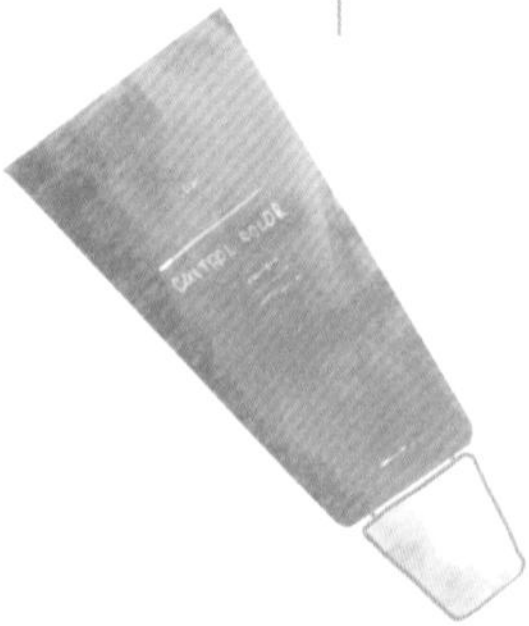

刺激が強いものほどしっかり洗える？

洗浄力が高いことと刺激の強さは必ずしも比例しません。
確かに肌の皮脂・NMFなどの角質水分は流れ出てしまいますが、開発時にはそれを想定したうえで設計しています。洗浄力が高くても、刺激が少なくて済むようにしているものも多々あります。

スキンケアのキホン
洗顔

洗顔料の種類

洗浄力の強さ	形状	概要
中〜強	固形 （石けん、透明石けん）	石けんは使用後のつっぱり感が出やすいです。中でも透明石けんは、機械練りの石けんよりも使用後のしっとり感が出やすいです。
	液状または粘性液状 （クレンジングジェル）	洗浄力はアルカリ性〜弱酸性。一般的にアルカリ性のタイプは洗浄力が強く、弱酸性のタイプのほうが洗浄力が弱いです。
弱〜強	クリーム・ペースト状 （洗顔フォーム）	使用感、泡だちに優れ、手軽に泡だてることができます。アルカリ性〜弱酸性で、目的に応じて選択できます。
弱〜中	泡（エアゾール、ポンプフォーマー）	内容物は液状です。容器から出てくるときに気体と混ざり、泡となって出てくる構造になっています。泡出てる手間がなく便利です。
弱—強	粒状または粉末 （洗顔パウダー）	水を配合していないため、水に溶かすと徐々に活性が下がってしまうパパインなどの酵素の配合が可能です。

※洗浄力は目安です。各製品ごとに異なります。

POINT

固形石けんは洗浄力が強い

固形石けんは肌にやさしいというイメージを持っている方も多いですが、一般的にボディソープや洗顔料、液体石けんよりも固形石けんのほうが洗浄力が高いといわれます。

石けんは天然の動植物油脂にアルカリを反応させてつくられます。**弱アルカリ性である石けんは、ボディソープや洗顔料など、ほかの合成界面活性剤が主成分のものと比べて、洗浄力が比較的強い傾向にあります。**

また、固形石けんは容器に入っていないので、**水が溜まりやすい石けん置きなどで使用を続けた場合、雑菌の心配がでてきます。**

固形石けんを使用した後は乾燥させる、スポンジの上に置くなど、衛生面に配慮しましょう。

99%の洗顔は洗いすぎ

正しい"プレス洗顔"をマスター

1

しっかり泡立てた洗顔料をたっぷりと

泡をたっぷり手に取り、顔全体にのせる。

GooD

おでこ、あごなど皮脂の多い部分から洗いはじめる

2

泡を手のひらでプレス

メイクがたまりやすい頬、鼻の部分は毛穴に泡を入れるように軽く優しくなでる。

目の際に描いたアイラインやマスカラを落とすときは、指の腹でやさしくなでる。そのときに皮膚を動かさないようにする。

3

目周りはしっかり押さえる

皮膚が動いているのは、こすっている証。まぶたは皮膚が薄いため、こすると皮膚が伸びる。

POINT

皮脂が溶けはじめる温度は 32℃

たいていの人が思っている「ぬるま湯」はちょっと熱いので、もっとぬるくてよいでしょう。**熱すぎると皮脂が根こそぎ取られてしまいます。**

4

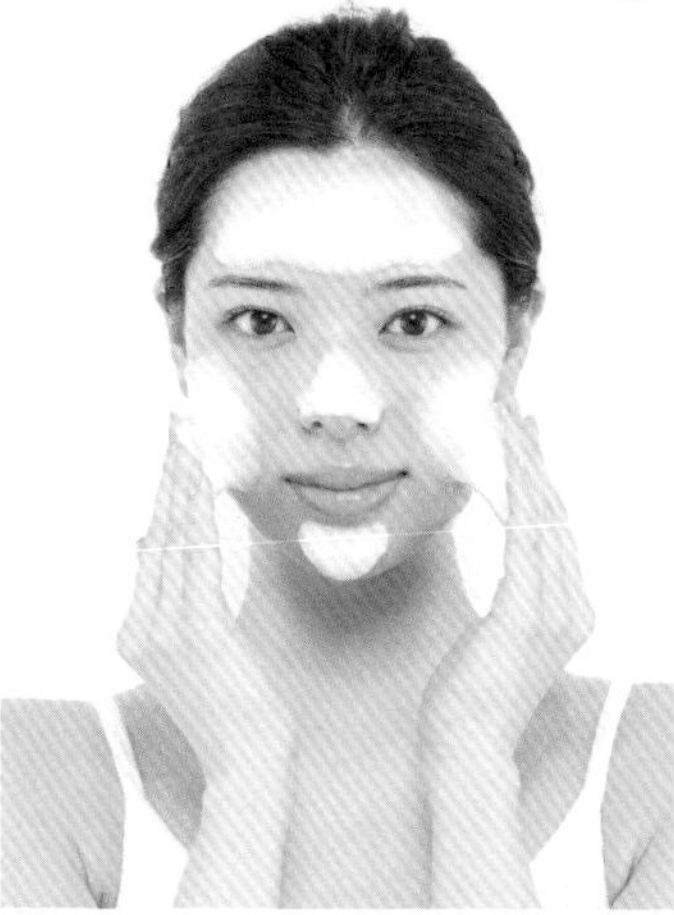

頬をやさしくプレス

顔の両サイドはしっかり洗えていても、おでこ～鼻、あご先の中央部分はよく洗えていない人が多い。きちんと全体に泡をのせる。

5

たっぷりのぬるま湯で流す

たくさんのぬるま湯で洗い流す。
洗い終わった後、タオルでゴシゴシと上下に拭くのはNG！

Q ぬるま湯で洗顔した後、冷水で引き締めるのは効果がありますか？

A 肌の温度が常温に戻れば、毛穴は元の状態に戻ります。特に効果があるとはいえません。

こすらないとメイクは落ちないと思っていませんか？
ぜひ、その意識を変えましょう！
洗いすぎは皮脂や保湿成分を取りすぎてしまいます。

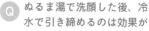

保湿のしくみ

うるおいのある肌とは、角質水分量がしっかりある肌のこと。保湿された状態を保つためには、皮脂膜・NMF（天然保湿因子）・細胞間脂質の3つの要素が重要です。これはもともと肌に備わっている保湿の機能ですが、加齢や刺激によって失われてしまうので、補給する必要があります。

塗りすぎるのは意味がない

しかし保湿剤を塗れば塗るほどよいというわけではありません。人種や性別、年齢によって変わりますが、**健康的な肌の水分量は角層でおよそ20～30%、角層より内部の表皮や真皮ではおよそ60%～70%とされます。**

肌のうるおいのしくみ

NMF（天然保湿因子）	水となじみやすい性質を持つ物質。このNMFが水分をつかまえて離さないようにして、角質層内部のうるおいを保つ。
細胞間脂質	細胞間脂質の半分以上を占めるのはセラミドというリン脂質。セラミドが水分をサンドイッチ状にはさみこみ、逃がさないようにしている。また、細胞どうしをつないで外的刺激の侵入を防いでいる。
皮脂膜	皮膚を覆って角層の水分の蒸発を防ぎ、角層の水分を一定に保つ。

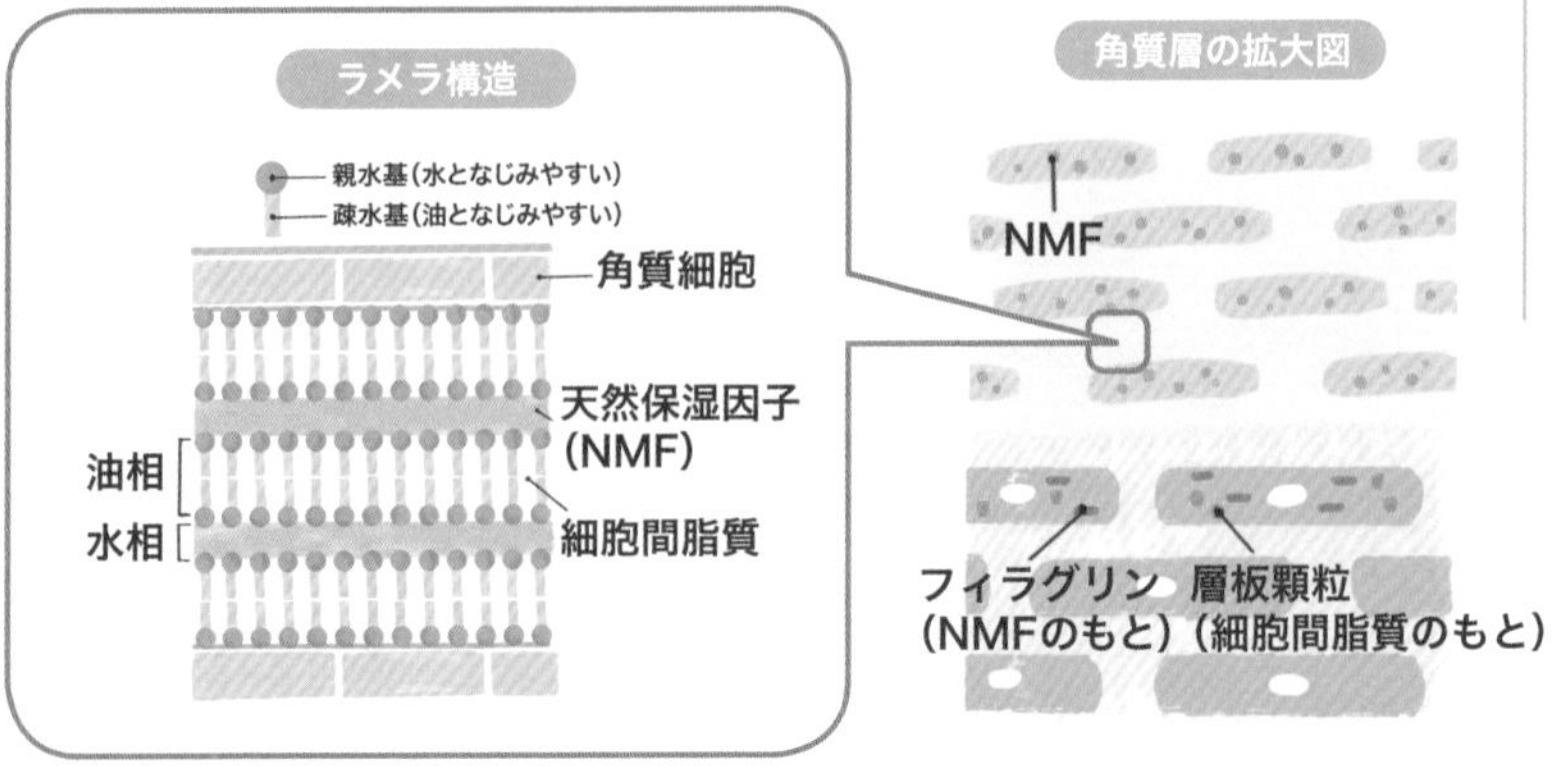

天然保湿因子とは、単一の成分を指すのではなく、PCA-Na、乳酸Na、尿素、各種アミノ酸などをまとめて呼んでいます。細胞間脂質が骨組みを作り、その間を天然保湿因子が充填しています。

保湿の目的は不足した水分を補い、さらにその水分が保たれた状態をつくること。**保湿は原則、「不足した水分を補い、油分で蓋をする」という2ステップができていることが重要です。**

角質水分量は、気候にも左右されます。気温が下がり乾燥する冬は、角質水分量が低下します。角質の状態は環境に影響を受けます。状態を見ながら適切にケアをしましょう。

選び方のコツ

若い時期は皮脂分泌が盛んなので、油分の少ない保湿剤でよいでしょう。

50代以降は皮脂分泌が低下するので、油分を含む保湿剤を用いるとよいでしょう。オイリー肌の場合、油分の少ない化粧水を主に使用し、乳液やクリームで蓋をしましょう。ニキビが出やすい人は、ノンコメドジェニックの化粧品を選択します。

p.147 ノンコメドジェニックコスメ

水分の蒸発は角質水分を奪う

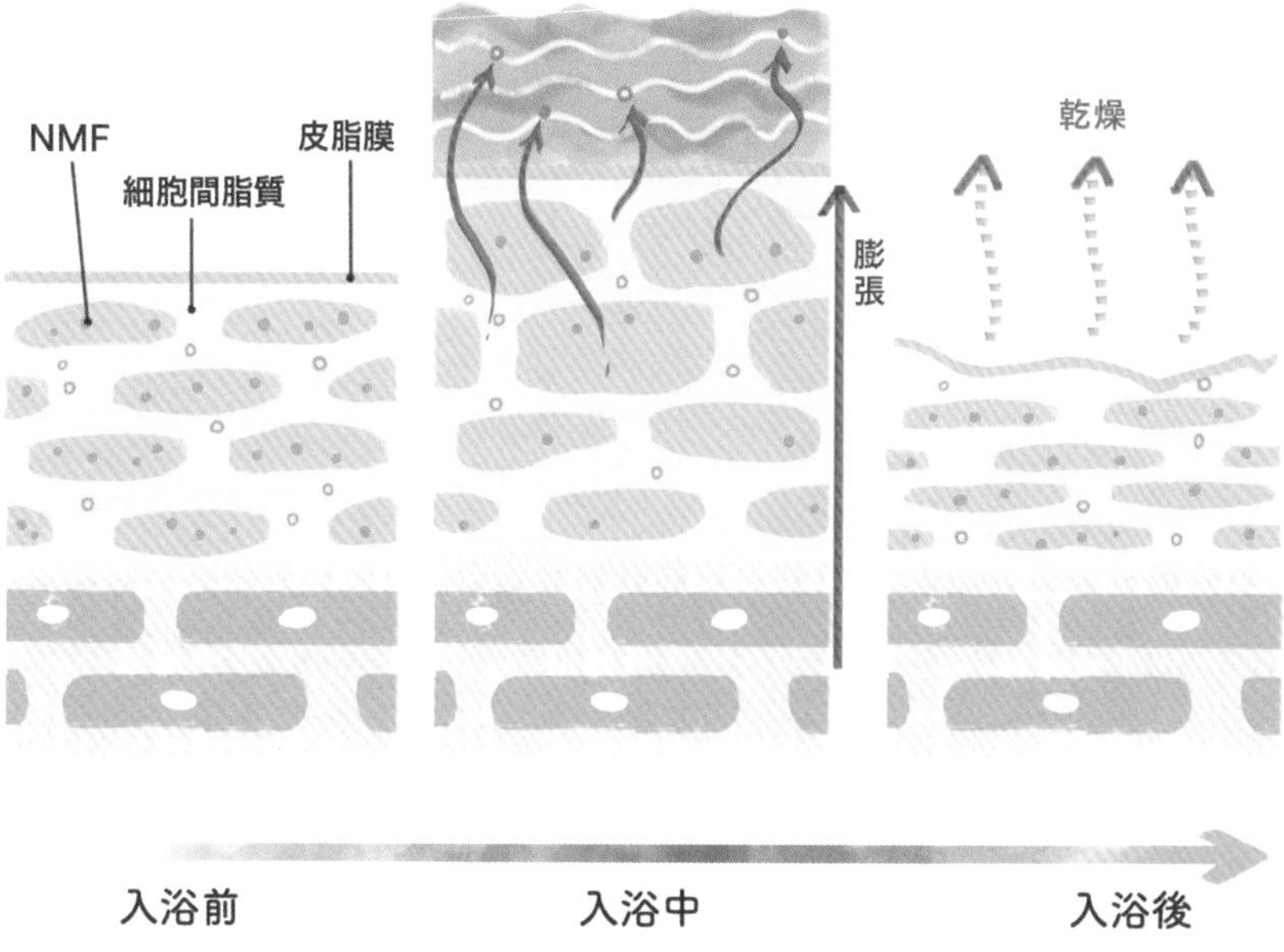

洗顔や入浴で肌を流すと、表面を保護している皮脂膜も同時に洗い流され、NMFなども流れ出てしまいます。入浴によって一時的に角層内の水分は増加しても、角層構造が膨張で変化しているので、角層から細胞間脂質やNMFが失われ、急激に水分の蒸発が起こり、皮膚は乾燥します。

化粧水

化粧水はただの水と思っている人も多いかもしれませんが、最近は水によく溶ける優秀な機能性成分が配合されている製品も多いので、「ただの水」ではありません。

化粧水は、水分を与え、うるおいを保つための製品。化粧水は主に①水、②防腐剤、③保湿剤、④機能性成分で構成されます。

うるおいを与えるには水分が必要ですが、ただの水を与えるだけでは、あっという間に蒸発してしまいます。長い時間肌の上に残るよう保湿剤が配合されています。

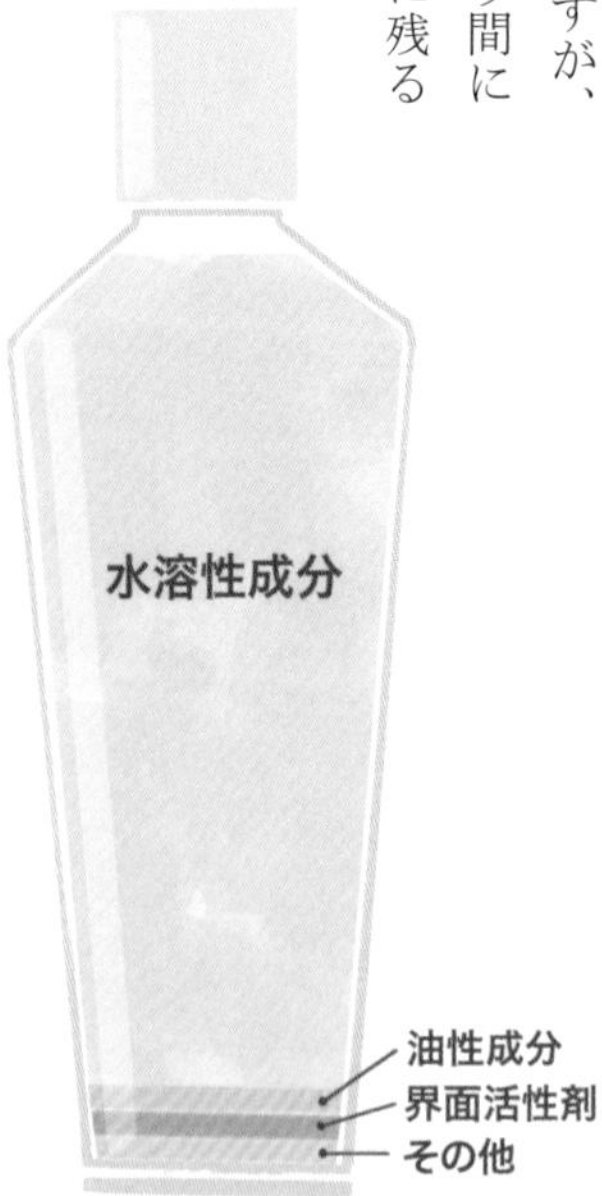

化粧水の多くに界面活性剤が配合されています。これは、使用感をよくする目的であったり、油性成分を混ぜるためや、皮脂とのなじみ具合をよくするためなどに使われます。

p・84 界面活性剤

化粧水と肌荒れ

一般化粧品を使っていて肌が荒れたという人が使っていた化粧品を見ると、成分表示の２～３番目にエタノールと書いてあることが少なくありません。エタノールは非常によく使われる清涼剤、感触改良剤ですが、刺激もあり乾燥する成分でもあります。
保湿のために使う油性成分はニキビを悪化させることもあります。
使用感と肌への影響は比例関係にはありません。

成分の分子量

角質層は身体のバリアーとして、異物が身体に入らないようなしくみになっています。そのため、相当に分子量の小さい物質しか、何層にも及ぶ肌のバリアーを抜けられません。

- **表皮：分子量 3000 以上の物質をブロック**
- **真皮：分子量 800 以上の物質をブロック**
- **毛穴、汗腺：分子量 1000 以上の物質をブロック**

化粧品に含まれる成分は、この分子量より小さくなければ角質層を通り抜けられません。
化粧品の代表的な成分の分子量を見てみましょう。

- **水溶性コラーゲン：分子量 30 万**
- **加水分解コラーゲン：分子量 400 〜 2,000**
- **セラミド：分子量 700**
- **グリセリン：分子量 92.1**
- **ソルビトール：分子量 182.2**
- **PCA-Na（DL- ピロリドンカルボン酸ナトリウム）：分子量 151.1**
- **乳酸 Na：分子量 112.06**

このように、通常のコラーゲンやヒアルロン酸はそのまま肌に塗っても角質層を越えて浸透することはありません。そのため、分子量を小さくするさまざまな研究が行われています。

p・22 ヒアルロン酸

正しい保湿手順

「塗れば塗るほどいい」ものでもありません

コットンでも手でもどちらでもOK！

コットンの場合は、含ませる量が少ないとコットンの繊維で肌に刺激があたるので、コットンが湿るくらいの量は必要です。

❶

Q 化粧水や美容液は手で温めて使うとよく浸透するって本当？

A 顔に塗れば自然に人肌に温まるので、わざわざ温めるのはあまり意味がないでしょう。

失った水分を補うのが保湿目的。必ずしも化粧水、乳液、クリーム、美容液……のすべての製剤を塗布する必要はありません。
必要なものを、顔の大きさに応じた適正量だけ塗布します。

バーム状のものは、手のひらで溶かしてから塗る。顔の上でこすって溶かさないように。スタンプ塗りしてもOK。

塗れば塗るほどよい？

二度塗り、三度塗り……と、たっぷり塗るほど肌への浸透量が増えてよいような気がしてしまいますが、たくさん塗ったからといって多く浸透するわけではありません。
角質層の水分保有量は一定に決まっています。その一定量があれば十分です。

p・106 保湿のしくみ

顔の両サイドはしっかり塗れていても、顔の真ん中のTゾーンが塗れていない人が非常に多いです。おでこ、鼻、あごは意識して塗りましょう。日焼け止めも同じです。

保湿の基本原則

❶ **こすらない**

❷ **水っぽいもの→油っぽいものの順で塗る**
油っぽいものを先に塗ると、そのあとから化粧水、つまり水分を塗ってもはじいてしまって浸透しません。
水分が多いものから順に重ね塗りしていくと、先に塗ったものと順に混ざっていき、油分が多いものでも扱いやすくなります。

❸ **前に塗布したものが乾くのを待ってから次を塗る必要はない**
化粧品の水分が蒸発する過程で一緒に角質水分も蒸発してしまいます。保湿のつもりが、逆に乾燥を招いてしまいます。

効能・効果を生み出すもの

機能性成分

いわゆる美容成分と呼ばれる機能性成分とは、化粧品のベースとなる基材に、目的に合わせた機能を加える成分のことです。まさにその化粧品の特徴です。

保湿成分や、抗酸化成分、美白成分、抗炎症成分、細胞賦活成分など、さまざまな目的や効能・効果に合わせて配合されます。

厚生労働省が許可した効果・効能に有効な成分が、一定の濃度で配合されているものを「医薬部外品」と呼びます。

ライン使いはするべきか

化粧水はA社のもの、美容液はB社のもの……と、さまざまな製品を組み合わせて使用するときに、製品どうしの相性が気になるかもしれません。

開発者は自社のラインナップで使用した場合の安定性は想定していても、他社製品と組み合わせて使用したときにどうなるかは想定しきれないのが実情です。

また、さまざまなブランドの多様な製品を組み合わせて、最大限の効能・効果を得るのは、自分の肌質や成分のことを深く理解していないと難しいものです。

開発者はラインナップの中で効能効果の統一感が生まれるように構成しているので、開発者が意図した効能効果と一致した結果が届きやすいのはライン使いといえるでしょう。

化粧品はストーリーが大事

洗顔料や化粧水に始まり美容液に至るまで、ブランドやラインナップとしての起承転結、いわばストーリーが大事であると考えています。
高額なもの、メディアやインターネットで評価の高いものだったとしても、さまざまな製品を組み合わせて使用するのは、製品単体のストーリーは素晴らしいものでも、全体で見るとまとまりのない、ちぐはぐなストーリーになっているかもしれません。

コラム

ナノコスメのつくり方

「ナノ粒子」「ナノテク」などと呼ばれるコスメが増えました。

ナノ（nano）メートルとは、１㎜の100万分の１の長さ。日本化粧品工業連合会の定義では、「一般的な化粧品基材（水、油分、アルコール界面活性剤等）に溶解せず、製剤中に非溶解状態で配合されているもので、一次粒系の平均の大きさが100㎚以下のもの」がナノ粒子とされます。

人間の肌の細胞と細胞の間には約250nmの隙間があります。ナノサイズになった成分は30～100nmほどの大きさなので、ナノサイズ化した美容成分がその隙間を通り抜けられるようになるのです。

日焼け止めやファンデーションなどでも使われるナノ粒子が本当に安全なのかは、現在調査中であるのが実情です。薬機法で配合禁止成分は定められているものの、含有成分の大きさや形状までは規制されていません。

ナノ粒子が皮膚で吸収され、体内に取り込まれて健康被害が起こったという報告はまだありませんが、荒れた肌や傷がある場合には、体内に入る可能性は十分にあると考えられます。また、ナノサイズの物質は空気中に飛散しやすく、気管を通じて体内に取り込まれることも十分考えられます。

ナノ化技術

高圧乳化というしくみでつくられます。まず原料を増圧機に送り込み、加圧します。加圧された原料は、微細化チャンバーと呼ばれる衝突室で、向かい合った２つのダイヤモンドノズルから高速で噴射されます。原料がチャンバー内で衝突すると衝撃で微細化します。目的の微細状態になるまで処理を数回繰り返します。

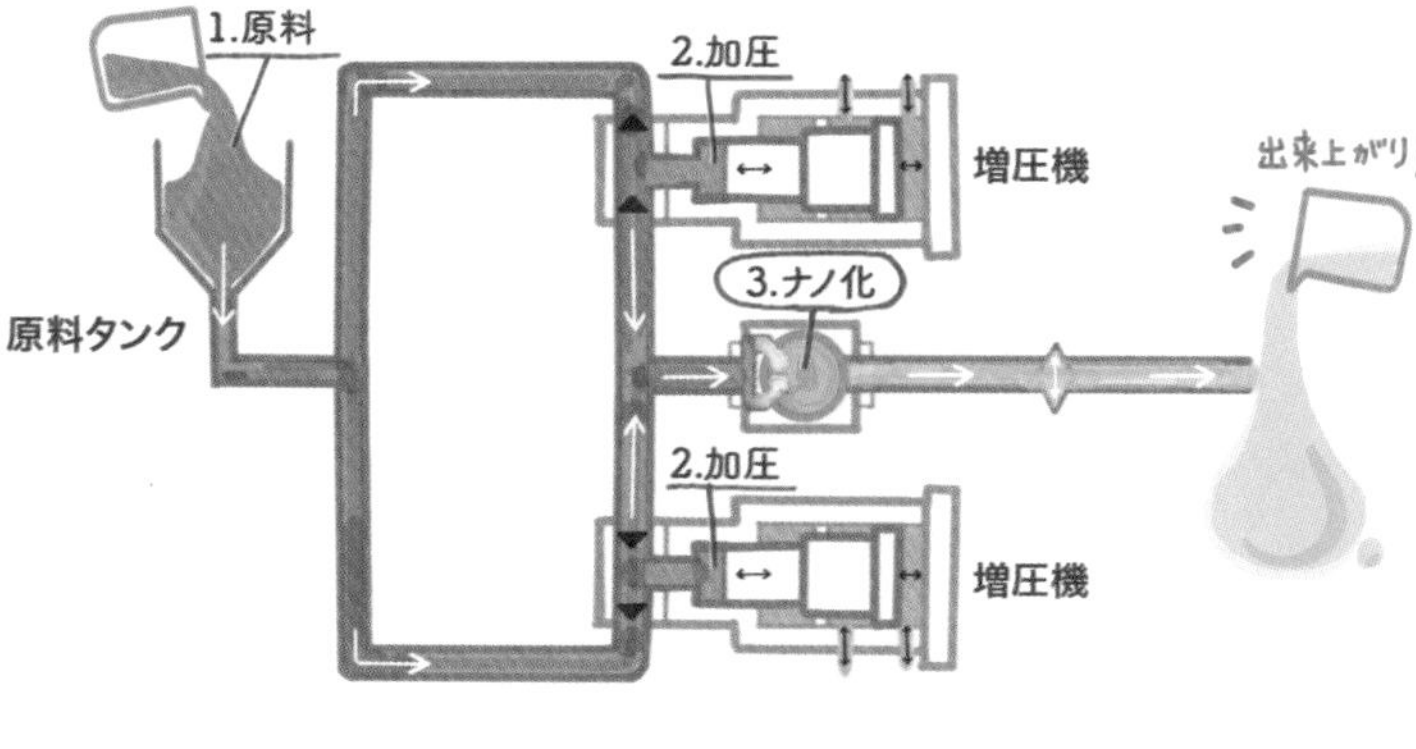

そのほか 保湿アイテム

乳液、クリーム、オイル、美容液……いずれも水溶性成分・油性成分・機能性成分が任意の量で混合されたものですが、**「機能性成分が○%配合で美容液」「油性成分△%配合でクリーム」などと法律で決められているわけではありません。**メーカーごとに配合率は異なり、それをどのように呼ぶかもメーカーが自由に決められます。

すなわち、あるメーカーの美容液よりほかのメーカーの化粧水や乳液のほうが機能性成分がたくさん配合されている場合もあります。

乳液

化粧水とクリームの中間で、肌に水分と油分をバランスよく与えられます。化粧水だけだと蒸発してしまい、肌の水分も一緒に失うので必ずつけるようにしましょう。増粘剤でとろみを加え、安定性を高めるのが一般的です。

クリーム

高級アルコールのような油性成分を少量配合することで、やわらかいクリーム状になります。乳液より油性成分が多く、持続的な保湿効果が期待できます。クリームに高機能なものがあるのは、乳化やゲル化が安定しており、効率的に機能性成分を配合しやすいベース形状だからといわれています。

化粧水、美容液、乳液、クリーム、オイル……と、水分の多いものから油分の多いものを重ねていくことで保湿をすることが原則です。
しかし、化粧品を開発していると、「この成分と相性がいいのは水溶性の基本成分」「こちらの成分は油性の基本成分」ということがあります。
このため、配合したい成分によって、化粧水が適しているときやクリームが適しているときがあります。
保湿セオリーに必要以上に囚われるのではなく、必要な成分で選ぶということも大切です。場合によっては、例えば「美容液２種類を使用し、乳液は使わない」という組み合わせでも問題ありません。

主なクリームの成分構成

ジェル

クリームよりみずみずしい感触を持つジェル。とろみをつける増粘剤の働きと、界面活性剤的な働きを持ち合わせた高分子乳化剤が使用されていることが多いです。この働きにより、乳液のように油分が少なくてもクリーム状の成分構成が可能になっています。

美容液

一般的に美容液とは、機能性成分を多く配合し、効能・効果、使用感触を持つ付加価値の高い化粧品を指します。化粧水状もあれば、乳液状、クリーム状、ジェル状もあります。

ブースター

一般的にブースターとは化粧水の前に使い、その後のスキンケアの成分が浸透しやすくなる作用のある導入美容液、導入化粧水などを指します。肌をやわらかくする働きのある成分が配合されています。硬くなってしまった角層になじんで浸透することで、その後の化粧品を効率的に肌へ届けます。

オールインワンの化粧品

「クレンジング＋洗顔＋化粧水」「化粧水＋美容液＋クリーム」など、さまざまなものがあります。

一つで済むので便利な反面、目的の違うさまざまな成分が一つになることで起こるデメリットもあります。

成分にはそれぞれ性質があります。異なる性質を持つものをなじませるには、調整するための成分もそれだけ多く必要になります。

より多くの成分を混ぜるほど、それぞれの配合量は少なくなり、成分本来の力を発揮できなくなります。

また、肌のトラブル改善には不向きです。

乾燥、小ジワ、毛穴、オイリー肌、ニキビなど、肌トラブルが多い人ほど、それぞれを改善するために、部分的につける量を調整したり成分を見極めたりする必要があります。

オールインワンでは、量は調整できたとしてもトラブルに応じた成分や性質を選んで塗ることはできません。

とても便利なアイテムですが、肌質や肌の状態によっては物足りない、合わないということもあります。自分の目的に合うスキンケアを選ぶようにしましょう。

そのほか スペシャルケア

パック（フェイスマスク）

パックの種類はさまざまですが、化粧水や美容液などを浸透させたシートパックを**パックが乾くほど長く着けるのはおすすめしません。乾燥の過程で角質水分も一緒に蒸散してしまいます。**角質層の水分保有量は決まっているため、長く着ければ着けるほどよいということもありません。

パックはなるべく個包装のものがおすすめです。**セットで梱包されていると、使うたびに手からばい菌が入りやすく、そのばい菌の繁殖を防ぐために、防腐剤も多く添加する必要があります。**

ホームピーリング化粧品

AHA（グリコール酸や乳酸など）やBHA（サリチル酸など）の酸を使用したホームピーリング化粧品は、角層を越えて働きかけることはできませんが、皮脂分泌が多く角栓が詰まりがちな肌に対して、角栓が取れやすくなるよう促したり、角層表面の不要な角質が取れるよう促します。それによってターンオーバーを整え、肌のごわつきを改善することを目指します。

同様の目的の製品に、スクラブやゴマージュなどもありますが、強い摩擦で角質をこすって落とすものなので、ホームケアとして行うならば、摩擦刺激の少ないホームピーリングのほうがよいでしょう。

p・150 ケミカルピーリング

針状成分のコスメ

針状コスメは大きく、①成分そのものが針状に加工されているものと、②針に成分をまとわせて成分を肌に届けるものと2種類があります。

肌に針を刺すという以上、注意したい点が2つあります。

①その成分は体内に入って大丈夫なものか？

成分そのものの安全性だけでなく、製品の管理環境が悪く、成分が劣化などしても、体内に入って大丈夫かを考えましょう。

②針を刺す刺激による炎症や感染、肝斑が悪化するリスクがあることを理解する

あぶらとり紙

あぶらとり紙で何度も皮脂を取らないといけない人は、そもそも肌の状態を改善しましょう。**皮脂を取れば、肌が水分の危機を察知して、さらに皮脂が分泌されます。**

なお、ティッシュのほうがあぶらとり紙より肌への刺激が少ないので、皮脂を取りたい場合はやさしくティッシュで押さえるのがよいでしょう。

スチーマー

ただの水を肌に吹きかけても蒸発するだけです。**精製水も特別な水ではなく、不純物の少ないただの水です。**また、メイクしている上から水蒸気をかけても、メイクの油分が水分をはね返します。水は油の層を越えて浸透しません。仮に浸透したとしても蒸発してしまいます。

繰り返しますが、身体と肌には水分の適正量があります。それを超えて摂取したからといって美容や健康によいということはありません。

p・106 保湿のしくみ

まつげ育毛薬の成分

✦ビマトプロスト

厚生労働省が唯一認可している、まつげを伸ばす効果のある成分。プロスタグランジン類似体というものです。

もともと、緑内障や高眼圧の治療薬として使われていましたが、まつげの育毛作用も認められたため、まつげ貧毛症の症状を改善するために、病院・クリニックで処方されます。

多い副作用は色素沈着。メラニンの生成促進効果があるためです。

また治療薬を使用している間しか効果がないため、使用をやめると元の状態に戻ります。

プロスタグランジン類似体には、化粧品で使えるものもあります。エチルタフルプロスタミドやイソプロピルクロプロステネートなどがその例ですが、日本ではほとんど取り扱われていません。これらも色素沈着の可能性は十分にあります。

〈市販のまつげ美容液の成分〉

✦キャピキシル

発毛治療によく使われるミノキシジルの3倍の効果があるとされる成分です。

アカツメクサ花エキスとアセチルテトラペプチド-3の成分が組み合わさったもの。

アカツメクサ花エキスには「ビオカニンA」という成分が含有されています。このビオカニンAは、脱毛男性ホルモン（DHT）を生成する5αリダクターゼ還元酵素を強力に阻害することで脱毛を防ぎます。

アセチルテトラペプチド-3は強い細胞修復作用を持つ4つのアミノ酸で構成された物質で、衰退した毛母細胞の復元を促し、発毛作用を発揮します。

✦リデンシル®

ミノキシジルの2倍の効果があるとされている成分。DHQCという物質がバルジ領域を刺激し、毛乳頭細胞を活性化する作用があるとされます。

またEGCG2という物質が脱毛の原因となるサイトカイン（IL-8）の働きを抑えて休止期を抑制するので、まつげが伸びている期間が長くなるという効果があります。

キャピキシル、リデンシルのいずれもビマトプロストほどの効果は実証されていないようですが、**育毛量が少なくても、色素沈着の少ないほうがいいという方にはよいかもしれません。**

✦ピロリジニルジアミノピリミジンオキシド
（ホルス ピディオキシジル®）

ミノキシジルとよく似た構造を持つ成分です。血行を促進することで毛母細胞へ酸素や栄養素が運ばれ、毛髪の成長を助けます。

✦ビオチノイルトリペプチド－1
（ワイドラッシュ）

ビオチンとトリペプチド－1を反応して得られる成分です。接着分子の合成、毛球ケラチノサイトの増殖を促進する働きがあり、毛髪にハリ、コシを与えて、健やかに保ちます。

✦オクタペプチド－2
（プロヘアリンβ4）

毛包幹細胞の成長分裂、分化および分解過程に深く関わっているといわれているサイトカインがチモシンβ4。これを安全に使用できるよう化学合成された成分です。

幹細胞が毛包下端まで移動する間に幹細胞の成長および分化を促進します。また、毛根における代謝を活発にし、状態を改善します。

日本の伝統技術と美容

あぶらとり紙は元々、仏像や屏風、舞扇などに用いられる金箔の製造で使用された手漉き和紙から転用して生まれたものでした。
金箔づくりでは藁灰汁などでつくられた液に浸した「金箔打ち紙」と呼ばれる専用の和紙を使いますが、この不要になった金箔打ち紙が皮脂を吸着する性質を有しており、祇園の芸妓や舞妓、役者の間であぶらとり紙として重宝されるようになったのが始まりです。

美白有効成分であるコウジ酸の発見は1907年。麹を扱う職人さんの手が白く滑らかであることに着目して研究が始まった成分です。1988年に厚生労働省によって美白有効成分として認可されました。
このように、いまの美容を支えている日本の伝統技術があります。

あらゆる肌ダメージを引き起こす諸悪の根源

紫外線

光老化を引き起こす主な原因は紫外線。紫外線とは、太陽から届く光の波長の一種です。

紫外線にはＵＶＡ、ＵＶＢ、ＵＶＣの三つがあります。このうちＵＶＣというのは、波長が非常に短く、オゾン層ではね返されてしまうため、ほぼ地表に届きません。問題となる紫外線とはＵＶＡとＵＶＢの２つです。

メラニンを生むＵＶＢ

ＵＶＢは皮膚の表面で吸収されるもので、浴びると細胞が損傷してやけどのように赤くなったり、メラニンが沈着して褐色になったりします。

ＵＶＢを防ぐための指標はＳＰＦです。

真皮ダメージを引き起こすＵＶＡ

紫外線総量の90％を占め、ＵＶＢの約20倍のパワーがあるとされるのがＵＶＡ。**波長が長く、肌の深いところまで届き、シワやたるみの原因になります。**

ＵＶＢは冬には夏の１／５の量まで減りますが、ＵＶＡは１／２程度と変動が少なく、冬もしっかり防御する必要があります。また、ガラスも突き抜けてしまうため、室内にいても浴びてしまいます。

ＵＶＡを防ぐ指標はＰＡです。

可視光線

目に見える光のこと。近年は、可視光線が

NOTE

LongUVA

UVA の中でも波長が 340~400nm のものを LongUVA と呼びます。UVA の中でも波長が長く、真皮のより深い部分まで到達してしまいます。

真皮層にまで影響を与えることがわかってきました。UVAより波長が長いため、真皮のさらに深い部分まで届きます。

ブルーライトの恐怖

ブルーライトもこの一種です。可視光線の中でも、紫外線に近い強いエネルギーを持ちます。

最近はパソコンやスマホなどのデジタルディスプレイから発せられるブルーライトも、老化光線となっているといわれており、ブルーライトのほうが色素沈着が長く残ったという報告もあります。**ブルーライトの照射により、活性酸素が生じ、過酸化脂質が増加することも明らかになっています。**

また、ブルーライトは眠りに関わるホルモン「メラトニン」にも影響し、入眠を妨げることも指摘されています。

p.51 活性酸素を除去するメラトニン

紫外線の攻撃ポイント

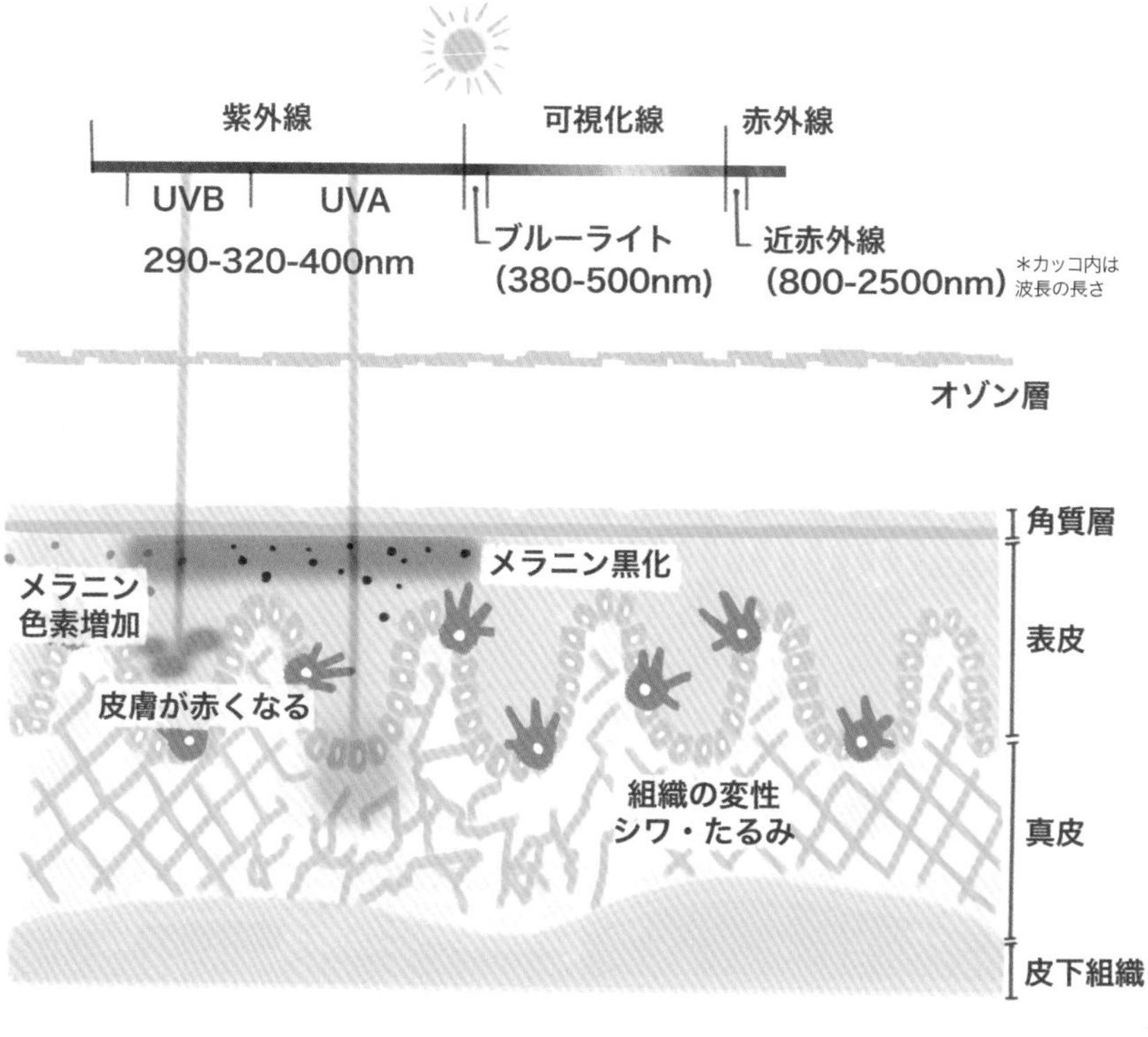

メラニン誕生のしくみ

メラノサイトは、表皮のほかの細胞と情報交換しながらメラニンをつくっています。

①メラニン合成の指令が出る

まず紫外線などの刺激を感じると、表皮の角質細胞がメラニン合成を促す情報伝達物質を生成します。

それがメラノサイトに伝わるとメラノサイトが活性化し、メラニン合成が促されます。

②チロシナーゼの作用でメラニンを生成

メラノサイトの中では、チロシンというアミノ酸が「ドーパ→ドーパキノン」と徐々に変化して、やがてメラニンとなっていきます。**その過程に作用するのがチロシナーゼです。**チロシナーゼの働きかけにより、チロシンが徐々に変化します。

③メラノソームへの移送

メラノサイトの中で合成されたメラニンは、細胞内のメラノソームという小胞に蓄積されます。

④角質細胞への移送

メラニンが充満したメラノソームは、メラノサイトの樹状突起を通って周囲の角質細胞に移送されます。

⑤ターンオーバによる排出

その後はターンオーバーによって体の外へ排出されます。

健康な肌では、ターンオーバーによってこの生成と排出のバランスが保たれていますが、しかし**紫外線を浴びすぎたりするとサイクルが乱れたりターンオーバーのバランスが崩れて、メラニンが表皮に過剰に蓄積されてしまいます**。この過剰に蓄積されたメラニンがシミや色素沈着の原因になります。

メラニンができるまで

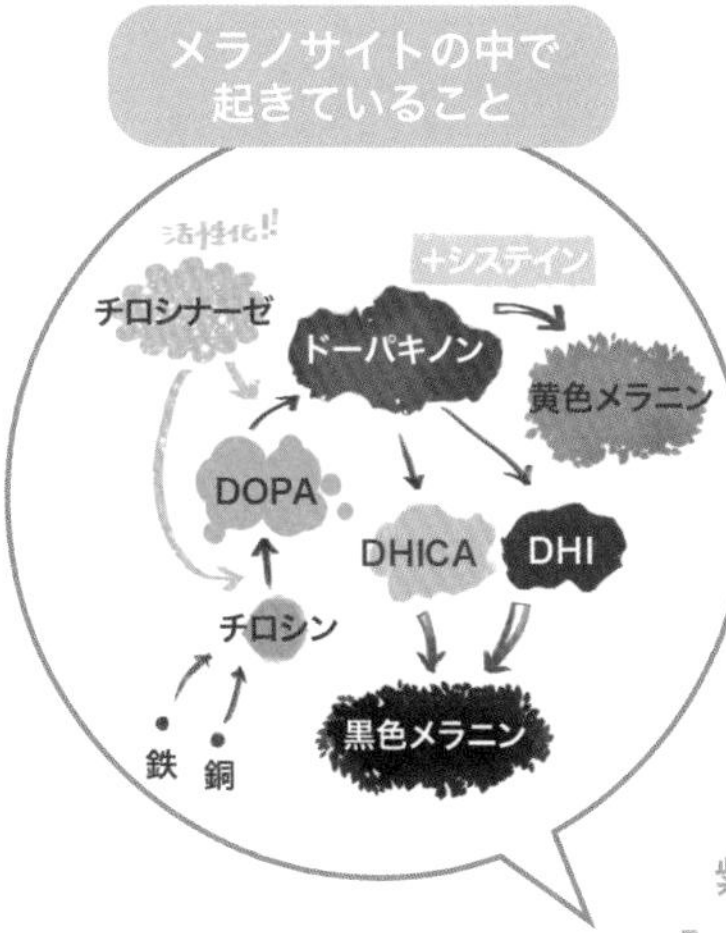

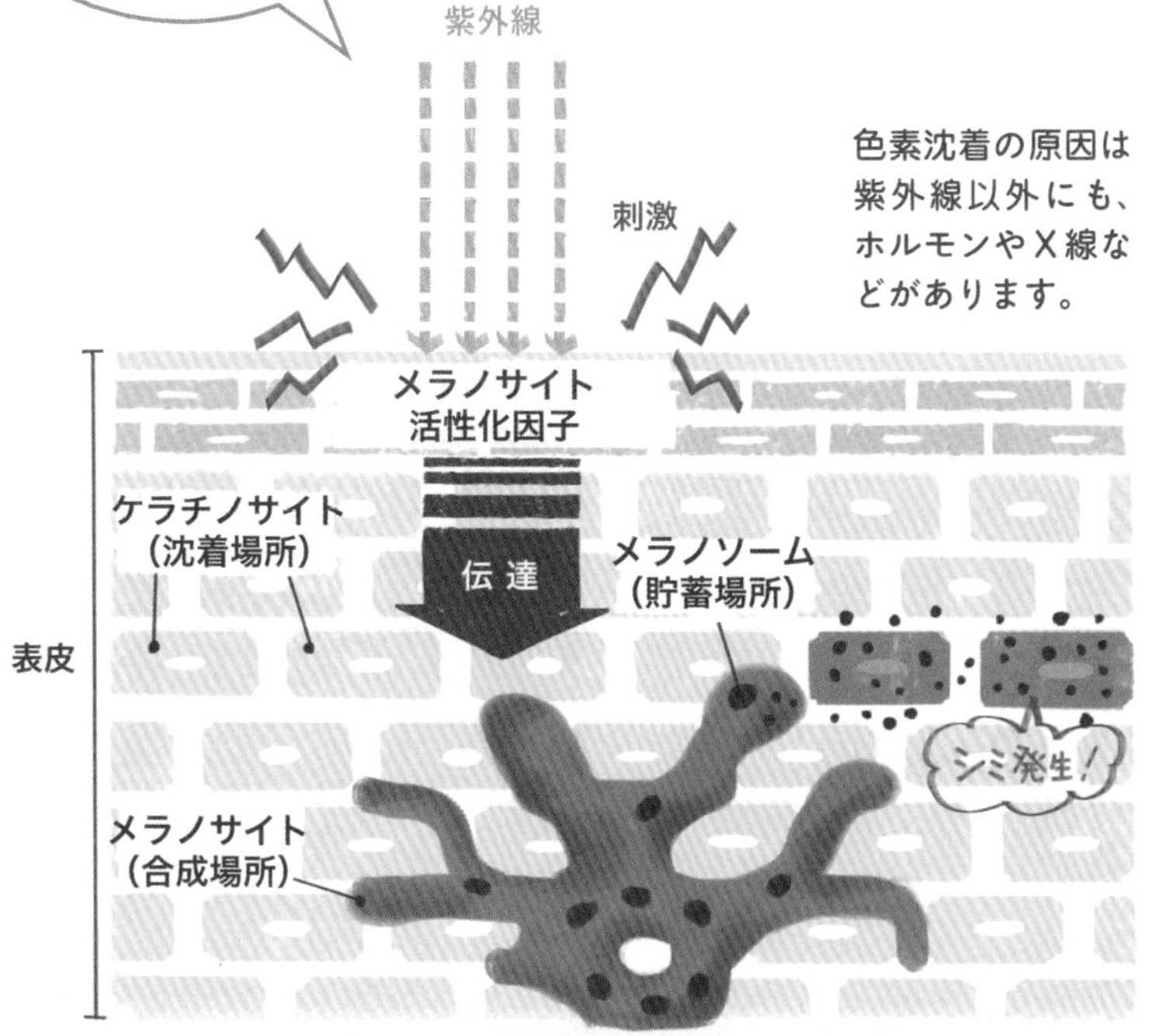

日焼け止め

日焼け止めには、紫外線吸収剤と、紫外線散乱剤の2種類があります。
一般的に日焼け止め化粧品は、この両方を組み合わせて効果を高めています。

紫外線吸収剤

化学物質が紫外線のエネルギーを取り込み、熱などの別のエネルギーに変換することで日焼けを防ぎます。

肌に塗ったときに白浮きせず、きしみ感も少ないので、日常的に使いやすいですが、まれにアレルギー反応を起こす人もいます。

紫外線散乱剤

天然の鉱物を細かく砕いて粉体にし、その反射で、物理的に紫外線をはね返して日焼けを防ぎます。

かぶれるなどの症状が起こりにくいので、肌が弱い人にはおすすめです。
難点は、肌に塗ったときに白浮きしやすいこと。しかし近年は、一次粒子の直径が0・015〜0・05㎛しかない細かいものが開発

ハワイやパラオに行くときは注意！

サンゴ礁の減少は、温暖化による海水温上昇だけでなく、日焼け止めに含まれる成分も原因の一つ。パラオ、ハワイ、ボネール島、フロリダ、メキシコなどで、指定物質を含む製品の使用や販売が法律で禁止されています。心配な場合は、現地で買うのがおすすめです。

パラオ政府の「責任ある観光教育法2018」で禁止されている成分（一部抜粋）

オキシベンゾン	UVA、UVB 吸収剤。多数の国で禁止。
オクチノキサート	UVB 吸収剤。多数の国で禁止。
トリクロサン	抗菌剤
メチルパラベン	防腐剤
エチルパラベン	防腐剤
フェノキシエタノール	殺菌・防腐剤。日本の化粧品には防腐剤として多く使用されている。

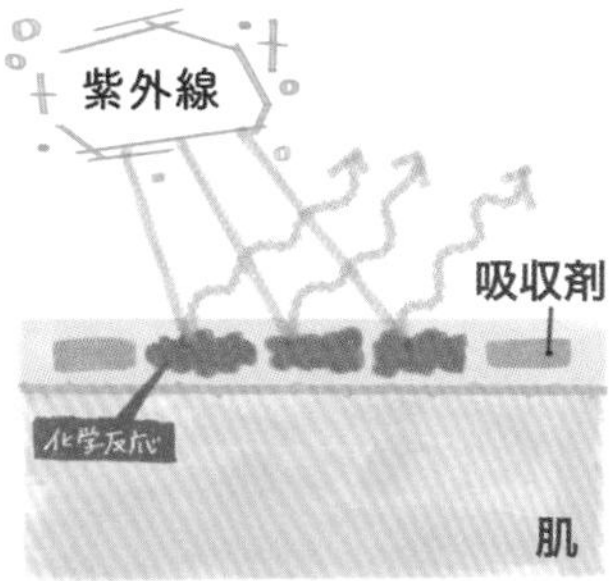

紫外線吸収剤

- 肌の上で分解され刺激物質となり、荒れる場合がある。
- のびがよく白浮きしないため、メイクの下に使いやすい。
- 防御指数が高くなるほど、発生した熱でほてりが生じやすい。

主な紫外線吸収剤

メトキシケイヒ酸エチルヘキシル	1960年代に開発されてから世界中で広く使用されている。UVBを吸収する代表的な紫外線吸収剤。UVBの吸収効果に優れる。
t-ブチルメトキシジベンゾイルメタン	石油由来。UVAの吸収効果に優れ、メトキシケイヒ酸エチルヘキシルと併用されることが多い。
ドロメトリゾールトリシロキサン	配合禁止
パラメトキシケイ皮酸2-エチルヘキシル	1960年代に開発されてから世界中で広く使用されており、日本でも1984年に使用が許可されてから現在までUVBを吸収する代表的な紫外線吸収剤として汎用されている。
オキシベンゾン	石油由来の成分。1～9までの種類があり、その数字によりそれぞれ得意な吸収域がある。海洋保全のため配合禁止の国がある。日本でも使用している化粧品は非常に少ない。

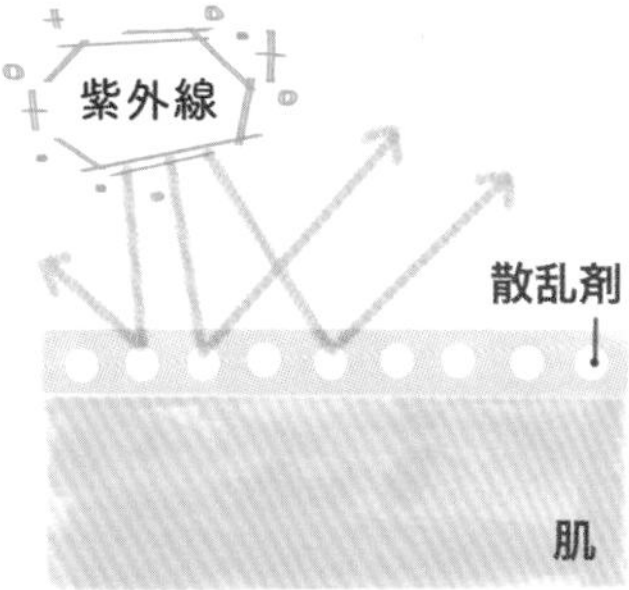

紫外線散乱剤

- 乾燥しやすい。
- テクスチャー改善のために、ほかの鉱物を足している場合がある。
- 防御指数が高くなるほどのびが悪く白浮きが生じやすく、使用感が悪くなりがち。

主な紫外線散乱剤

成分	対応波長	特徴
酸化チタン	290～350nm	イルメナイトという鉄鋼を細かく砕いてつくられる。光をよく反射し、白色顔料としてファンデーションなどにも使われる。LongUVAには対応できない。白浮きしやすいが、最近は透明感のあるナノ化されたものが登場している。
亜鉛鉱石（溶性亜鉛液）	290～400nm	酸化チタンより対応波長が広く、LongUVAに対応できる。また酸化チタンより低濃度で高いSPF、PAが出る。微弱な引きしめ効果がある。金属アレルギーの人には合わない場合がある。
酸化セリウム	280～1100nm	UVB～UVA、ブルーライトと対応波長が広い。白浮きしにくい。

酸化チタンも酸化亜鉛も、**光を受けると表面で強力な酸化力を発揮し、あらゆる有機物やばい菌を分解します**。しかし、肌の上でそこまで強い酸化力を発揮すると困るので、多くの場合、表面をコーティングして配合されます。

スキンケアのキホン
日焼け止め

され、改善されてきました。0・015～0・05μmという大きさでは可視光線を反射できません。光の反射がなければ肉眼では色を認識できないので白い色も見えない、すなわち白浮きしない、というわけです。

p.113 ナノコスメのつくり方

他方で、きしみ感が出やすいという難点があります。また酸化チタンは酸化作用がありますが、これを防ぐためにコーティング処理をしています。

ケミカルとノンケミカルの違い

紫外線吸収剤が入っているかどうかの違いです。紫外線吸収剤は化学反応を肌表面で起こすので、敏感肌の人の中には向かない場合があります。

また塗った紫外線吸収剤が血液中で検出されたという報告もあり、その影響が議論されています。

生活シーンに合わせた日焼け止めの選び方

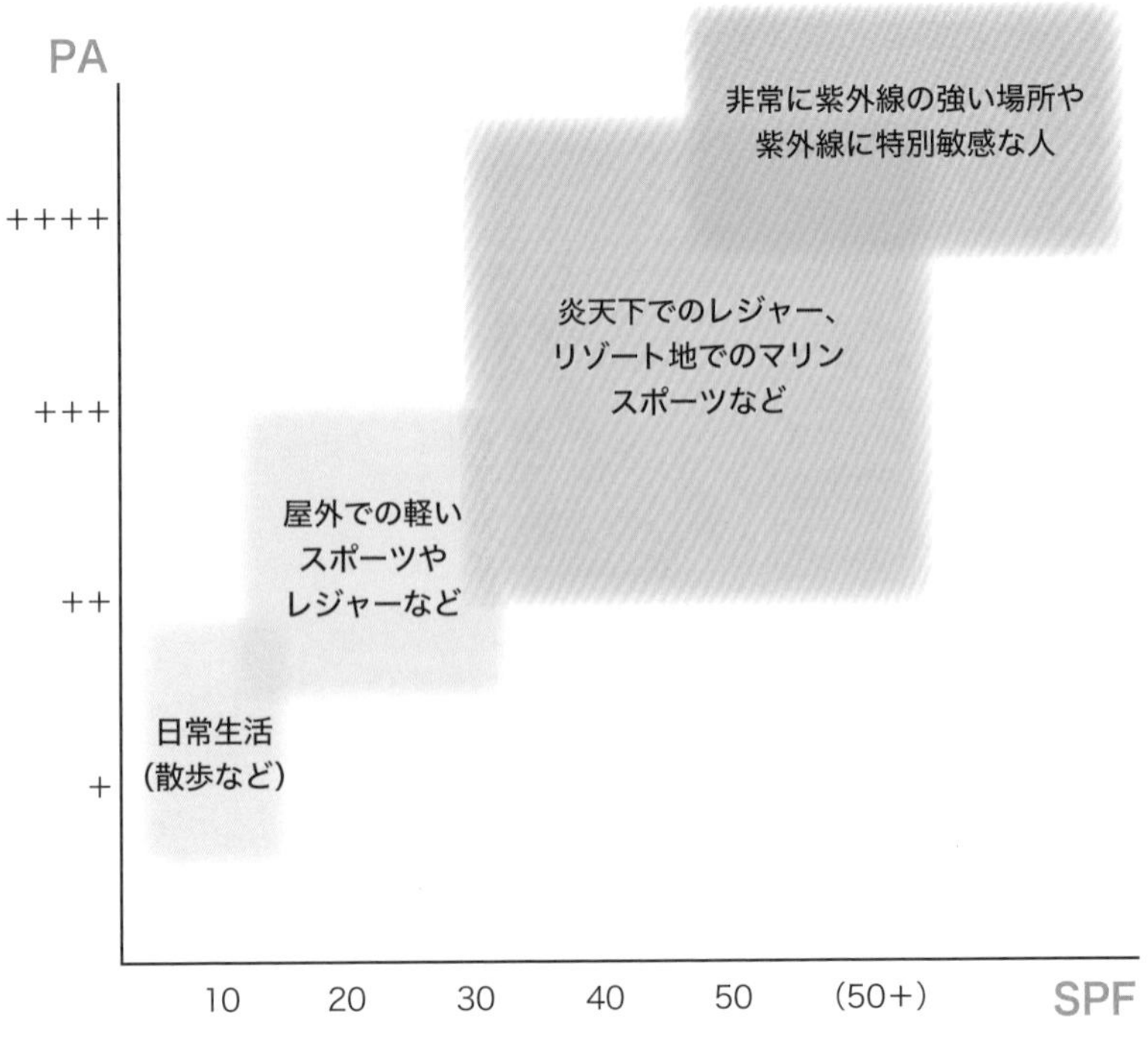

【出典】日本化粧品工業連合会編「紫外線防止用化粧品と紫外線防止効果」

しかし、血液の中に紫外線吸収剤が検出される量がどれほどなのかは、まだ明確にはわかっておらず、日焼け止めを塗るメリットのほうが勝るとされています。

ではノンケミカルのほうが安全かというと、一概にそうとも言えません。まず、乾燥しやすいこと。次に使用感を補うためにさまざまな成分を足していることが挙げられます。

肌質、使用感、シチュエーション、どのくらい紫外線を防ぎたいかなど、自分にとってバランスがよいものを選びましょう。

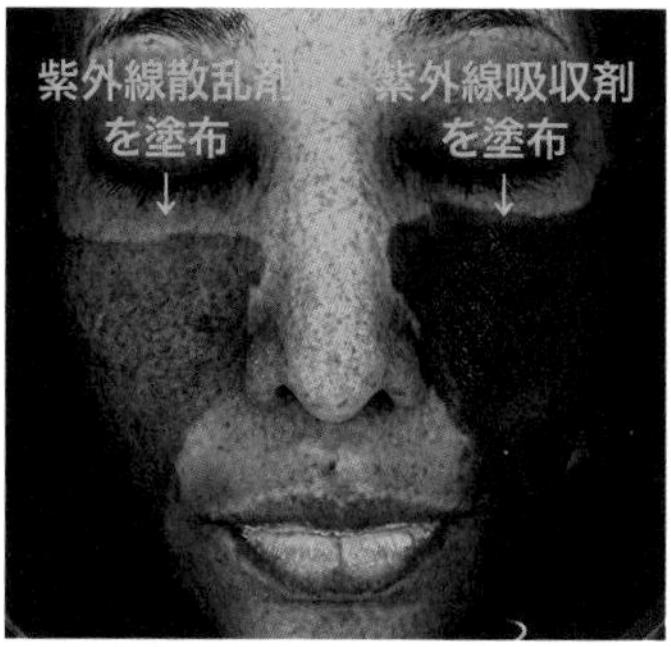

画像診断のUV写真モードで撮影。画像の右側は紫外線吸収剤配合の日焼け止め、左側は紫外線散乱剤配合の日焼け止めを同じように塗布。紫外線吸収剤側は、UVを吸収して真っ黒になっている。
紫外線散乱剤側は、UVを反射するため真っ黒にはならない。

PA

UVAPF（UVA Protection Factor、UVA防御効果を示す数値）で表される指標に基づき、4段階で標記される。

PA+	*UVAPF2以上4未満	UVA防止効果がある
PA++	*UVAPF4以上8未満	UVA防止効果がかなりある
PA+++	*UVAPF8以上16未満	UVA防止効果が非常にある
PA++++	*UVAPF16以上	UVA防止効果が極めて高い

SPF

SPF（Sun Protection Factor）はUVBを防ぐ目安として用いられる指標。SPF2～50＋で表される。
なにも塗っていない状態と比べて、日焼け止めを塗っている場合に、紫外線のUVBによる炎症をどれくらい長い時間防止できるかを表す。

例）紫外線を浴びて赤くなるまでの時間が15分の人が、SPF40の製品を使った場合

15分×40＝600分
→日焼け止めの効能が落ちない限り、約10時間肌を守ってくれるということ。

正しい日焼け止めの塗り方

手のひらで塗ると40%のロス！

1

手のひらに出すともったいない！

手のひらや指のシワに日焼け止めが入り込んでしまいます。実は、日焼け止めの40%程度は手に残ってしまうといわれています。親指と人指し指の間の凹みはシワが少ないので、無駄が少ないです。

日焼け止めを親指と人指し指の間の凹みに500円玉大の分量を出す。

BAD

手全体で顔にくるくるとこすりつけるのはだめ！　こすることで、その部分が将来のシミやたるみになります。

頬の高い部分、おでこ、鼻先、あごなど出っ張っている部分は太陽光に当たりやすいので、重点的に塗りましょう。

2

スタンプ塗りで二度塗り

顔の広い面（あご、両頬、おでこ）に置き、ポンポンとスタンプを押すように広げていきます。その後、指先で小鼻や目の際などを微調整するように塗ります。アイホールも忘れずに塗りましょう。1回では塗りきれないので、同じ量を2回塗ります。

顔以外に、耳や首も塗るようにしましょう。手の甲は、血管が浮き出て年齢が目立ちます。**手の甲に塗るのもおすすめです。**

アフター　ビフォー

白浮きは時間とともになじむ

日焼け止めは、油っぽいものでも塗ってから約30分置くと、真っ白だったのが自然になじんできます。

日焼け止めを塗ってから、すぐにメイクをするとヨレてしまうので、しっかりなじませましょう。

BAD

量が足りないとパワーダウン

日焼け止めの適切な量は、1cm^{2}あたり約2mg。顔全体に約0.8gが適量です。乳液タイプでは500円玉大、クリームタイプではパール2~3粒分に相当します。

日焼け止めは、量が少ないと働きが弱まります。**SPF50＋のものを使ったとしても、量が足りていなければSPFの弱いものを使うのと同じことになります。**

最近は日焼け止めの容器に目安の量が描いてあるものもあります。

日焼け止め Q＆A

Q 日焼け防止効果のある化粧下地やファンデーションを使っていれば日焼け止めは使わなくていい？

A どれもこすれて落ちてしまうので、日焼け止めをベースとして塗っておくのが安心です。また下地などを日焼け止めとして十分な量を塗ると、ものすごく厚塗りになります。餅は餅屋。日焼け止めは欠かさずに。

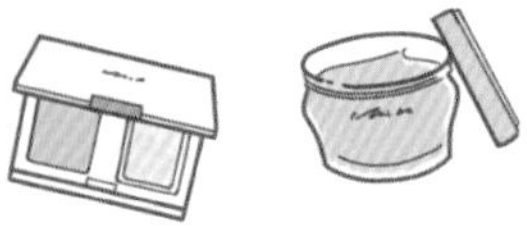

Q 日焼け止めは塗り直したほうがいい？

A 汗や摩擦で落ちてしまうので、本来は2～3時間おきに塗り直したほうがよいです。しかし、普段メイクなどをしていると日焼け止めを塗り直すのは現実的ではありません。塗り直すには、一度メイクを落として日焼け止めを塗り、またメイクをしなくてはなりません。
屋外で長時間過ごす場合は、やはり塗り直すのがよいですが、難しい場合は日焼け止め効果のあるフェイスパウダーやスプレーを重ねるのがおすすめです。

Q 家にいる日は日焼け止めは塗らなくてもいい？

A 家の中にいても、外から紫外線が入ってきます。また、紫外線だけでなくブルーライト、赤外線、可視光線を浴びます。紫外線よりも影響は少ないですが、日焼けしてしまうのでカットしておくほうがよいでしょう。

Q 寝る直前までブルーライトカットはしたほうがよい？

A ビタミンAの中でもパルミチン酸レチノールという成分には、細胞を光から守ってくれる作用があります。SPFに換算すると20くらいの効果があるので、心配な人はそれが入っているスキンケアアイテムを使用し、常に肌に蓄えておくとよいのでは。一日中日焼け止めを塗っているよりは肌にやさしいでしょう。 p・180 ビタミンA

PART 4

ホームケア&クリニックケア

肌トラブルへの対処法

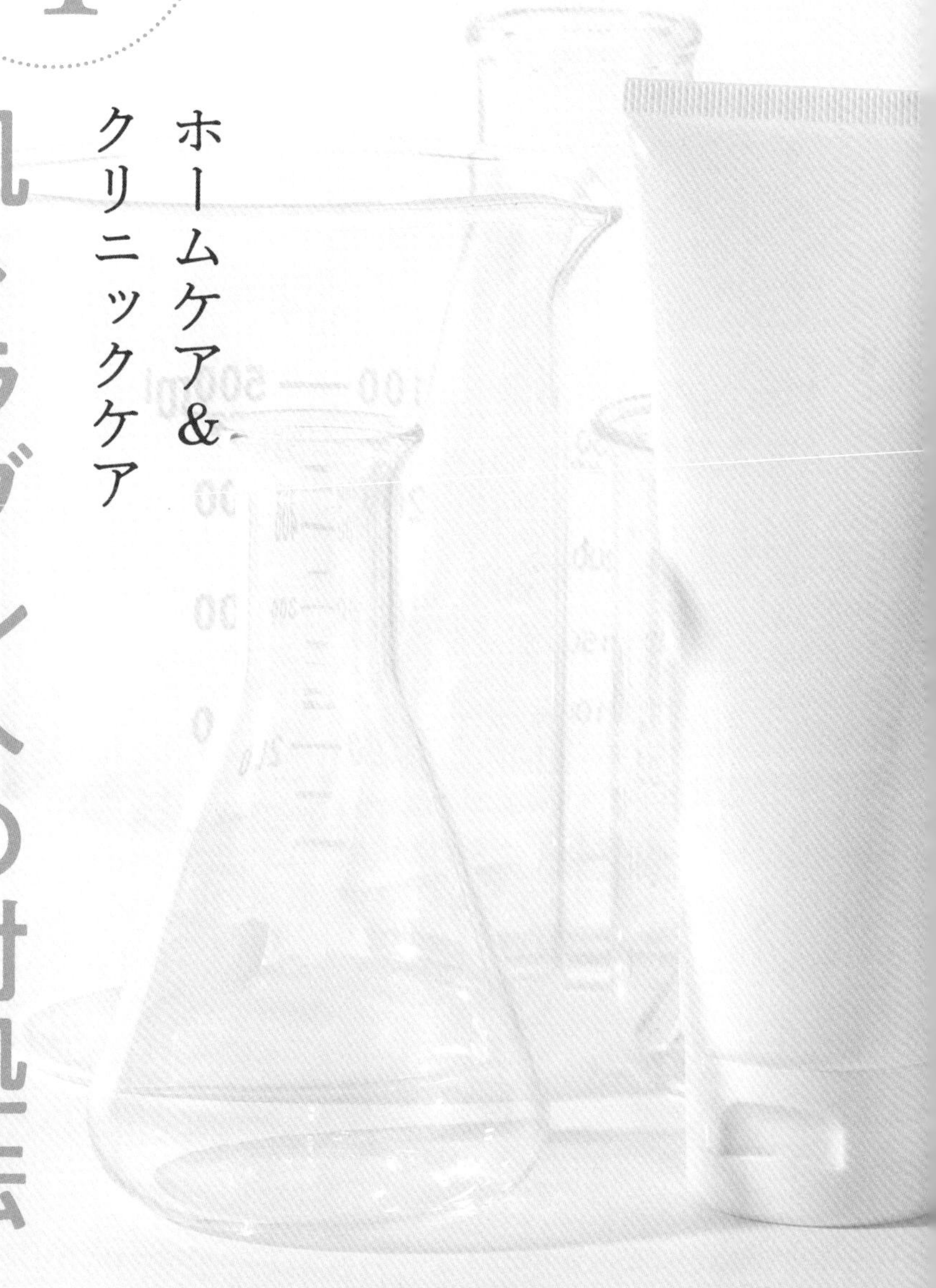

美容医療の基礎知識

保険診療と自由診療

保険診療は病気や怪我など、予防・治療・予後のケアをするもの。**健康が害され、日常生活に困難をきたしている状態からの回復を目指すものです。**

保険診療では、厚生労働省が認可した内容の治療を受けることができます。保険証を持っていれば、窓口で支払う金額は負担割合に応じてかかった医療費の一部で済みます。原則として自己負担は3割です。

日本の保険診療で認可されている治療は、確かに効果があると認められただけでなく、副作用などのリスク面も徹底的に検証されています。日本の認可基準は世界で見ても厳しいものであるため、非常に安全である一方、認可までに時間がかかります。

他方、日本ではまだ認可されていなくても、海外では効果が認められて使われている薬や手術があります。それを利用した治療が自由診療です。保険適用外になるため、患者は費用の全額を負担します。

医療保険制度は、国民の健康を守るために国が行っていること。個人がきれいでありたいという美容医療については、国が守るべきものではないため、保険診療にあたりません。

NoTE

ダウンタイム

美容クリニックでの外科的な手術はもちろん、機械を使った治療や注射などで赤みやかさぶた、腫れ、むくみ、内出血などが生じることがあります。
ダウンタイムとは、施術を受けてから元の状態へと戻るまでの期間のことです。
例えば糸でまぶたを縫い止めて二重をつくる埋没法という施術の場合、大きな腫れが引くまでに２～３日、完全に腫れが引いて「完成」となるまでおよそ２～３カ月かかります。
施術を受ける際は長期休暇中を利用するなど、事前に計画を立てることが必要です。

美容医療の範囲

美容医療は、患者さんの美しさを向上させるために予防・治療・予後のケアを行うものです。

ニキビや瘢痕の治療、シミ・くすみを改善する美白治療、シワ・たるみ・ハリ・ツヤを改善するアンチエイジング治療、毛穴の治療や脱毛などが受けられます。

治療方法としては、レーザーなどの機械を使った治療、ケミカルピーリング、注射などがあります。また、最先端の研究に基づく薬なども処方が可能です。

美容治療は魔法ではない

美容医療を受ければ、またたく間に美肌になったり、憧れの顔になれると思う人も少なくありません。しかし、美容治療は医学に基づく現実的なものです。

腫れない・痛くない・ダウンタイムなしの治療はありません。道で転んでできたかさぶたでも元通りになるまで時間がかかります。また、なりたい顔に絶対になれるわけでもありません。もともとの肌質や肉質、骨格の形状によって、できることには限界があることを理解しましょう。

美容医療は15歳になってからが目安

一般的に大人と変わりないくらいまで成長するのが約15歳です。**15歳まではまだまだ体が成長して変わっていきます。**そのため、二重手術など外科的な治療をしたい場合は、15歳以降がよいでしょう。

また美容の治療は、自分の意思決定で行うことが重要です。幼いときは親の意向を考えてしまうことが少なくありません。「あとから考えるとやりたくなかった」と振り返ることもあるかもしれません。

自由診療は、海外の研究に基づいた最先端の治療を、医師の判断で取り入れるというもの。最先端の治療を追い、それを正しく扱うために、医師もふだんからしっかり勉強しておくことが求められます。

♦クリニック探しのポイント

☐ **医療広告ガイドラインを遵守しているかどうか**

医療行為は人の健康や命に関わります。そのため、広告に記載してよい内容が医療法によって厳しく定められています。法令で定められたルールを無視するクリニックに、大切な身体を任せてよいかは重要なポイントです。

【医師の経歴】

☐ **後期研修を終えてすぐに美容医療に進んでいる、または専門医を取得している**

後期研修は丁稚奉公の期間。メスを持ち始めた経験しかなく、執刀医として大きな手術を任されることはありません。そのような経験・技術しか持たない医師に大切な身体を預けてよいかを考えましょう。

☐ **専門医は必ずしも「一流職人」の証しではない**

専門医というのは「医師として成人している」という証明に過ぎません。医師の成人としてスタートを切ったら、その後も技術を磨いていく必要があります。逆に専門医の資格を取得していなくても、スーパーエキスパートということもあります。

☐ **専門医の分野は経歴と合致しているか**

例えば、心臓外科の専門医は心臓のプロです。脳外科の専門医は脳のプロです。麻酔科医は麻酔のプロです。それらのプロであるからといって、顔や皮膚のプロであるわけではありません。経歴に筋が通っているかがポイントです。

☐ **美容における「指導医」は多くの場合、社内規定に過ぎない**

国による試験をクリアしたかどうかの判断にはなりません。

医療広告ガイドラインで禁止されている項目

内容が虚偽にわたる広告（虚偽広告）

例1 「絶対安全な手術です！」「どんなに難しい症例でも必ず成功します」
→絶対安全な手術等は医学上あり得ないので、虚偽広告として扱うこと。

例2 厚生労働省の認可した○○専門医
→専門医の資格認定は学会が実施するものであり、厚生労働省が認可した資格ではない。

例3 加工・修正した術前術後の写真等の掲載
→あたかも効果があるかのように見せるため加工・修正した術前術後の写真等については、虚偽広告として取り扱うべきであること。

ほかの病院又は診療所と比較して優良である旨の広告（比較優良広告）

例1 「肝臓がんの治療では、日本有数の実績を有する病院です」「当院は県内一の医師数を誇ります」「本グループは全国に展開し、最高の医療を広く国民に提供しております」
→自らの医療機関がほかの医療機関よりも優良である旨を示す表現。「日本一」「No.1」「最高」等の最上級の表現。

例2 「芸能プロダクションと提携しています」「著名人も○○医師を推薦しています」「著名人も当院で治療を受けております」
→事実であっても、ほかの医療機関よりも著しく優れているとの誤認をさせやすい。

誇大な広告（誇大広告）

例1 「（美容外科の自由診療の際の費用として）顔面の○○術１カ所○○円」
→例えば、当該費用について、大きく表示された価格は５カ所以上同時に実施したときの費用であり、１カ所のみの場合等には、倍近い費用がかかる場合がある。小さな文字で注釈が付されていたとしても、当該広告物からは注釈を見落とすものと常識的に判断できる場合には、誇大広告として扱うべきである。

例2 「○○学会認定医」「○○協会認定施設」など、（活動実態のない団体による認定）

患者等の主観に基づく、治療等の内容又は効果に関する体験談

体験談については、個々の患者の状態等により当然にその感想は異なるものであり、誤認を与える恐れがあることを踏まえ、医療に関する広告としては認められないものであること。

費用を強調した広告

例1 「 今なら○円でキャンペーン実施中！」「期間限定で△△療法を 50%オフで提供しています」

例2 「無料相談をされた方全員に○○をプレゼント」
→物品を贈呈する旨等を誇張することは、提供される医療の内容とは直接関係のない事項として取り扱う。

「薬機法」「健康増進法」「不当景品類及び不当表示防止法」「不正競争防止法」違反

例1 未承認医薬品の広告 「医薬品『○○錠』を処方できます。」
→厚生労働省が認証していない薬品や治療法の広告のほか、認証を受けていない使い方を掲載することも薬機法違反となる。

例2 「病気から回復して元気になる姿」をイメージさせるイラストや写真
→回復を保証しているような印象を与えるため、景品表示法違反の可能性がある。

【出典】厚生労働省「医業若しくは歯科医業又は病院若しくは診療所に関する広告等に関する指針（医療広告ガイドライン）」2021 年３月発布

美容医療を受けるとき

美の価値観、身体や顔のつくりが人それぞれである以上、満足だと感じるポイントも人それぞれ。ゆえに、**美容治療の最終的なゴールは患者に委ねられます。**

納得のいく結果を得るためのポイントを整理しましょう。

診察の流れ

美容皮膚科、美容外科を受診するのは緊張するという人は少なくありません。

診察では下図のような点を心がけるのがよいでしょう。

まずは事前にさまざまなクリニックを比較して、治療方法や相場などを調べましょう。医師は、患者の予算・悩みに応じて、可能な治療やリスクを説明します。

自分の顔の特性上、変えられる部分、変えられない部分があります。医師の説明を受け、そうした点もしっかり理解しましょう。

治療を受ける前には、見積書や同意書が渡されます。**医師の説明や見積書の内容が自**

美容クリニック受診のコツとポイント

- □ 疑問を解消するためにしっかり質問する。
- □ 医師がちゃんと自分の話を聞いてくれている感じが持てるかどうか。
- □ ウェブサイトなどで紹介されている料金と、見積書の料金が大きく違わないか。
- □ 自分が予定していた施術よりはるかに高い施術を執拗に勧めてこないか。
- □ その場で契約する必要はない。疑問を抱いたら、すぐ帰るようにする。

分の希望と合致しているか、再度検討します。

その医師と信頼関係が築けないと感じるのであれば、治療は控えるほうが安全です。

事前準備が9割

美容医療では、医師に的確に希望を伝えるのが第一歩です。

絶対にこれは聞きたい、絶対にこれは伝えたい内容をあらかじめメモしておいて、その場で読むのはおすすめです。それを医師が変に思うことはありません。その場の雰囲気に気おされないようにするのは大切なことです。

満足できない！

残念ながら失敗だと感じる結果になってしまった場合、**まずはクリニックとしっかり話し合いをしましょう。**

冷静に意見を求めても、話し合いが平行線をたどる場合は、弁護士などに相談しましょう。なお、国民生活センターは、いま起きている自分のトラブルに対応してくれる機関ではありません。

ＳＮＳに「失敗された！」などと書き込むと、場合によっては名誉毀損罪や侮辱罪や偽計業務妨害に当たってしまい、自分の立場を危うくする可能性がありますので、感情に任せず冷静かつ慎重に行動しましょう。

希望を正確に伝えよう

- □ 聞きたいことをメモに書いておく。
- □ 自分がコンプレックスを感じている部分を明確にして診察に臨む。
- □ 自分の顔の特性を考えておく。

施術の失敗について、セカンドオピニオンのためにほかのクリニックを訪れる人もいますが、**医学の世界では「後医は名医」**とのことわざがある通り、後からならいくらでも言えます。ここぞとばかりに高額な再施術を強く勧める医師もいます。

ニキビの本当の恐ろしさ

ニキビが思春期に多いのはなぜ?

第二次性徴期にあたる13〜18歳頃までは、男女ともに成長ホルモンや男性ホルモンの分泌が盛んです。

男性ホルモンは皮脂分泌を活発にします。

排出しきれずに残った皮脂が、古くなった角質などと混ざり、毛穴を詰まらせます。

思春期ニキビは90%以上の人が経験するといわれていますが、第二次性徴期が終わり、だいたい25歳を目安に、皮脂の分泌が正常になると、自然に発生しなくなります。

それ以降にできるニキビは、「大人ニキビ」と呼ばれます。

ニキビは、毛穴の中で炎症が起こっている状態です。つまり、肌の怪我です。そのため、保険治療の対象になっています。

ニキビ菌とも呼ばれるアクネ菌は、正常な皮膚の毛穴にも存在しています。

毛穴が詰まると、アクネ菌は皮脂をエサに増殖します。その結果として起こる炎症がニキビです。

炎症性皮疹

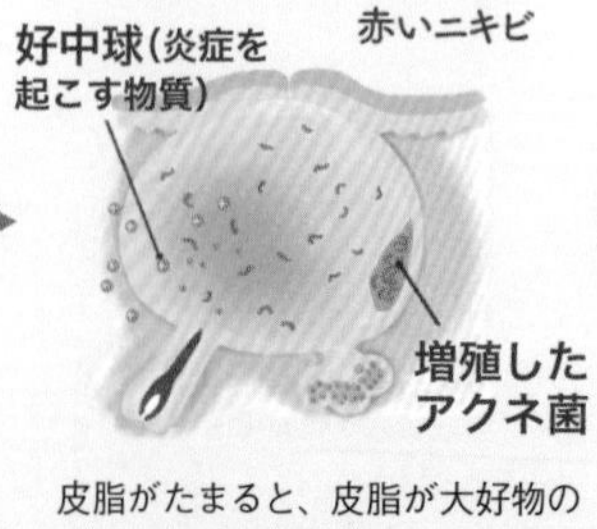

皮脂がたまると、皮脂が大好物のアクネ菌が増えます。アクネ菌がいろいろな炎症を起こす物質を産生し、赤い炎症が起こります。

膿疱

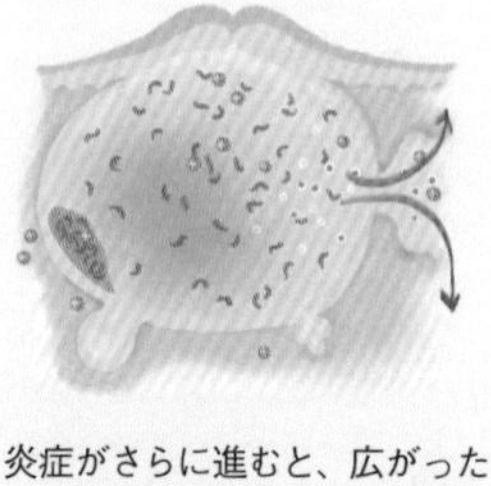

炎症がさらに進むと、広がった毛穴の壁が破れて炎症が周囲に広がり、膿を持つようになります。

ニキビをナメたらだめな理由

ニキビはとても身近な疾患ですが、シミや瘢痕などの頑固な肌トラブルにつながります。決して安易に対処せず、しっかり治療しましょう。

●毛穴の出口が開く

アクネ菌が皮脂を分解するときにできる遊離脂肪酸のうち、**オレイン酸は毛穴の出口の表皮細胞の増殖を促進するだけでなく、サイトカイン（IL1α）の産生を促進し、出口の炎症を増大させます。**

悪化した炎症の結果、毛穴の出口が半球状にへこむと同時に開いてしまいます。

●ニキビはシミのタネになる

過去にニキビが発生した人には、消えない肌ダメージが蓄積されています。25歳を過ぎて肌が安定しても、シミのタネが潜んでいるのです。

一生続く肌トラブルを少しでも軽くするため、ニキビは早期に適切なケアをしておくことで、将来に備えるができます。

ニキビの進化の様子

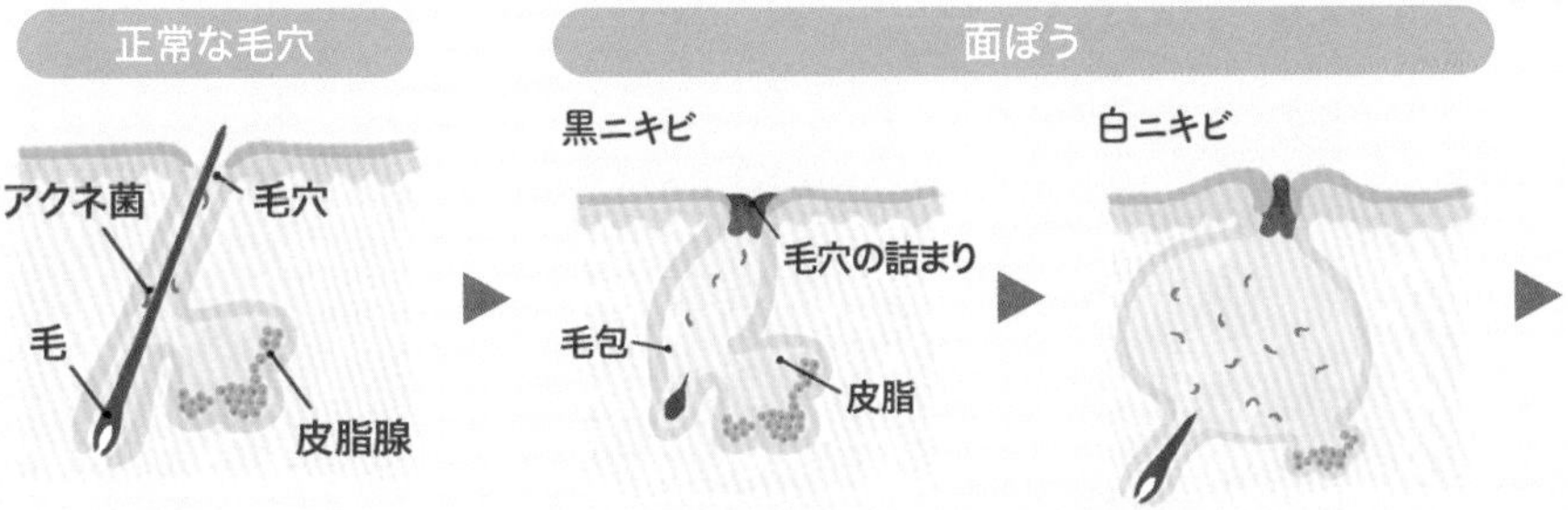

口近くで角質などがたまり、毛穴の出口が詰まってしまうと、毛穴が塞がれ、皮脂が外に出られなくなります。

ニキビのホームケア

皮膚科へ行く

ニキビは保険診療の対象です。そして皮膚科医は長年皮膚に携わってきたプロフェッショナル。SNSなどで情報を拾うより、その人に合わせた的確な診断と治療ができます。

ニキビには治療のガイドラインがあります。ガイドラインとは、これまでの膨大な研究から、効果が最も表れやすい治療法をまとめたものです。

p・145 ニキビの治療ガイドライン

原則、このガイドラインに沿って治療を行いますが、しばらく通って治療の効果を感じ

ニキビのホームケア12カ条

- ☑ SNSで見聞きした根拠のない治療法に飛びつかない。
- ☑ 皮膚科へ行く。
- ☑ ノンコメドジェニックを使う。

p・147 ノンコメドジェニックコスメ

- ☑ きちんと保湿をする。
- ☑ 自分で潰さない。
- ☑ 食事に気をつける。
- ☑ 髪の毛で顔を隠さない。
- ☑ 厚塗りメイクでニキビを隠さない。
- ☑ 寝具を清潔に保つ。
- ☑ 肉体的ストレスをためない。
- ☑ 精神的ストレスをためない。
- ☑ タバコを吸わない。

なければ、別の皮膚科医にかかるのも問題ありません。

　医師との相性が合わない可能性も十分考えられます。例えば、皮膚科の中でも専門分野があります。また、その医師が好んで使う薬もあります。

　大切なのは、**ニキビ治療は数週間で終わるものではないことを理解する**ことです。特に第二次性徴期は皮脂の分泌がどうしても盛んになります。**この時期のニキビは、一時的に治ってもすぐ再発する可能性が高いので、次々できるニキビを悪化させない"防衛戦"です。**

　ニキビ治療は数年かかると心得ましょう。

きちんと保湿をする

　ニキビ肌の人には、オイリー肌の人が多いです。

　だからといって、洗顔しすぎたり保湿を控えたりしてしまうと、肌は乾燥を感じて、一層皮脂を分泌します。あぶらとり紙などで皮脂を取りすぎないことも重要です。

p.156 オイリー肌の原因

自分で潰さない

　指や爪の汚れで皮膚にダメージが加わり、炎症を悪化させます。炎症が進行するほど色素沈着も進んでしまいます。

　自己処理は不潔であり、肌に不必要なダメージを与えるため、医療機関で専用の医療機器を使って、肌に負担をかけずに穴をあけてもらいましょう。

　ニキビの炎症が進行すると、瘢痕をつくりやすくなります。瘢痕ができてしまうと、ハードな治療が必要になりますので、後悔先に立たずと心得て、専門的な治療を受けるのがよいでしょう。

p.164 瘢痕（クレーター）

最近はニキビの膿が排出された後の赤みの残る時期がニキビ痕の形成に重要とされています。
膿が出たからといって安心して休薬してしまうことはやめましょう。

食事に気をつける

糖質がニキビを悪化させることがわかっています。

ニキビになったら油分や糖質を一切摂ってはいけないという意味ではなく、過剰な摂取を控えましょう。

バランスのよい食事を摂ることが大切です。

p・35 糖化

ストレスをためない

ストレスを感じると、ストレスホルモン（コルチゾール）が分泌されます。**コルチゾールは皮脂の分泌を増やすため、ニキビを悪化させてしまいます。**

不規則な生活もストレスになります。規則正しく、心も安定した生活を過ごすようにしましょう。

p・48 肌とストレス

ピルの処方を検討する

生理前にニキビがひどくなるという人は、産婦人科でピルを処方してもらうのも選択肢の一つです。

生理前は、黄体ホルモンの影響で、ホルモンバランスが変動しやすいです。ピルで黄体ホルモンの働きを安定させることで、生理前のさまざまなつらい症状が軽減される可能性が高いです。

タバコを吸わない

喫煙は、ニキビを治すのにも大切なビタミンCが失われてしまいます。

タバコ1本吸うと、ビタミンCは100mg失われます。

一般的な美容点滴には、ビタミンCがだいたい300～500mgが含まれますが、仮に点滴を受けても、その後タバコ3本を吸ったらおしまいです。

POINT

サプリメントって効果あるの？

足りない栄養を補うのにサプリメンドを服用するのもよいでしょう。**ビタミンB2、B6、C、E、L-システインなどがおすすめです。**

注意しなければならないのは、サプリメントによっては規定量を服用したのに、想定していた量を摂取できていない場合があるという点です。


改正日本薬局方の崩壊試験法では、「素錠剤の医薬品は30分以内に崩壊（有効成分が溶け出して崩れること）しなければならない」といった崩壊性（溶けやすさ）についての規定があります。**国民生活センターが崩壊性を調べた結果（2019年8月1日公表）、100銘柄中42銘柄が、法律に定められた規定時間内に崩壊しなかったことが確認されました。**

また別の結果では、一日の最大摂取目安量中の機能性成分の量は、銘柄によってバラツキがあることもわかりました。例えばGABAの場合、**機能性成分の量が最大のものと最小のもので約15倍も違った**といわれます。


なお、体内に必要な成分の量は決まっており、必要以上の量を摂取しても、排泄されてしまいます。

ふだんの食事をきちんとしたうえで、健康補助食品として、足りないものをサプリメントで補う、という付き合い方がよいでしょう。

治療していても
生活習慣を
大事に

ニキビ治療のアプローチ

治療法は大きく3種類あります。

①体外からのアプローチ
②体内からのアプローチ
③機械を使った治療

ニキビの進行度に応じて、どのような治療を行うかを決めます。

治療と並行して、ニキビを悪化させない生活習慣を心がけることが重要です。

①体外からのアプローチ

ニキビの外用薬として有効なのは、レチノイド、BPO製剤、抗菌薬の3種類です。

毛穴の詰まりを改善し、アクネ菌の繁殖を抑える効果があるものを塗ります。

②体内からのアプローチ

ニキビ治療に使われる内服薬は主に抗菌薬です。**ニキビは細菌感染症ではありませんが、アクネ菌をはじめ、細菌が炎症に深く関わっています。**

抗菌薬以外に、ガイドラインでも漢方薬やサプリメント選択肢になります。抗菌薬に副作用がある場合に用いられます。

NoTE

ガイドラインの推奨度

ガイドラインにあるA~Cとは、推奨度を示します。Aは「強い根拠があり、明らかな臨床上の有効性が期待できる」とされ、C1は「有効性が期待できない可能性がある」とされます。**ただし、ガイドライン上ではC1と分類される治療でも、人によっては奏功する場合もあるので、治療戦略の中から除外しません。**治療はさまざまな「武器」を組み合わせて行うものです。

ニキビの治療ガイドライン

急性炎症期（原則3カ月までとする）

病態	推奨	推奨
軽症の炎症＋面皰	A.CLDM/BPO (CQ1,21) A.アダパレン/BPO (CQ2,20) A.アダパレン+外用抗菌薬(CQ3) A.BPO (CQ4,19) A.アダパレン (CQ5,18) A.外用抗菌薬 (CQ6)	C1.面皰圧出 (CQ41) C1.ケミカルピーリング[1](CQ16,24) C1.AZA (CQ35) C1.漢方[2] (CQ12,23) C1.ビタミンC外用3) (CQ36) C1.NSAID外用 (CQ9) C1.イオウ製剤外用 (CQ37)
中等度の炎症＋面皰	A.CLDM/BPO (CQ1,21) A.アダパレン/BPO (CQ2,20) A.アダパレン+外用抗菌薬(CQ3) A.アダパレン/BPO＋内服抗菌薬 (CQ7) A.アダパレン+内服抗菌薬(CQ8) A.BPO (CQ4,19) A.アダパレン (CQ5,18) A.外用抗菌薬 (CQ6) A.内服抗菌薬 (CQ11)	C1.面皰圧出 (CQ41) C1.ケミカルピーリング[1] (CQ16,24) C1.AZA (CQ35) C1.漢方[2] (CQ12,23) C1.ビタミンC外用[3] (CQ36) C1.NSAID外用 (CQ9) C1.イオウ製剤外用 (CQ37)
重症・最重症の炎症＋面皰	A.内服抗菌薬＋アダパレン/BPO(CQ7) A.内服抗菌薬+アダパレン(CQ8) A.CLDM/BPO (CQ1,21) A.アダパレン/BPO (CQ2,20) A.外用抗菌薬+アダパレン(CQ3) A.内服抗菌薬 (CQ11) A.BPO (CQ4,19) A.アダパレン (CQ5,18) A.外用抗菌薬 (CQ6)	C1.面皰圧出 (CQ41) C1.ケミカルピーリング[1] (CQ16,24) C1.AZA (CQ35) C1.漢方[2] (CQ12,23) C1.ビタミンC外用[3] (CQ36) C1.イオウ製剤外用 (CQ37)
炎症を伴う嚢腫／硬結	B.ステロイド局注[4] (CQ26)	C1.内服抗菌薬 (CQ25)

維　持　期

病態	推奨	推奨
面皰＋軽微な炎症	A.アダパレン (CQ27) A.BPO (CQ28) A.アダパレン/BPO (CQ29)	C1.面皰圧出 (CQ41) C1.ケミカルピーリング (CQ16,24) C1.AZA (CQ35) C1.漢方[2] (CQ12,23) C1.ビタミンC外用 (CQ36) C1.NSAID外用 (CQ9) C1.イオウ製剤外用 (CQ37)
（微小）面皰のみ	A.アダパレン (CQ27) A.BPO (CQ28) A.アダパレン/BPO (CQ29)	C1.面皰圧出 (CQ41) C1.ケミカルピーリング (CQ24) C1.AZA (CQ35) C1.漢方[5] (CQ23) C1.イオウ製剤外用 (CQ37)

全　期　間

病態	推奨
瘢痕	C1.ステロイド局注[6] (CQ31)
スキンケア	C1.1日2回の洗顔 (CQ43) C1.痤瘡用基礎化粧品 (CQ44) C1.メイクアップ指導[7] (CQ45)

＊集簇性痤瘡や壊死性痤瘡、SAPHO症候群、PAPA症候群などを含まない。
急性炎症期の外用剤については、より多くの薬理作用を持つという観点から配合剤と併用療法を上位に置き、二者の間ではコンプライアンスの観点から配合剤を上位に置いた。配合剤間の優劣は評価していない。

略称　AZA：アゼライン酸
BPO：過酸化ベンゾイル
CLDM：クリンダマイシン
A/B：AとBの配合剤（例）CLDM/BPO：クリンダマイシンと過酸化ベンゾイルの配合剤）
A+B：AとBの併用（例）アダパレン＋外用抗菌薬：アダパレンと外用抗菌薬の併用）

注釈
1) グリコール酸，サリチル酸マクロゴール
2) 荊芥連翹湯，清上防風湯，十味敗毒湯
3) テトラヘキシルデカン酸アスコルビル，L-アスコルビン酸-2-リン酸ナトリウム
4) 炎症のある嚢腫の嚢腫内への局注
5) 荊芥連翹湯
6) 肥厚性瘢痕，ケロイドに対する局所注射
7) QOL改善を目的としたメイクアップ指導

専門家が世界中の研究結果を集めて、有効性と安全性を確認し、現時点で最良の治療である合意したものが「標準治療」。ある状態の一般的な患者さんに行われることが推奨される治療をいいます。それをまとめたものが「治療ガイドライン」です。日々の診療は、エビデンスに基づいた診療ガイドラインと医師が自身の経験から得た知識を考慮しながら行われています。標準治療と聞くと、「一番チープな治療」というイメージがあるかもしれませんが、実は現時点で最も有効な治療なのです。

【出典】「尋常性ざ瘡治療アルゴリズム」日皮会誌127 (6)：1261-1302、2017

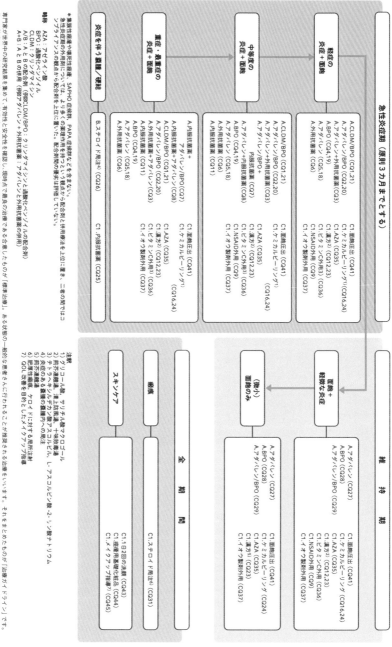

◆ニキビの主な外用薬（保険内）

種類	製品名・一般名	特徴	注意
レチノイド外用剤	ディフェリン®（アダパレン）	ビタミンA誘導体。毛包上皮に働き、ニキビの原因の一つである毛穴の詰まりを正常化する効果がある。	妊婦、12歳未満の小児へは安全性が確立されていないので、投与はしないようにする。
過酸化ベンゾイル製剤配合剤	2.5%ベピオゲル®	BPOゲル製剤。細菌に作用し、抗菌作用を発揮する。また、ピーリング効果を発揮するとも考えられている。	1カ月以内に乾燥、皮膚の刺激感を感じる場合がある。広範な紅斑が出るようなアレルギー性接触皮膚炎が疑われる場合は、すぐに外用を中止する。漂白作用があるので、寝具、寝巻、服に付くと脱色することがある。
	デュアック®	1%クリンダマイシン（CLDM）と3%bBPOの配合薬。BPOの抗菌効果、角質剥離作用とクリンダマイシンの抗菌作用、抗炎症作用などが期待される。	1カ月以内に乾燥、皮膚の刺激感を感じる場合がある。軽度の場合、外用の継続が可能である場合が多い。
	エピデュオ®	BPOの抗菌作用、角層剥離作用とアダパレンの配合剤。BPOの抗菌作用、角質剥離作用、アダパレンの毛孔の詰まりを正常化する効果が期待できる。	2週間くらいで乾燥、ひりひり感、発赤などが現われることがある。軽度の場合は外用を継続可能。広範な紅斑が出るようなアレルギー性接触皮膚炎が疑われたら、すぐに外用を中止する。漂白作用があるので（BPO）、寝具、寝巻、服につくと脱色することがある。妊婦、授乳婦、12歳未満の小児へは安全性が確立されていないので使用しない。

主なニキビの外用抗菌薬（保険内）

種類		製品名・一般名	特徴
外用抗菌薬	**リンコマイシン系**	クリンダマイシン（ダラシンTゲル、ダラシンTローション®）	タンパク合成を阻害する薬。アクネ菌に効果を発揮する。
	ニューキノロン系	ナジフロキサシン（アクアチムクリーム、アクアチムローション®） オゼノキサシン（ゼビアックスローション®）	抗菌効果のみならず、炎症性サイトカインの産生抑制、活性酸素の産生抑制、免疫調定1作用などのさまざまな効果によって、座瘡の炎症に効果を発揮すると考えられている。 アレルギー性接触皮膚炎、紅斑、刺激感などが起こる場合がある。

NOTE

ニキビにはノンコメドジェニックコスメを使おう

ノンコメドジェニックコスメとは、ノンコメドジェニックテストを済ませた化粧品の総称です。

ノンコメドジェニックテストでは、製品を一定期間使用し、ニキビの初期症状であるコメド（面包）がどのくらい出現するかを調べます。

ノンコメドジェニックコスメは、必ずしも「ニキビができない」「ニキビが改善される」ということを保証した化粧品ではありません。

角栓ができにくい製品であるというものですが、皮膚科でもニキビの治療中にはノンコメドジェニックコスメを使うことをすすめる医師もいます。

このテストをクリアした製品は、「ノンコメドジェニックテスト済み」と、パッケージなどに必ず書いてあります。

ニキビを治すためには、一時期でもノンコメドジェニックテスト済みの製品を使うのがおすすめです。

どんな試験なの？

比較的皮脂腺の多い人の背中に、試験サンプルを複数回繰り返して塗ります。それを2週間続けたあと、その人の背中の皮膚を切り取り、組織学的な検査を行い、毛穴が詰まっていないかどうかを確かめます。

ニキビに用いられる内服抗菌薬（保険内）

種類	一般名	製品名	ガイドライン上の推奨度
ペネム	ファロペネム	ファロム®	B
マクロライド	ロキシスロマイシン	ルリッド®	B
	クラリスロマイシン	クラリス®	C1
テトラサイクリン	ドキシサイクリン	ビブラマイシン®	A
	ミノサイクリン	ミノマイシン®	A＊
	テトラサイクリン	アクロマイシン®	C1
ニューキノロン	レボフロキサシン	クラビット®	C1
	トスフロキサシン	オゼックス®	C1
	シプロフロキサシン	シプロキサン®	C1
セフェム	セフロキシム　アキセチル	オラセフ®	C1

A＊: 強く推奨する、A: 推奨する、B: 推奨する、C1: 選択肢の一つとして推奨する

抗菌薬の標的部位

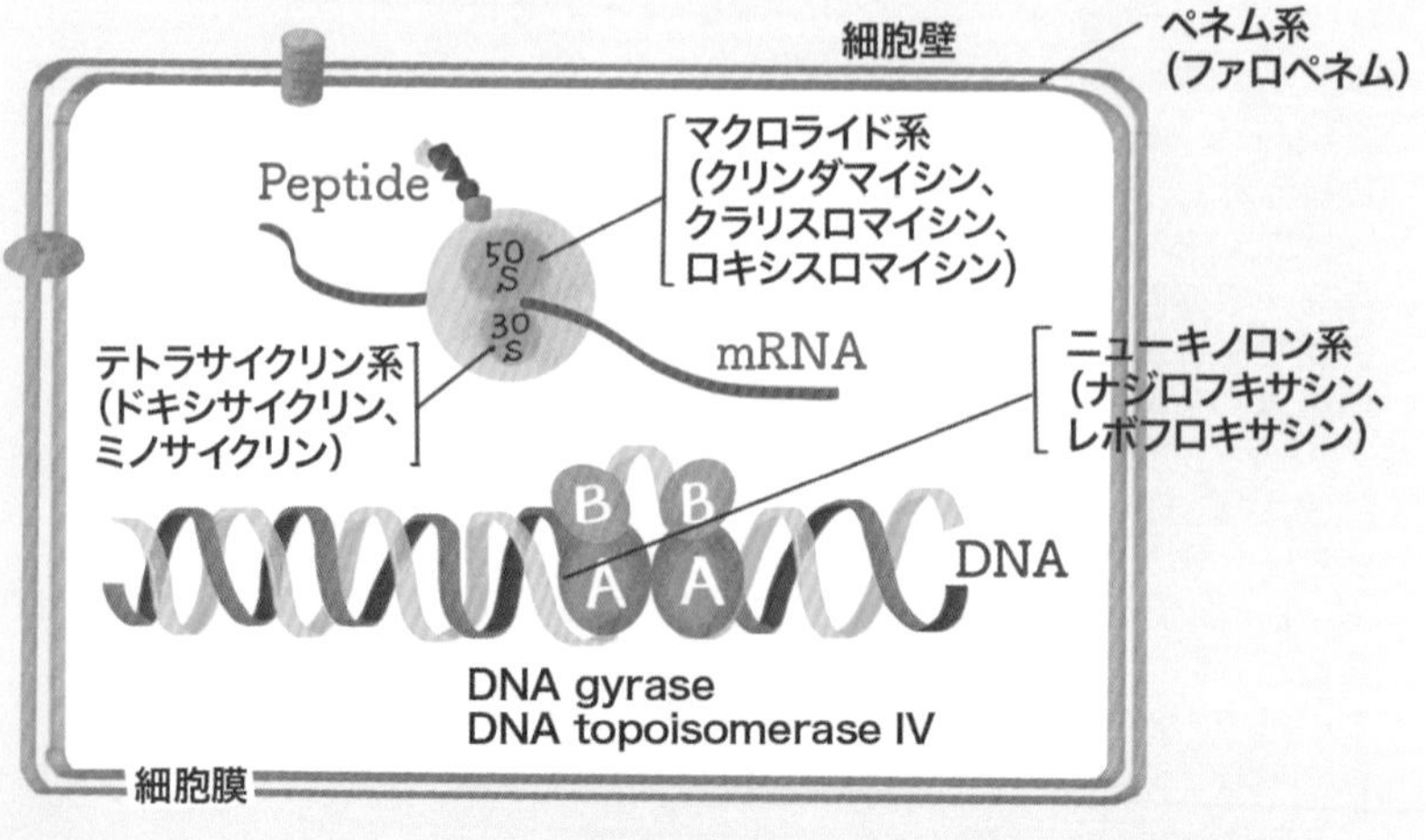

抗菌薬というのは、ばい菌を破壊するためにターゲットにする部位がそれぞれ異なります。

ニキビに用いられる漢方薬とガイドライン上の推薦度

種類	炎症性皮疹	面包
荊芥連翹湯	C1	C1
清上防風湯	C1	
十味敗毒湯	C1	C2
黄連解毒湯	C1	C2
桂枝伏苓丸	C2	
温清飲	C2	
温経湯	C2	

C2、C1: 選択肢の一つとして推奨する。
C2: 十分な根拠がないので、現時点では推奨 できない。

美容医療で処方されるニキビ治療薬の例（自費）

種類	製品名	特徴	適応、注意
イソトレチノイン（ビタミンA）	ロアキュテイン、アキュテイン、イソトロイン	ニキビの原因となる皮脂腺の活動を強力に抑制し、炎症を沈静化させる。服用できない。 日本では未承認の薬で、自由診療でのみ処方可能。	重大な副作用を生じることがあるため、必ず医師の指示に従って服用する。厚生労働省からも注意喚起がなされている。処方せんなしで販売するウェブサイトがありますが、これは違法であり、危険。妊娠中の方、授乳中の方、潰瘍性大腸炎、クローン病、重篤な肝障害などの既往がある方、精神疾患の方などは服用できない。
スピロノラクトン	アルダクトン	長年高血圧治療に用いられていた利尿薬。 利尿効果とは別に、男性ホルモンの働きを抑える作用が認められており、この作用で大人ニキビを改善する。妊娠中の方、授乳中の方は服用できない。	・中程度の多毛を伴う方。 ・ニキビが成人してから始まった、もしくは悪化した方。 ・顔面の皮脂分泌が多い方。 ・あごから首にかけて炎症性のニキビがある方。 ・背中や胸など広範囲にニキビがある方。 など

肌を剥くだけ？　新時代はシミ・シワも改善

ケミカルピーリング

ケミカルピーリングとは、専用の薬剤を塗ることで皮膚を溶かし、再生を促す治療法です。

ニキビに対しては、余分な角質や毛穴の詰まりを取り除き、毛穴にたまった膿を排出します。また、余分な角質を除去することで、その後のほかの治療の効果を高めます。

従来の剥離型ピーリング

用いる薬剤や方法、皮膚の状態によって効果が異なります。

ケミカルピーリングは、皮膚を剥がす深さによって大きく4種類に分けられます。

日本人の肌は色素沈着がしやすいため、肌の深くまで作用するピーリングは避けられてきました。そのため、最浅層～浅層ピーリングである20～35％グリコール酸（GA）ピーリングや、最浅層ピーリングであるサリチル酸マクロゴールピーリング（SAM）が多く使われています。

浸透型ピーリング

従来のピーリング剤は、「グリコール酸ピーリング」といえばグリコール酸しか入っていない……というように、単一の成分しか使用されていませんでした。

そのため、ピーリング剤に応じて単一の深さの層にしか働きかけることができませんでした。そしてその目的も角質の剥離でした。

しかし最近では、複数のピーリング成分を組み合わせて、複数の深さに働きかけることができるものが登場しています。

そして薬剤の効果が真皮まで浸透することによってシミ、シワなどに効果が期待できるようになりました。

剥離型ピーリングの種類

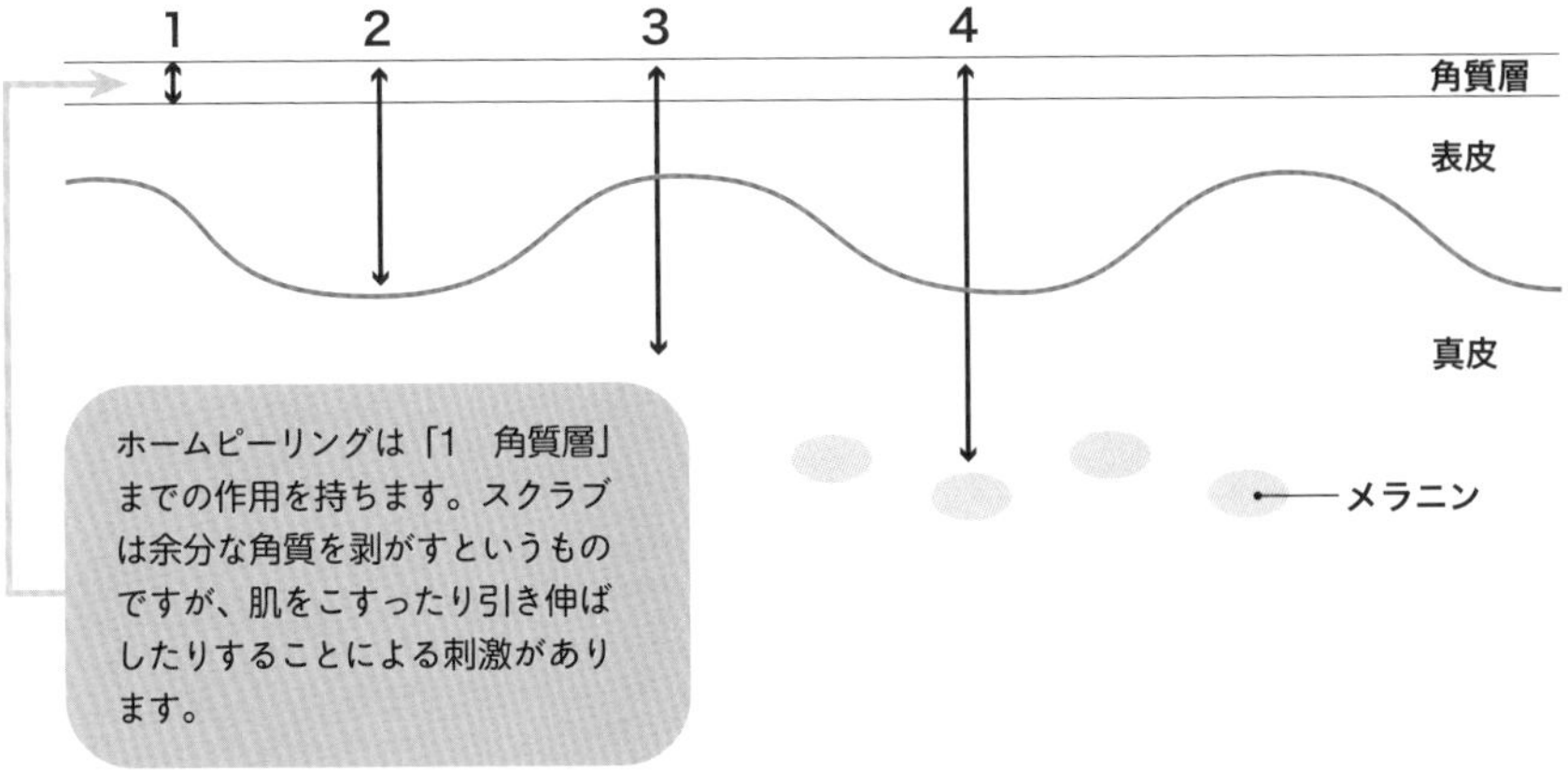

剥離深達レベル	剥離深度による分類	使用薬剤	組織学的剥離の深さ
1	最浅層ピーリング	● 20～35% α-ヒドロキシ酸（GA・乳酸） ● 20～35% サリチル酸（エタノール基材・マクロゴール基材（SAM）） ● 10～20% トリクロロ酢酸（TCA））	角質層
2	浅層ピーリング		表皮顆粒層から基底層の間
3	中間（深）層ピーリング	● 50～70%GA ● 35～50%TCA	表皮と真皮乳頭層の一部から全部
4	深層ピーリング	●ベーカーゴードン液 ●フェノール（濃度88%以上）	表皮と真皮乳頭層および、網状層におよぶ深さ

【出典】古川 福実（2008）日本皮膚科学会誌：118（3）: 347-355［改変］

代表的な浸透型ピーリングの例

- マッサージピール……TCA33% 配合。
- リバースピールR……マッサージピール用の薬剤を肝斑用に改良。乳酸78% 配合。3種類の薬液が表皮外層・表皮深部・真皮層にそれぞれ浸透し、肝斑や慢性的な色素沈着を改善。
- ミラノリピールR……TCA35% 配合。TCA以外にも5種類の酸が配合されているが、水酸化Naとアルギニンが配合されていることで、マッサージピールよりもピーリング効果が高く、ダウンタイムや痛みも少ない。

さらに表皮にアプローチするものとして、ミルクピールRやウーバーピールR……といったものがあります。

表皮と真皮にアプローチするものとして、レチノールピールがあります。

これ以外にもさまざまなピーリング剤が登場しています。

いろいろな
機械治療①

ＩＰＬとレーザー

機械による治療は、光（赤外線、可視光線、紫外線）を用いますが、光は電磁波という波の一種です。これを使って、さまざまな治療を行うことができます。

まず、幅広い波長を出すＩＰＬと、単一波長のレーザーがあります。

この2つの違いは、波長（光の種類）とパルス幅（光の照射時間）です。

波長が短いほど肌の表面に影響し、長いほど肌の奥まで作用します。波長が変われば効くものが変わります。

ＩＰＬ光治療

ＩＰＬ光治療は複数の波長を持ち合わせ、パルス幅が長いのが特徴です。肌トラブルに対して広く効果を発揮します。

機械の目的によって、どの帯域の波長に特化するかを変えられます。また、フィルターを使って、波長の帯域を調整することもあります。

レーザー

単一の波長で、パルス幅が短いのが特徴です。そのため、悩みの原因となる対象に対してピンポイントにアプローチできます。

NOTE

パルス幅

パルス幅とは、レーザーなどを照射する時間のこと。照射される時間が一瞬なので、単位としては非常に小さなものが使用されます。**照射時間が短くなるほど、周囲組織へのダメージを抑えられ、ターゲットとする組織だけを狙って破壊することができます。**逆に、長いパルス幅を利用するものもあります。**照射時間を適切に選択することで、ターゲットとする組織を選択的に治療できます。**

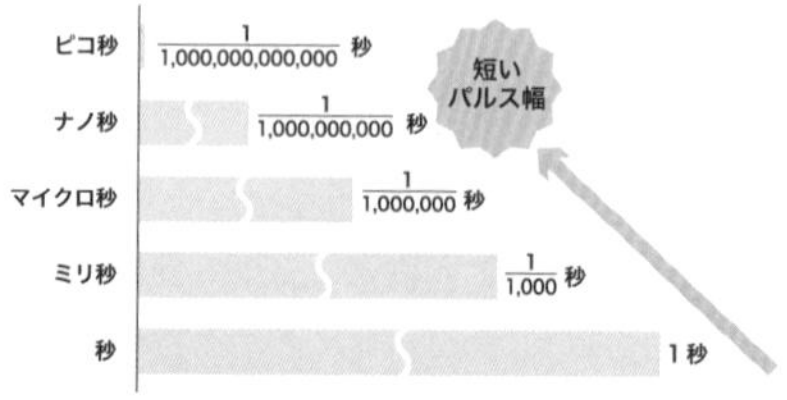

IPL光治療と波長

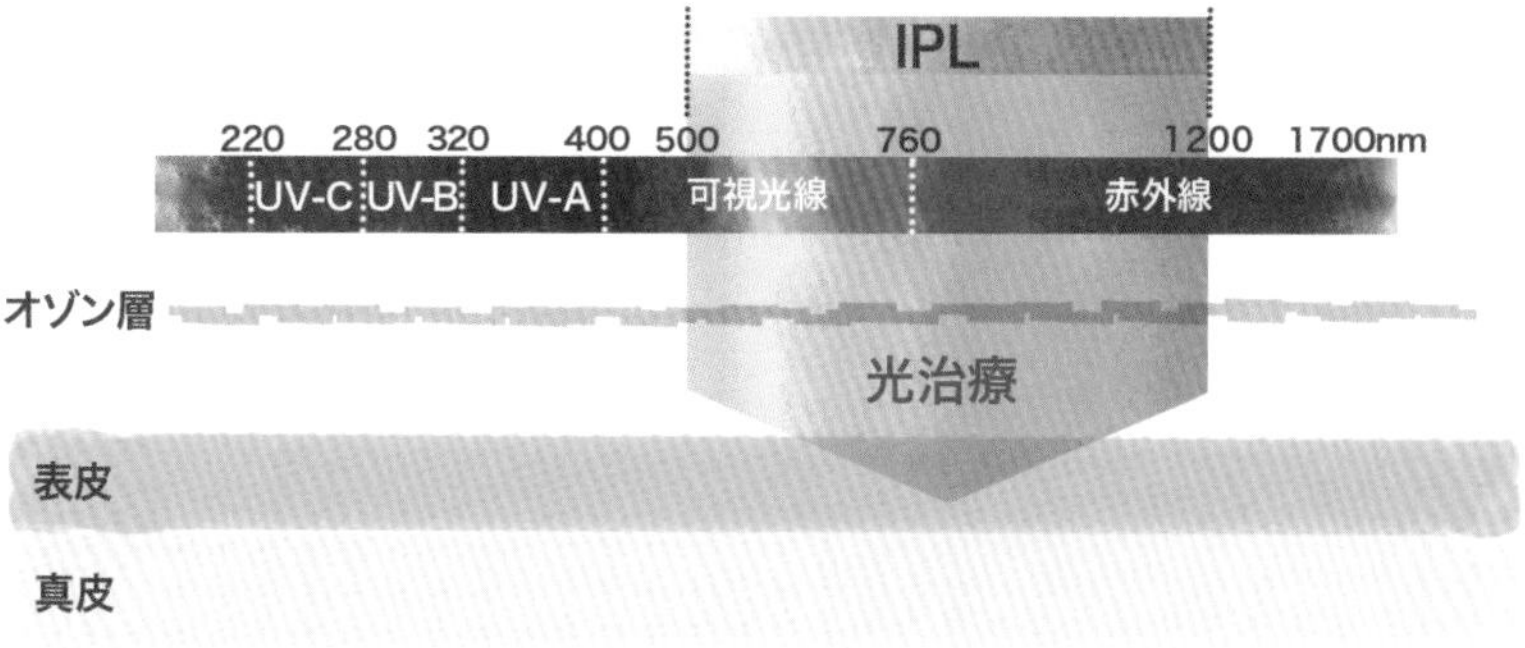

IPLはさまざまな光を持ち合わせており、それぞれ異なる症状に働きかけます。そのためシミ、小ジワ、ニキビ跡、赤み、ハリなどを同時に改善することができます。全体的な美肌治療に向きます。

レーザーと波長

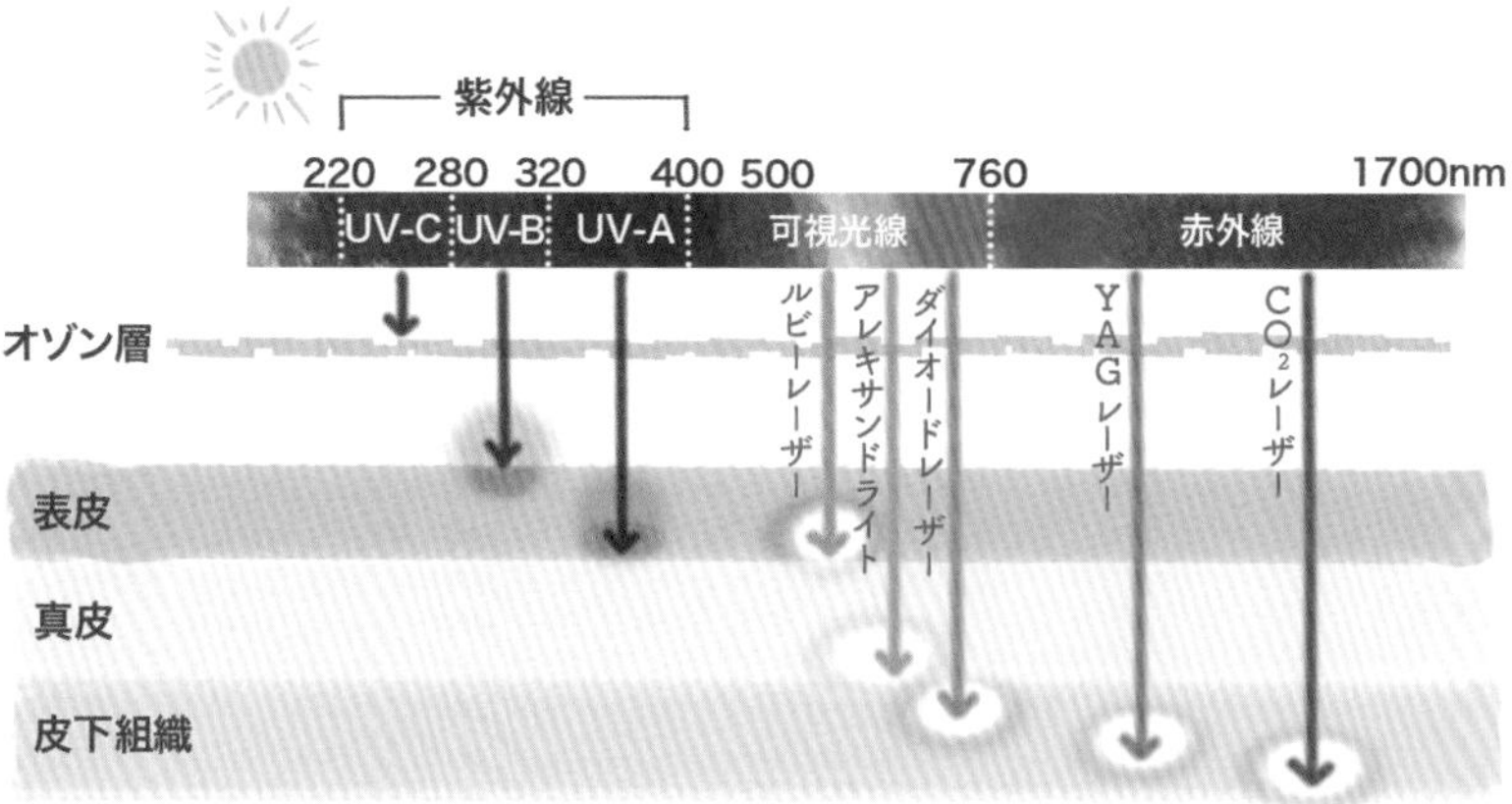

単一波長で特定の症状に最大限の効果を発揮します。症状に特化した治療を行うのがレーザーです。

なお、出力を弱くして顔全体に行うのがレーザートーニングです。

トラブルに合わせた波長がある

レーザーには大きく分けて、3つのタイプがあります。

①コラーゲン（水分）に吸収されるもの
②メラニンに吸収されるもの
③ヘモグロビン（毛細血管）に吸収されるもの

IPLやレーザーの治療では、「この疾患には、この波長」というものが決まっています。

例えば、たるみには長波長、特に近赤外線領域の波長が用いられることが多いです。近赤外線光は水分が主な標的。真皮内の水分に吸収されると光エネルギーが熱に変換され（光熱作用）、肌の組織に変成作用をもたらします。

●ニキビの場合

赤みに反応する波長を使うことで、赤みを取ることができます。

青い色に反応する波長では、アクネ菌を死滅させ、炎症を早期に落ち着かせます。

ダイオードレーザーでは熱の作用で皮脂腺を破壊し、皮脂分泌を抑えることができます。また、熱で穴をあけて焼き、ニキビの毛穴を焼いてしまうものもあります。

長波のフラクショナルレーザーでは、皮脂腺に作用し、皮脂の分泌を抑える作用が報告されています。

フラクショナルレーザー

フラクショナルレーザーは、皮膚に対して点状に熱損傷を加えるレーザーです。穴と穴の間に未処理の部分が残るのが特徴です。

フラクショナルレーザーにはアブレイティブとノンアブレイティブの2種類があります。

アブレイティブは、熱を加えながら極めて小さな穴を剣山のように皮膚にあけて皮膚組織にダメージを与え、創傷治癒力を利用して症状を改善します。傷跡やニキビ跡など、肌表面に凹凸のある症例に利用されます。

症状に応じて照射方法や照射密度、出力が変わります。

p.165 創傷治癒のしくみと瘢痕の形成

毛穴・ニキビ痕撃退の3大戦略

毛穴・ニキビ痕の治療には3つの戦略があります。

①皮膚に穴をあける

創傷治癒の過程により、傷が収縮するとともに、毛穴・ニキビ痕が小さくなります。
→ニードリング治療

②熱を加える

熱を加えることによって組織が収縮し、毛穴・ニキビ跡が小さくなります。
→IPL、レーザー、高周波、HIFUを含むさまざまな美容医療機器

穴を開けることも、熱を加えることも、肌にダメージを与えるものです。その刺激により、サイトカインや眠っていた幹細胞などが活性化します。それらの働きも加わり、毛穴・ニキビ痕が小さくなります。

③熱を加えつつ穴をあける

2つの作用を行うことでより高い効果を得ることができます。
→フラクショナルレーザー、ニードルRF　など

皮脂石油王からの脱却を目指して

オイリー肌の原因

皮脂は、皮膚の水分が蒸散するのを防いでうるおいを保持する天然のエモリエント剤として、なくてはならないものです。ほかにも、皮脂膜は外部から物質が侵入するのを防いだり、殺菌したりする働きがあります。

しかし、過剰に分泌されてしまうと、テカテカと光ってしまったり、べたついてしまったりします。

それには生活習慣も大きく関わっています。

間違ったスキンケア

皮脂量が多く、ニキビや吹き出ものができやすく、毛穴が比較的大きくて、キメが粗く見えるのがオイリー肌です。

しかし、本来の肌質がオイリー肌の人と、ケアによってオイリー肌になってしまった人がいます。

もともとオイリー肌でなくても、皮脂のべたつきが気になって洗顔しすぎたり、保湿を控えたりしていると、肌が乾燥を感じます。すると、水分の蒸発を抑えようとして、余計に皮脂を分泌してしまいます。インナードライと呼ばれる肌タイプです。

ホルモンバランスの乱れ

皮脂の分泌量には、ホルモンバランスが深く関係しています。

男性ホルモンのテストステロンや、女性ホ

POINT

唇には皮脂腺がない

唇は角層が極めて薄い部位です。さらに大部分の肌と違い、**皮脂腺や汗腺がないので皮脂膜が形成されません。**そのため水分蒸発速度が速く、角質水分量も少なめです。

また飲食したり唇をすり合わせたりなど摩擦を繰り返すので、乾燥しやすく荒れやすい部位です。

こまめにリップクリームなどで唇を保護するようにしましょう。

ルモンの一種であるプロゲステロンが増加すると、皮脂の分泌が促されてオイリー肌に傾きます。

テストステロンは思春期に、プロゲステロンは生理前に多く分泌されます。**また、睡眠不足やストレスもホルモンバランスを乱れさせるため、オイリー肌の一因になります。**

生活習慣を整え、心身のバランスを整えることは肌にとって大切です。

偏った食生活

ケーキなどの甘いもの、白米やパンなどの主食ばかり食べていると、オイリー肌を招きやすくなります。**過度の糖質摂取によって血糖値が急上昇し、皮脂腺を刺激するインスリンが過剰に分泌されるためです。**

また、揚げ物や肉類などの脂っこいものにも要注意。体内で中性脂肪に変わり、皮脂の原料になってしまいます。

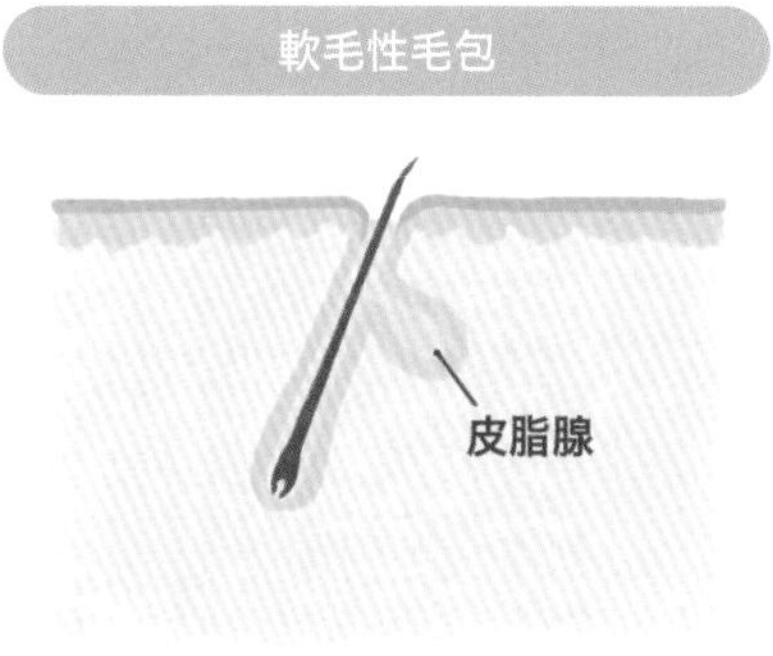

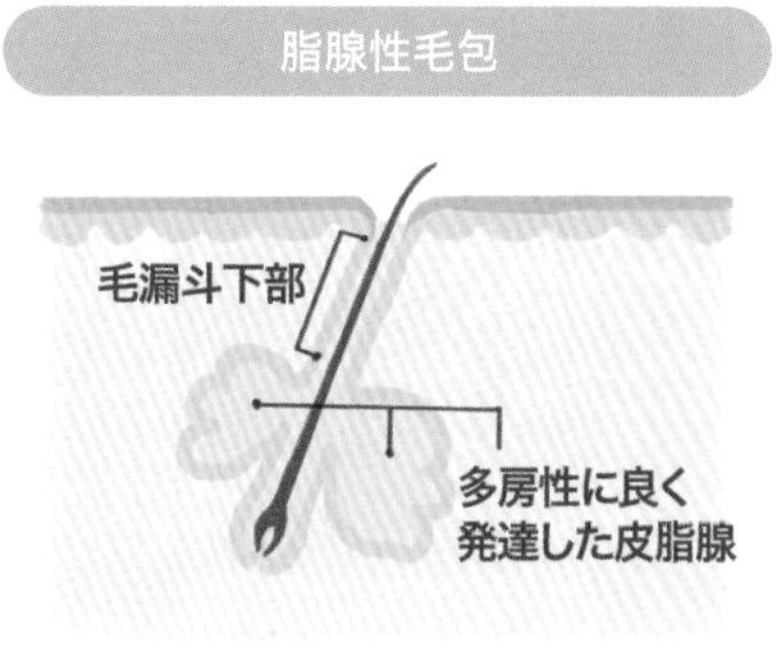

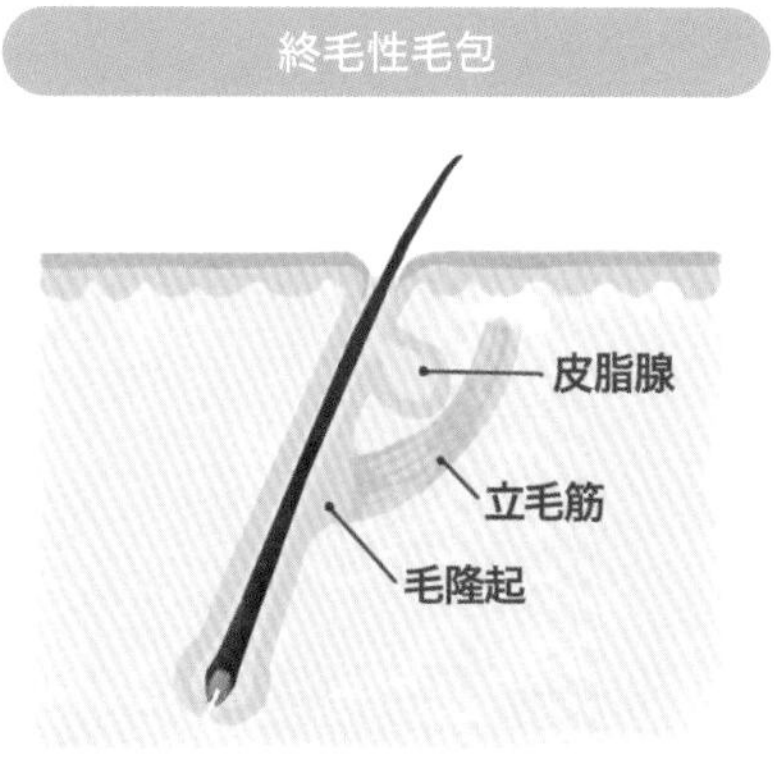

毛穴の種類

毛穴の構造は、うぶ毛（軟毛性毛包）、顔の毛（脂腺性毛包）、髪の毛（終毛性毛包）など、毛の種類で変わります。

顔の毛穴の多くは脂腺性毛穴という種類の毛穴で、皮脂が多く分泌されます。

脂腺性毛包は、毛包管が太く短く、毛穴も大きいです。皮脂腺は、ブドウのように房が多数ついていますが、その房が大きく数も多いです。この毛穴は顔面のほかに前胸部や上背部にも多く分布しています。

目立ち毛穴の原因

毛穴が目立つ原因は、若年層では皮脂の過剰な分泌であることが多いです。加齢が進行すると、肌の水分量が減少したり、ハリが失われることで毛穴が広がり、目立ちやすくなります。

目立ち毛穴の要因を詳しく見ていきましょう。

①太い毛が生えている

皮脂の分泌が多い脂腺性毛包では、生えている毛も太く、目立ちやすいです。

脱毛で改善します。

②皮脂が多く、角栓が詰まっている

詰まった毛穴が酸化して黒くなると、いわゆるイチゴ鼻のように黒いポツポツができて、目立ってしまいます。

皮脂を減らすスキンケアや生活を心がけましょう。

③色素沈着を起こしている

毛穴の目立ちを解消するために、毛穴パックをしたり、自分でにゅるにゅると押し出すなど、毛穴をさわりすぎていると、毛穴が炎症を起こして、ダメージを受けてしまいます。すると、毛穴自体が色素沈着を起こします。

この場合、脱毛をして角栓を除去しても、毛穴が茶色くなってしまって目立ったままということが起こります。

第一に、毛穴を刺激しないことが大切です。
また、美白成分を含んだスキンケアや、医療機関でのシミに対する施術が効果的です。

④たるみ

若年層の毛穴は丸いですが、老年層は肌が下垂するので、毛穴が涙形に引っ張られ、余計に広がってしまいます。医療機関でたるみを引き締める施術を行いましょう。
また、レチノールやペプチドなどのハリを促す成分を含む化粧品を使用するのもよいでしょう。

⑤構造が変わってしまっている

目立つ毛穴と目立たない毛穴を比べると、毛穴の周りが「すり鉢状」になっていることがわかっています。

p.99 酸化が招く「すり鉢状」毛穴

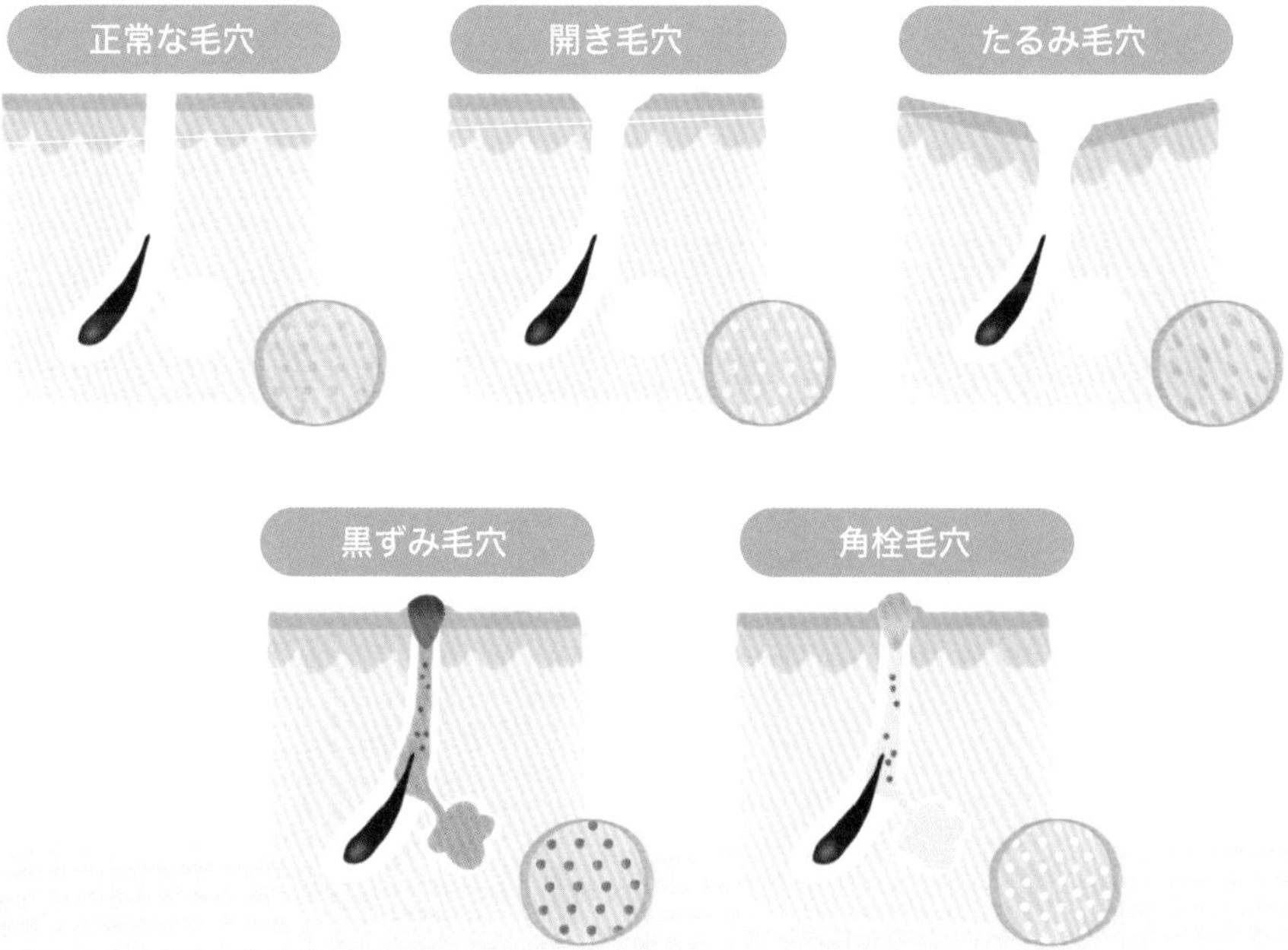

オイリー肌こそ洗いすぎない

毛穴ケアの基本

ホームケアでは、広がった毛穴そのものを小さくすることはできません。しかし、オイリー肌を改善して目立ちにくくすることはできます。

正しい洗顔をする

角栓は、落としきれなかったメイク汚れやほこり、皮脂、古い角質などが混ざってできています。毎日の洗顔できちんと汚れを落としましょう。

p.104 正しい〝プレス洗顔〟をマスター

しっかり保湿をする

肌が乾燥すると、水分の蒸発を防いで肌のバリアー機能を保つために、かえって皮脂が多く分泌されてしまいます。しっかり保湿をすることが、皮脂の分泌を抑えます。

p.106 保湿のしくみ

規則正しい生活を送る

ストレスによって男性ホルモンが活性化すると、皮脂の分泌が増えてしまいます。

p.46 肌とストレス

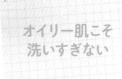

脂質の多い食生活を見直す

ビタミンB_2、ビタミンB_6を意識的に摂取するのがおすすめです。

皮脂抑制効果のある化粧品を使う

皮脂抑制効果のある成分の代表は、ビタミンC、ビタミンA、ナイアシンアミドです。

角栓を自分で取らない

角栓をピンセットで抜いたり毛穴パックで除去したりするのは、毛穴にも肌にもダメージを与えてしまうので避けてください。気になるからといって、やたらに刺激を与えるのは毛穴のためによくありません。

毛穴の広がり自体は病気ではないので、保険診療でできることはありません。

毛穴自体を縮めたい場合は、自由診療でレーザー治療などを行います。

p・164 瘢痕（クレーター）

主な毛穴治療

毛穴が目立つのは、さまざまな要因が組み合わさっています。毛穴の状態に応じて組み合わせて治療を行います。

❶ **太い毛が生えている**

脱毛を行います。

❷ **皮脂が多く、角栓が毛穴に詰まっている**

- 皮脂分泌を抑制する内服薬の処方。
  （ロアキュテイン、アルダクトンなど）

p・149 美容医療で処方されるニキビ治療薬の例

- 特殊な溶剤を使って丁寧に行う角栓除去やピーリング。

❸ **たるみで目立つ毛穴**

毛穴のたるみ治療を行います。

毛穴自体を縮める治療

- 医療機関でしか扱えない成分を肌に浸透させる導入治療。
- 高周波やレーザーなど、機械を使った治療。

p・155 毛穴・ニキビ撃退の３大戦略

ナイアシンアミド

ナイアシンアミドは、水溶性ビタミンであるビタミンB3の仲間です。化粧品の場合は「ナイアシンアミド」、医薬部外品の場合は「ニコチン酸アミド」と表示されます。

①皮脂分泌抑制効果

2％のナイアシンアミドを含む保湿クリームを2週間使用することで、皮脂の分泌量が有意に低下することが報告されています。さらに、4％のナイアシンアミドを含むジェルを8週間使用したところ、ニキビの重症度が52％低下したとの報告があります。

②セラミドを合成してバリアー機能を改善する効果

ナイアシンアミドには、角層で角質細胞間脂質としてバリアー機能を担っているセラミドや、その前駆体であるグルコシルセラミドやスフィンゴミエリンを増やす働きがあります。

セラミドは、加齢とともに減っていくため、乾燥肌や肌荒れにつながります。アトピー性皮膚炎の患者さんはセラミドが少ないことがわかっています。

p.106 保湿のしくみ

③美白効果

ナイアシンアミドは、過剰な色素沈着を引き起こすメラノソームの移送を阻むという能力を持っています。ナイアシンアミドの添加によって、このメラノソーム移送が25～45％抑制されることが報告されています

④シワ改善効果

ナイアシンアミドは、セラミドを増加させ、バリアー機能を改善することで乾燥による小ジワを改善します。

また、真皮のコラーゲンを増やすことでシワを改善します。

ナイアシンアミドが真皮の線維芽細胞のコラーゲンの産生量を54％増加、線維芽細胞の増殖性を20％増加させたという報告があります。

加えてエラスチンの産生を促進し、

コラーゲン分解酵素であるMMPのダイレクトな発現抑制効果があるとされており、肌のハリやツヤをキープする働きが期待できます。

シワは、乾燥のほか真皮のコラーゲンやエラスチンの減少、表情筋の衰え、皮下組織の衰えなどが原因なので、乾燥によるシワや浅いシワならナイアシンアミドで予防的なケアが可能です。

ほかにも、ナイアシンアミドには次のような働きがあります。

- 成分が肌に吸収されやすくなるため、ナイアシンアミド配合の化粧品塗布後に使う保湿剤や美容液のパフォーマンスが向上する。
- 日光による肌の赤みを減らすため、抗炎症薬として働くといわれている。

もっと!

注目成分

ライスパワー® No.6

36種類あるライスパワー®エキスのうちの一つ。酒造メーカーが発見した成分で、皮脂分泌抑制効果を持つ有効成分として初めて、2015年に医薬部外品の新規有効成分として承認されました。

皮脂腺に働きかけ、過剰な皮脂の分泌を抑制します。皮脂を除去したり、吸着させたり、毛穴を引き締める（収斂）するわけではありません。

皮脂の過剰な分泌要因の一つとして男性ホルモンがありますが、このライスパワーNo.6は男性ホルモンには関係なく効果があります。

米を蒸した後に乳酸菌、麹菌、酵母などを加えて発酵・熟成させて抽出してつくられます。

もっと!

注目成分

ピリドキシンHCl（塩酸塩）

生体必須成分のビタミンB_6です。

生体内のタンパク質や脂肪の代謝に重要な役割を果たします。

皮脂の分泌を抑え、にきびや肌荒れの防止、皮膚炎、湿疹の予防などさまざまな目的の化粧品に配合されています。

毛穴と思ったら大間違い！ それはニキビ痕

瘢痕（クレーター）

開き毛穴だと思っていたら、実はアイスピック型のニキビ痕だった……ということがあります。ニキビ痕は医学的に瘢痕といいます。**ニキビで皮膚科を受診した人の約90％になんらかの瘢痕があったという報告があります。**

凹凸のニキビ痕は、**一度できてしまうと現代の医学でも元通りに治すのは非常に難しいもの**。できてしまったニキビを悪化させないことが重要です。

ニキビ痕ができるしくみ ～創傷治癒

ニキビ痕は、大きく2種類に分けられます。

①陥凹性瘢痕（凹んでいるタイプ）
②肥厚性瘢痕（膨らんでいるタイプ）

怪我をして新しい肌をつくる過程で、必ず肌は少し「多め」につくり直されます。その後収縮して元の大きさに戻ります。しかし、**肌をつくり直す働きが過度に働いてしまうと、肥厚性瘢痕やケロイドになります。逆に収縮しすぎると、クレーターや深い毛穴のようなニキビ痕になります。**

不適切なケアをしたり、病院に行かずに悪化させたりすると、ニキビ痕のリスクが高まります。

●脂肪萎縮型

肥厚性瘢痕・ケロイド

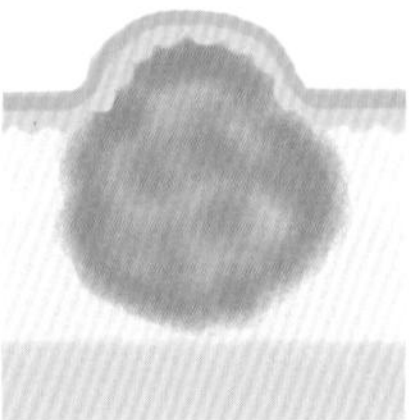

ケロイドと肥厚性瘢痕は全く別物です。
本来の損傷部位を超えて正常な皮膚まで病変が広がっているのがケロイドです。
肥厚性瘢痕は時間とともに落ち着くことが多いですが、ケロイドは難治性です。

創傷治癒のしくみと瘢痕の形成

創傷治療とは、怪我などで損傷した肌をつくり直す働きのこと。この働きを活用して行うのが、レーザーによる毛穴治療などです。肌に穴をあけて創傷治癒を起こし、再び皮膚を活性化させて、凹凸をならすことを目指します。

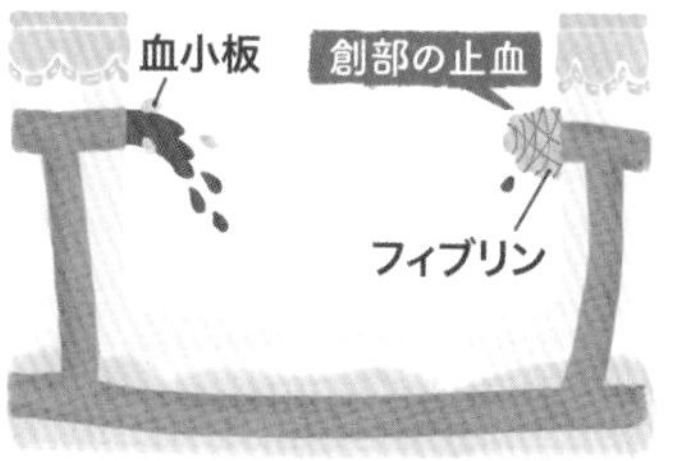

●止血期
血小板やフィブリノゲン（フィブリンとなる）が出血を止める。

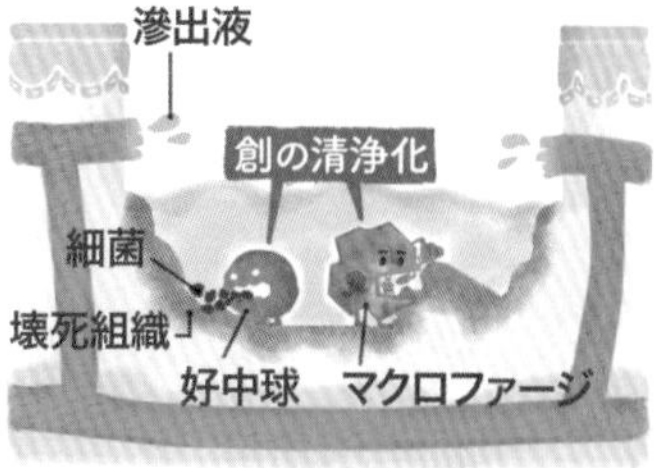

●炎症期
好中球、マクロファージが傷をきれいに清浄化する。マクロファージは線維芽細胞の成長因子などの産生も行う。

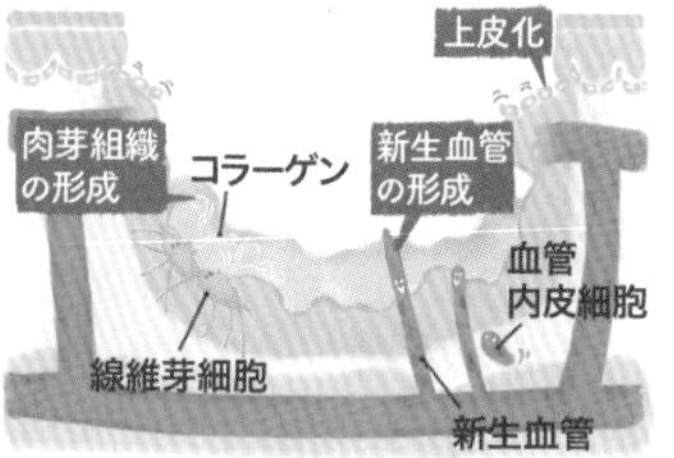

●増殖期
増殖した線維芽細胞がコラーゲンを産生。肉芽組織をつくり、傷を埋める。新しい血管ができる。表皮細胞が盛んに細胞分裂を行い、皮膚（上皮）ができる。

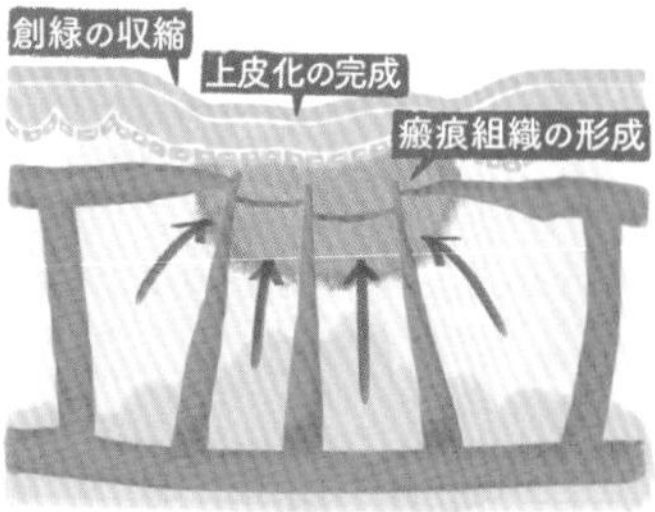

●成熟期
コラーゲンが増加し、瘢痕ができる。瘢痕化が進むにつれ、傷の縁は中心部に向かって収縮して引き寄せられる。

ニキビ跡の分類

陥凹性瘢痕

●アイスピック型（＜ 2mm）

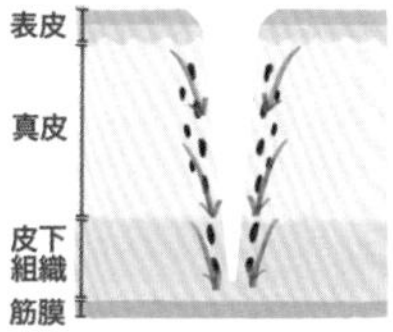

脂肪層まで深くなってしまっているために、皮膚の再生が行われない状態。

●ローリング型（＞ 1〜4mm）

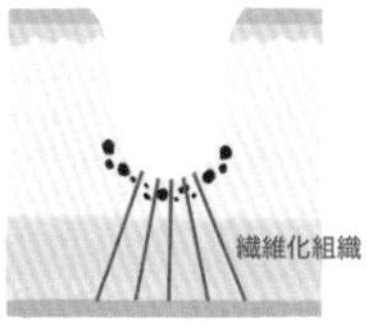

●ボックス型（＞ 4〜5mm）

いわゆるクレーター。真皮まで深くなってしまい高低差があり、目立ってしまう状態。

くすみ

いわゆる「くすみ」が取れてトーンアップすると、老けて見えたり、疲れて見えたりするのが改善し、若々しく健康に見えます。

くすみとはなにかを客観的に定義することは難しいですが、１９９５年に日本化粧品工業連合会から、くすみの定義案が提出されています。

①血行不良による肌色の赤みの低下

②びまん的なメラニンの沈着

シミのように一部に固まっているのではなく、メラニンが全体に散らばっている状態

③皮膚の弾力性が低下することにより生ずる皮膚表面の凹凸による影

④角質の肥厚などによる透明性（光透過性）の低下

⑤皮膚表面での乱反射によるツヤの低下

⑥加齢による皮膚の黄色化

くすみ改善戦略

①キメを整える

肌に光が当たると、肌表面で光が反射します。**均一にしっかり光を反射する肌は、透明感が高いと感じられます。**

肌表面に凹凸が多いほど光はうまく反射せず影になってしまいます。キメを整えて、光の乱反射を防ぎましょう。

美白治療をして過剰なメラニンが減れば、シミやくすみは改善します。ところが美白治療の結果、シミくすみが改善したにもかかわらず黄みがかったくすみや灰色がかったくすみが残っているということはよくあることです。
例えば黄ぐすみは糖化が原因といわれていますので、糖化対策をしましょう。
原因に応じたアプローチをすることが重要です。

②肌のハリを守る

ターンオーバーが乱れ、古い角質がたまったり、角質が水分不足でしぼんだりすると、うまく反射できず散乱してしまい、顔全体が暗い印象になってしまいます。

保湿をしっかりするのはもちろんのこと、刺激を避けることで肌内部のハリを可能な限り守りましょう。

そのために規則正しい生活を送ることも重要です。

治療方法

治療する場合は、メラニンの沈着と、毛細血管（ヘモグロビン）による赤みを改善することを目指します。

それだけでなく、保湿で肌のキメを整えたり余分な角質を除去したりして、シワやたるみを改善するさまざまな治療を組み合わせます。

主なくすみ治療

外用薬

ハイドロキノンやトレチノイン療法、ビタミンC、A、E、システアミン　など

レーザー治療

シミ取り、メラニン沈着の改善

イオン導入

肌のハリの改善

ピーリング

ターンオーバーの促進

LED、IPL、高周波、近赤外線などの機器

ハリの改善

内服薬

トラネキサム酸、ビタミンC、
シナール（ビタミンC＋パントテン酸（ビタミンB5））、
ユベラ（ビタミンE）、ハイチオール（L - システイン）など

シミとくすみの治療は似ている部分が多いですが、選択肢は数えきれないほどで、さまざまなものがあります。

雪のように白い肌になりたい

美白の基本戦略

美白のためにはそもそもメラニンをつくらせないということが肝心です。

「地黒」もくすみもシミも、肌の色の悩みを引き起こしているのは、結局メラニンです。肌にとどまっているメラニンをどんどん減らしていけば、必ず現状より白くなります。

なお、乳首やデリケートゾーンは、理由があって黒ずんでいます。乳首は赤ちゃんがおっぱいを吸うための目印。女性ホルモンに依存して黒ずみます。

「つくらない」が最大のケア

乾燥やニキビをはじめ、肌トラブルをつくらないことが重要です。炎症が起こると、必ず炎症性色素沈着が起こります。ニキビなどのトラブルは早いうちに治療しましょう。

予防のためには、次の点が大切です。

・紫外線を防ぐために日焼け止めを塗る
・肌に刺激を与えない（摩擦など）

そのうえで、メラニンを排出するケアを行いましょう。美容医療では、内服薬、外服薬の両方を駆使して、肌の中に存在するメラニンをどんどん減らしていきます。

p.176 シミの減らし方

主な美白成分とその作用点

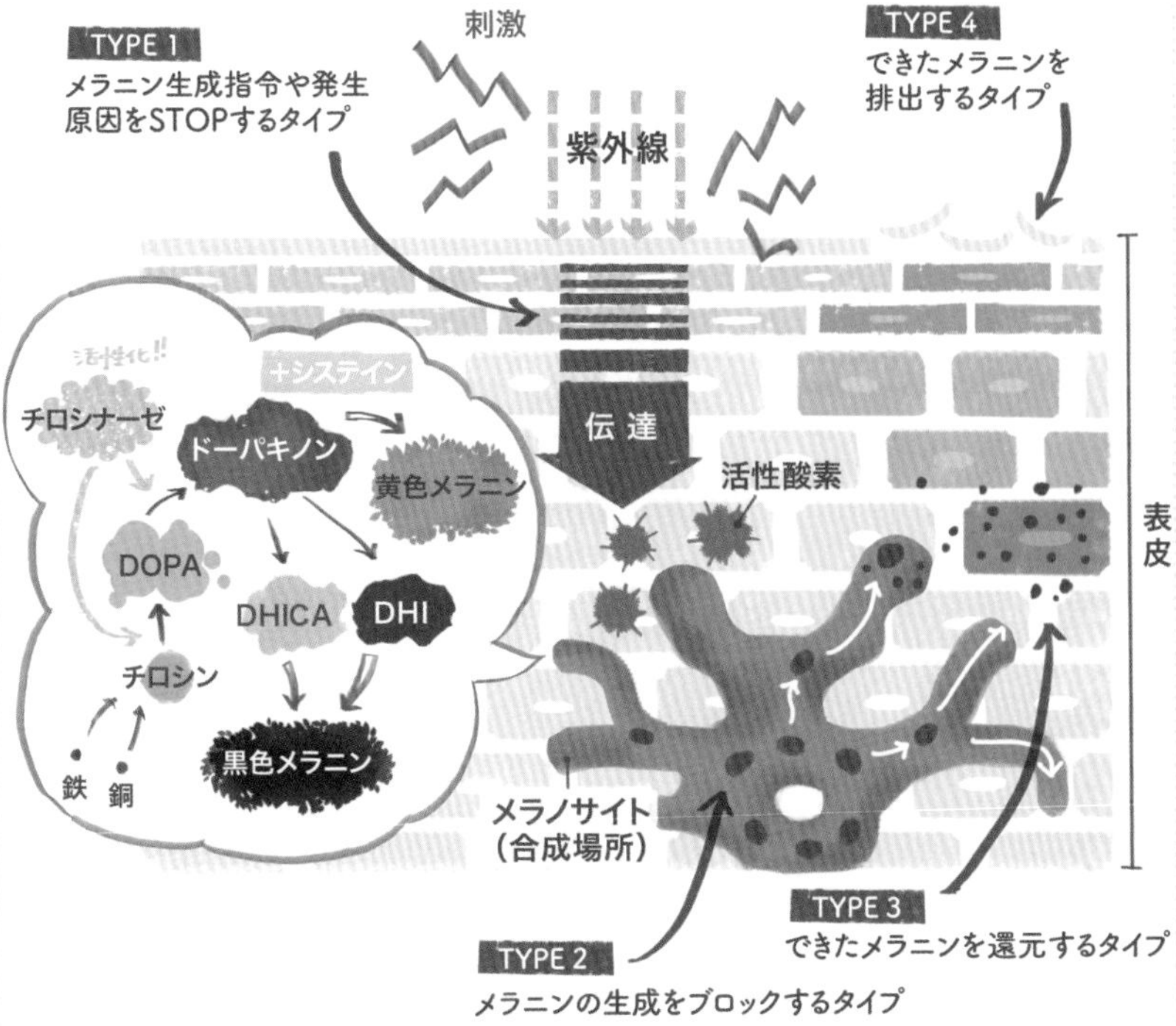

美白成分の働きは、メラニンがつくられるしくみに応じて、主に４つに分けられます。

p・122 メラニン誕生のしくみ

TYPE 1 「メラニンをつくれ」という指令を阻害するもの

エンドセリンやサイトカイン、プロスタグランジンなど、メラノサイトを活性化させる情報が伝わるのをブロックします。

TYPE 2 チロシナーゼによるメラニンの生成を阻害するもの

メラノサイトの中では、チロシナーゼの働きかけを受けながらチロシンが徐々にメラニンに変化しています。このメラニンへの変化をブロックします。チロシンの変化の過程に応じてさまざまな作用点があります。

TYPE 3 メラニンの移送を阻害するもの

メラニンの貯蔵場所であるメラノソームにメラニンが届かないようにすることで、色素沈着を防ぎます。

TYPE 4 ターンオーバーを促進してメラニン排出を促す

ターンオーバーによって角質細胞は肌の表面へを押し上げられて、垢と一緒に剥がれ落ちます。この働きを促すことで、メラニンを排出します。

さらに、できてしまったメラニンを還元して淡色化するものもあります。美白成分は、こうした作用ポイントのうち、１つ以上に効果を発揮することで色素沈着抑制にアプローチします。

成分についてもっと詳しく

主な美白成分

医薬部外品に配合される成分のうち、厚生労働省により「メラニンの生成を抑え、シミやそばかすを防ぐ」、またはこれに類似した効能を表示することが認められた成分。

安全性と有効性の観点から、配合する量が決められています。新しく使用するときだけでなく、配合量を変更するためにも新たな薬事申請が必要です。

新たな成分の基礎研究から薬事許可の取得まではおよそ10年程度の期間がかかるといわれており、そのハードルの高さから、現在およそ20種の成分しか認可されていません。

医薬部外品で承認されている美白成分と作用点

医薬部外品表示名称 （　）内は化学名	美白作用点
プラセンタエキス	メラニン生成抑制 メラニン排出促進
リン酸 L- アスコルビルマグネシウム	チロシナーゼ活性抑制 メラニン還元
リン酸 L- アスコルビルナトリウム	チロシナーゼ活性抑制 メラニン還元
コウジ酸	チロシナーゼ活性抑制
アルブチン	チロシナーゼ阻害
アスコルビルグルコシド (L- アスコルビン酸 2- グルコシド)	チロシナーゼ活性抑制 メラニン還元
エラグ酸	チロシナーゼ活性抑制
ルシノール (4-n- ブチルレゾルシノール)	チロシナーゼ活性抑制
カモミラ ET	エンドセリン伝達阻害（メラニン生成司令阻害）

リノレックS（リノール酸S）	チロシナーゼ分解促進
トラネキサム酸	プロスタグランジン生成抑制 プラスミン産生抑制 （ともにメラニン生成司令阻害）
4MSK（4-メトキシサリチル酸カリウム塩）	チロシナーゼ活性抑制
VCエチル（3-O-エチルアスコルビン酸）	チロシナーゼ活性抑制 メラニン重合抑制 p・172 VCエチル
エナジーシグナルAMP（アデノシン一リン酸二ナトリウム）	メラニン排出促進（表皮ターンオーバー促進）
マグノリグナン（5,5'-ジプロピル-ビフェニル-2,2'-ジオール）	チロシナーゼ成熟抑制
NIKKOL VC-IP EX（テトラ2-ヘキシルデカン酸アスコルビルEX）	チロシナーゼ活性抑制 メラニン還元
D-メラノ（ニコチン酸アミド） ※ナイアシンアミドとも呼ばれる	メラノソーム移送抑制 p・162 ナイアシンアミド
TXC	プロスタグランジン生成抑制 （メラニン生成司令阻害）
PCE-DP（デクスパンテノールW）	メラニン排出促進（表皮ターンオーバー促進）

そのほか美白成分と特徴

名称	美白作用点
ハイドロキノン	チロシナーゼ阻害による色素沈着抑制作用。4%以上の濃度は医師の処方が必要。
α-アルブチン	医薬部外品のアルブチンは構造異性体でβ-アルブチン。チロシナーゼ阻害による色素沈着抑制作用。
アゼライン酸	ヨーロッパ、アメリカ、アジアなどでニキビ用医薬品として承認されている。炎症を減らす作用があり、ニキビによる顔の赤み、酒さの治療に使われる。肝斑や炎症後色素沈着 に効果がある。肝斑に対しては、20%濃度アゼライン酸と4%濃度ハイドロキノンは同等の効果があったと報告されている。
システアミン塩酸塩	人にもともと存在する抗酸化物質で、母乳にも含まれるアミノ酸。 ハイドロキノンの4倍の美白効果とされる。 メラニン合成阻害を行うが、5箇所もの合成経路に働きかける。 加えて酸化メラニンの還元も行う。 浸透力が高く、使用には注意が必要な医療専売品。

✦成分についてもっと詳しく

ビタミンC＆ビタミンC誘導体

水溶性ビタミンであるビタミンCは、抗酸化作用や美白作用、皮脂分泌の抑制、コラーゲンの生成など、さまざまな効果が期待されるオールマイティーな成分。

非常に優れた成分ですが、**人間の体内では合成できない**ので、食事などから摂取することが必要です。

ビタミンCの弱点

しかし、**肌へそのまま塗るには向かない成分**です。

ビタミンCは「還元作用」、つまり酸化されやすい特性を持っており、**そのまま肌に塗布しても、すぐに酸化して壊れてしまう**からです。

また、ビタミンC自体が皮膚のバリアを越えにくく、肌への吸収がされにくいという性質を持っています。

ビタミンC誘導体

このようなビタミンCの弱点を改良したのが、ビタミンC誘導体です。

同じビタミンC誘導体を含むコスメでも、配合されているビタミンCの種類が違えば、濃度を比較しても意味がありません。

✦VCエチル

水溶性ビタミンC誘導体の一つ。

ビタミンC誘導体は、肌の中で酵素などと反応して、ビタミンCに変化します。

VCエチルは酵素などの力を借りることなく、**自力でビタミンCに変化できるという特徴があります。そのため、肌に入ってすぐに効果を発揮できます。**

浸透力が高く、持続性があることや安定性が高いことがメリットです。

デメリットは、ほかの水溶性ビタミンC誘導体と同じく刺激性があることや、乾燥肌を助長することです。

ビタミンC誘導体			
ビタミンCの弱点を改良したもの。メラニンの生成を抑えながら新陳代謝を高めてメラニンの排出を促す美白作用があります。その皮脂分泌抑制作用、コラーゲン生成作用から毛穴縮小効果があるとされています。即効性があり、短期間で皮膚に吸収されます。			
水溶性ビタミンC誘導体	もともと壊れやすく吸収率も低いビタミンCを、リン酸と結合させることにより皮膚への吸収率を高めて効果を持続させ、ビタミンC本来の特性を生かせる状態に改良したもの。化粧水や美容液などローションタイプの化粧品に配合される。	皮脂分泌抑制作用が強いため、敏感肌の人、ドライスキンの方には刺激が強く、向かないこともある。	「リン酸アスコルビルナトリウム」(APS)と「リン酸アスコルビルマグネシウム」(APM)などさまざまなものがあります。特に説明がない場合、または「アスコルビン酸」とある場合は、水溶性ビタミンCである場合が多い。
脂溶性ビタミンC誘導体	脂に溶けやすい性質に変え、皮脂膜に浸透できるようにしたもの。水溶性に比べて即効性はないが、皮脂膜や角層への吸収率が高く、高い濃度でも刺激が少なく、安定性にも優れているなどの特徴を持つ。効果の持続性も水溶性ビタミンC誘導体に比べて高いとされる。保湿性も高く、肌を乾燥から守る効果も期待できる。	水溶性ビタミンCよりも刺激がマイルド。皮脂が多くニキビがある人には向かない可能性がある。	「テトラヘキシルデカン酸アスコルビル」「パルミチン酸アスコルビル」「脂溶性ビタミンC」など
両親媒性ビタミンC誘導体	リン酸型ビタミンC誘導体にパルミチン酸を付加し、親油性を獲得。水にも油にも溶けるように開発されたもの。これまではイオン導入をしないと真皮まで十分なビタミンCを届けることができなかったのが、塗るだけで真皮まで届けることができる。真皮でビタミンCに活性化し、コラーゲン合成で重要な役割を果たし、肌のハリを向上させる。	安定性がよくないため、酸化しやすく、早く使い切る必要がある。浸透性が高いので配合濃度は低くても効果を発揮するが、安定性の理由から大量に配合できない。	「アプレシエ®」(APPS) など

もっと!

注目成分

フラーレン

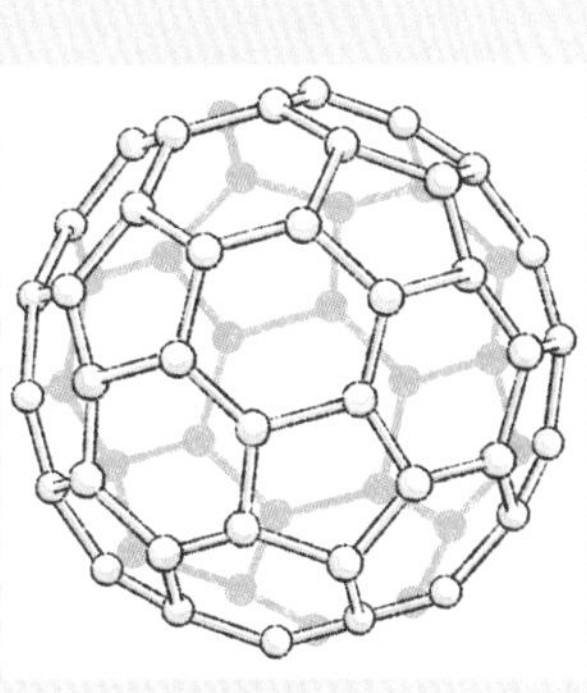

ノーベル賞を授賞した、炭素60個で構成されたサッカーボールのような分子。
フラーレンはビタミンCの172倍、250倍ともいわれる高い抗酸化能力を持ちます(どのビタミンCと比較するかによって数値は変わる)。
ビタミンCと混ぜることで相乗効果があるとされています。化学的に安定しているので、その抗酸化力が長時間(11時間)継続します。つまり、朝と夜使用したら、一日中フラーレンの抗酸化能力が肌を守る効果があると認められている優秀な成分です。

顔全体が占拠される前に

シミの基本

シミは局所的に増加したメラニンが蓄積したままになり、地肌の色より濃く見えてしまう部分をいいます。**先天的にはシミはありません。**赤ちゃんの肌には大人のようなシミはないとおり、**加齢によって出てくるものです。**

シミと紛らわしいアザ

中にはシミだと思っていたら違うものがあります。アザは医学的には母斑といいます。**アザは基本的には先天性で、一生自然に消えないのが原則です。**扁平母斑がその例です。

ただし、20代前半からできやすい**後天性真皮メラノサイトーシス（ＡＤＭ）**は後天性です。後からできるので、シミだと思われやすいのですが、**アザのメラニンはシミより深いところにあります。**診断が間違っていると、適切な治療を受けられません。

◆シミの原因による３つの分類

メラノサイトの異常によるシミ
・肝斑
・雀卵斑

ケラチノサイト（角化細胞）の異常によるシミ
・日光性黒子
・脂漏性角化症

炎症後色素沈着
・色素沈着性接触皮膚炎
・固定薬疹
・外傷後色素沈着

【出典】日本美容皮膚科学会「美容皮膚科学」南山堂（2005）p.528

シミとアザの 6 つの種類

疾患名	大斑型日光黒子	小斑型日光黒子	雀卵斑（そばかす）
発生部位	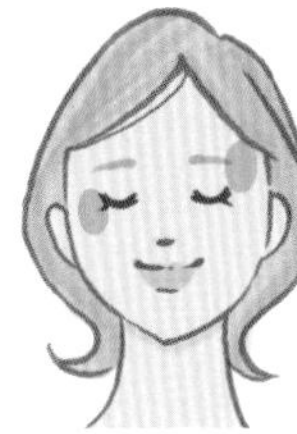 頬やこめかみなどの日光に当たりやすい部位	 両頬～鼻、額など	 両頬～鼻などの顔面中心部
シミのかたち	1cm 以上で楕円形 淡～濃褐色 単発～数カ所	1cm 以下で 淡～濃褐色 多発	5mm 以下で淡褐色 多数
発生時期	30 ～ 40 歳		幼児期～思春期
発生原因	光老化に伴うメラニン色素の増加 老人性色素斑とも呼ばれる		遺伝的な色素細胞の異常、光線過敏
疾患名	後天性真皮メラノサイトーシス（ADM）	肝斑 p・178	炎症後色素沈着
発生部位	 両頬～鼻、額、下まぶたなど	 両頬、鼻、額，人中など	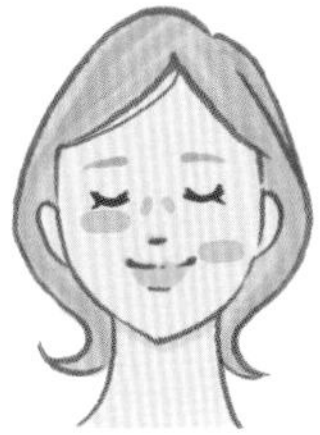 炎症の原因によってさまざま
シミのかたち	大きさ、かたちはさまざま 褐色～青灰色 細かい皮疹が集まっている	左右対称に拡大、淡～濃褐色 境界が明瞭（不明瞭なものもある） 不整形	大きさ、かたち、色は原因によってさまざま 淡～濃褐色
発生時期	20 歳以降	成人～閉経期	皮膚炎に続いて発生する
発生原因	真皮メラノサイトの異常。アザの仲間	色素細胞の異常。紫外線や機械的な刺激で悪化	炎症後の生体反応

【出典】川田暁（2019）「美容皮膚科ガイドブック第２版」中外医学社、p.24

お肌の〝うんち〟を
徹底排出

シミの減らし方

基本は美白と同様に、新しいシミができることを予防しつつ、美白成分が含まれている化粧品、医薬部外品を使うのが基本です。

しかし**魔法のように、明らかにシミが薄くなる、消える……という効果は、一般にドラッグストアなどで販売されているものでは期待できません。**

はっきりわかる効果で薄くしたい場合は、治療を受けるのがよいでしょう。

POINT

同じ日本人でも色白・色黒の人がいるのはなぜ？

メラノサイトのメラニン生成能力が低い人はいわゆる色白になります。
どんどんメラニンをつくる働き者のメラノサイトを持っている人が色黒になります。

色白の人は日焼けをしても、すぐ赤くなりますがやがて元に戻ります。しかし紫外線から肌を守る力が弱いので、実は真皮層がたっぷりダメージを受けている可能性があります。
他方、色黒の人は日焼けしやすいといえますが、色白の人と比べると紫外線の影響を受けにくいといえます。すでにあるメラニンが皮膚を守っているだけでなく、紫外線を浴びても新しくつくられるメラニンの量に限りがあり、シミができるリスクも比較的少ないです。

美容皮膚科での治療

主な外用薬

- 医療専売コスメ
- ハイドロキノン
- グラナクティブレチノイド
- トレチノイン
- アルブチン
- システアミン
- アゼライン酸

主な内服薬

- トラネキサム酸
- ビタミンC
- シナール（ビタミンC＋パントテン酸（ビタミンB_5））
- ユベラ（ビタミンE）
- ハイチオール（L-システイン）

主な点滴、注射

- グルタチオン
- α-リポ酸
- L-システイン
- 高濃度ビタミンC
- カクテル注射、点滴

→さまざまな成分を組み合わせたものです。成分を組み合わせることで、より高い美白効果を期待ができます。例えば、L-システインとビタミンCは互いに協力して、過剰なメラニンの生成を抑制し、メラニンを無色化する効果が期待できます。

点滴や注射の場合、薬やサプリメントと違って、腸、肝臓という防壁を飛び越して直接血液の中に入れるので、肌に届きやすいと考えてよいでしょう。余ったものは排泄されます。

ケミカルピーリング

- p・150 ケミカルピーリング

IPL、レーザー

- p・152 IPL とレーザー

肝斑

頬骨の辺りや額、口の周辺などに左右対称にできる、もやっとしたシミを肝斑といいます。目の周りにはできません。

一般的なシミと違いもやもやとしているため見た目だけで肝斑かどうかを判断することが難しい場合もあります。

肝斑は女性にできることがほとんどで、特に30～40歳代の女性に多くみられ、50歳代くらいまではできるといわれています。

閉経を迎え、年を重ねていくにつれて次第にできにくくなり、薄くなっていくともいわれています。

肝斑の原因

肝斑ができる明確な原因はいまだにわかっていませんが、**紫外線、ストレス、摩擦など、あらゆる刺激によって発症または悪化すると考えられています。**

中でも特徴的な誘因として、女性ホルモンの影響は大きいと考えられています。妊娠や経口避妊薬の服用をきっかけに現れることがあります。

男性も女性ホルモンが分泌されているので、男性にもできることがあります。

とにかく治療が難しい

肝斑は、あらゆる刺激で悪化するため、治

No

ピル服用中はトラネキサム酸内服は原則 NG！

経口避妊薬を服用している人は、トラネキサム酸の服用は原則できません。経口避妊薬には血を固まりやすくする作用がありますが、トラネキサム酸にも同じ働きがあるためです。

肝斑の治療とピルの服用は、なにを優先したいかを考えて選択しましょう。

療が非常に困難です。

基本は、トラネキサム酸とビタミンC、Eの服用です。

肝斑に対するレーザー治療は、すべての患者に有効というわけではありません。レーザーの刺激でも悪化することがあります。**再発やリバウンドが生じやすいことに注意しましょう。**

予防が大事

乾斑は一度できてしまうと治療には根気が必要です。**治療が難しいものはつくらないに越したことはありません。**

そのためには日焼け止めを塗り、肌への摩擦や刺激を避けましょう。

肝斑に効果があるといわれるケミカルピーリングやスキンケアも登場しつつあります。治療が難しいからこそ日進月歩で技術が進化しているので、今後に期待です。

◆肝斑はあなたの中にひそんでる

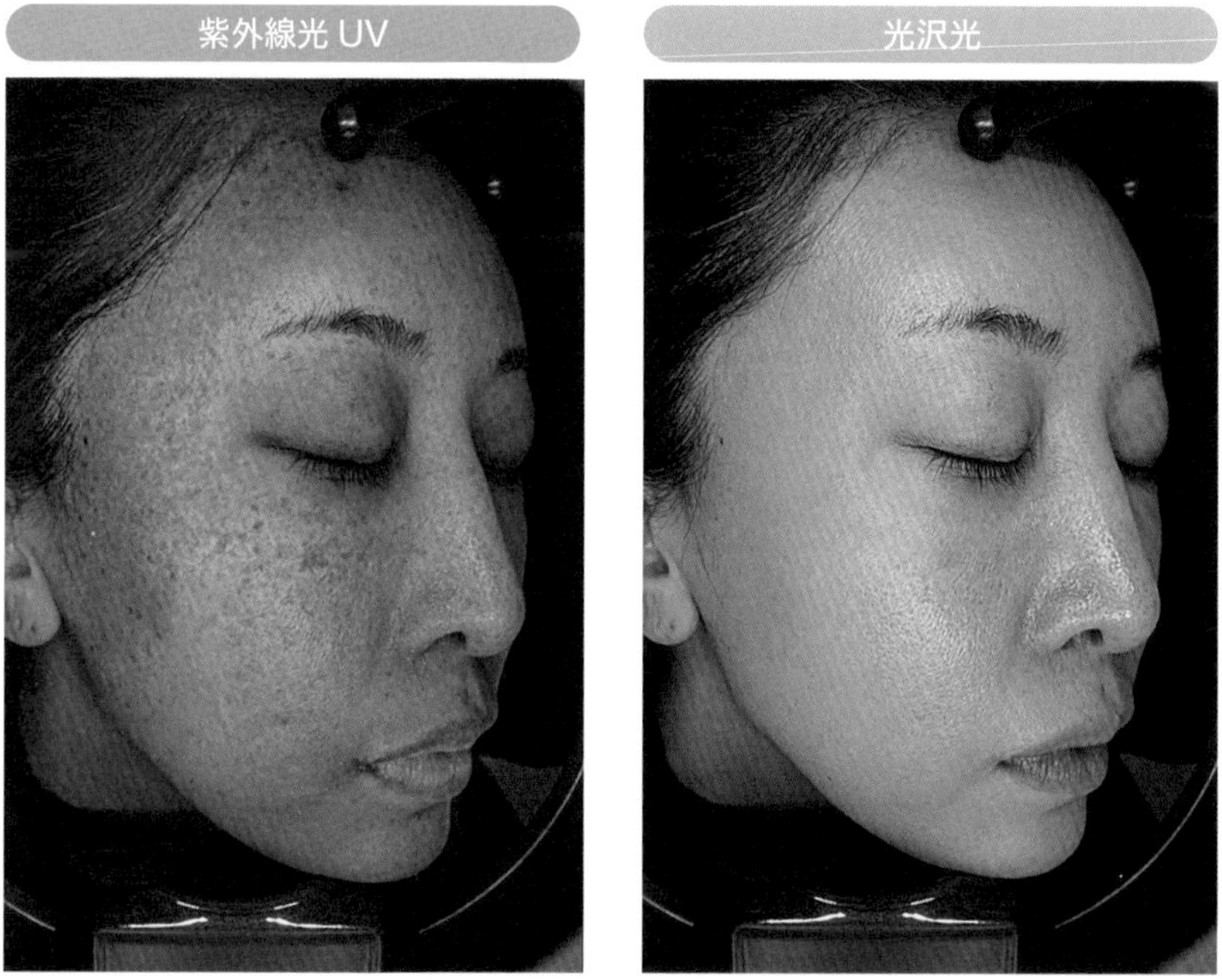

一般の方は、肝斑が相当重症にならないと気づかないことが多いですが、特殊な機器によって紫外線を当てた画像を撮影すると肝斑が視覚化でき、認識することができます。

ビタミンA

レチノールは、脂溶性ビタミンであるビタミンAの代表成分。ニキビやシミの治療で外国では広く使われていますが、日本では認可されていないため自由診療で処方できます。

肌の中のビタミンAは、紫外線を浴びるとそのエネルギーを受け止めて細胞が損傷するのを防ぐ働きがあり、天然の日焼け止めといわれます。

ビタミンAはもともと生体内でレチノールという形で存在しており、抗酸化ビタミンとして、肌の新陳代謝に働きかけます。

ビタミンAの特徴

線維芽細胞を活性化	コラーゲンやヒアルロン酸の生成が促進され、ハリが出て、保湿力アップ、シワの改善につながる。
ターンオーバーを早める	シミやくすみの原因のメラニンを排出して、肌の色調を整える。
表皮細胞を厚く成長させる	表皮が厚くなり、ふっくらする。
皮脂分泌を抑える	皮脂腺の機能を低下させ、角栓をはがれやすくし、ニキビの改善につながる。

しかし、紫外線を浴びるとビタミンAは破壊され減少してしまうので、補給することが大切です。

✦作用のしくみ

ビタミンAには4つの形態があります。それらが肌の中で最終的にレチノイン酸に変化することで、ビタミンAとして作用しています。

①レチニルエステル（主にパルミチン酸レチノール）
②レチノール
③レチナール
④レチノイン酸（トレチノイン、ビタミンA誘導体）

肌に塗ったときには、①の形に変換され、肌に蓄えられます。レチノイン酸はレチニルエステルに変換されないため、貯えることができません。

②・③が多くなると、自動的に①に

変換されます。

身体・肌に働きかけるのはあくまで④。必要に応じて①から変換されます。レチナールから一度レチノイン酸に変わると、元には戻りません。

④に変換されたものは、一部が真皮内で線維芽細胞のDNAに働きかけ、コラーゲンを産生し、エラスチン線維の質を向上させ、ヒアルロン酸を増やし、血流を改善するなど肌を元気にします。

最終的に④に変換されるためには、体内のタンパク質の力が必要です。レチノイン酸と結合するタンパク質は「レチノイド受容体」といいます。

✦ビタミンAによる「守り」と「攻め」

パルミチン酸など「～酸レチノール」は、**ストック型**とも呼ばれ、**紫外線に対して防御として働きます**。そのため**「守りのビタミンA」**と呼ばれます。

パルミチン酸レチノールは刺激が少なく安定性も高いので、毎日のスキンケアに取り入れやすいでしょう。また、パルミチン酸レチノールは、十分皮膚に蓄積されている場合、SPF20くらいの働きをするとされています。

レチノール、レチナール、レチノイン酸の3つは、**紫外線に対して弱くなる代わりに、新陳代謝（ターンオーバー）を大きく促します**。その結果、シワやハリ、色素沈着、ニキビを改善します。このため、**「攻めのビタミンA」**と呼ばれます。

✦副反応「A反応」

特に攻めのビタミンAを使用した化粧品で皮剥けや乾燥が起こりやすいのですが、この反応は「A反応」と呼ばれ、アレルギー反応とは異なります。

このA反応は、トレチノインで最も強く起こります。

広義のレチノール
守りのビタミンA（パルミチン酸レチノール～酢酸レチノール）／攻めのビタミンA（レチノール～レチノイン酸）
狭義のレチノール（ピュアレチノール）

	パルミチン酸レチノール	プロピオン酸レチノール	酢酸レチノール	レチノール	レチナール	レチノイン酸（トレチノイン）
皮膚への刺激	★	★	★★	★★★	★★	★★★★★
浸透度	★	★★	★★★★★	★★★★	★★	★★★
安定性	★★★★★	★★★★★	★★★★	★		★
	パルミチン酸レチノール	プロピオン酸レチノール	プロピオン酸レチノール	レチノール	レチナール	トレチノイン、レチノイン酸

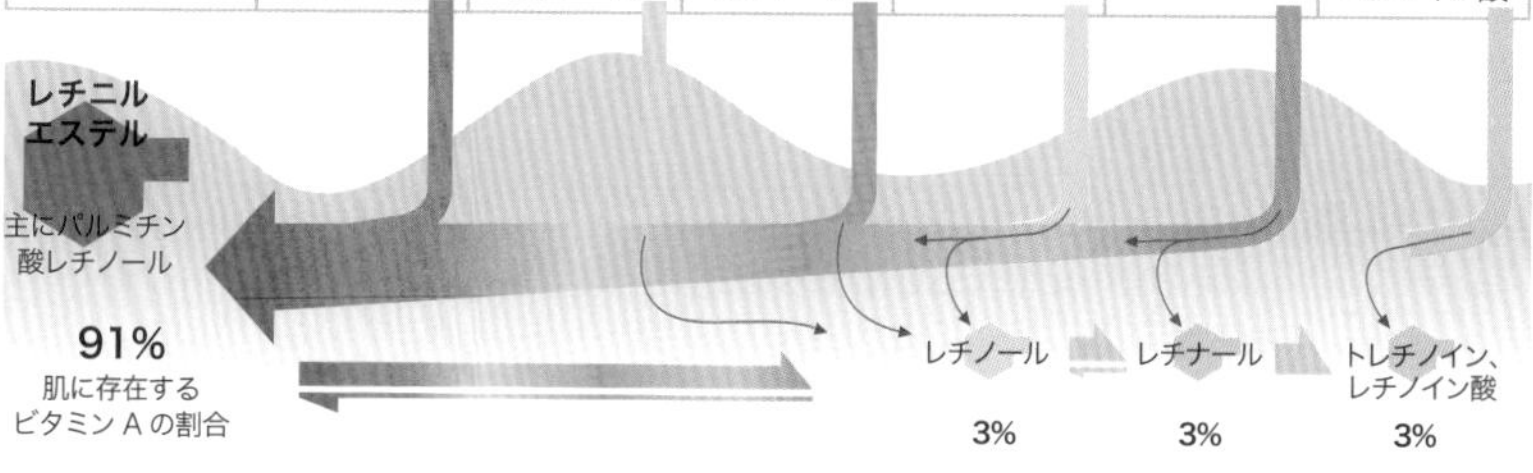

ビタミンA製剤を使用する際は、紫外線に対して弱く過敏になっているので、必ず日焼け止めを塗りましょう。

✦グラナクティブレチノイド

ビタミンAは、A反応がつらいというデメリットのほか、レチノイン酸に変化する過程でレチノイン酸に変化しきれず、十分なパワーが得られないといったこともネックでした。

グラナクティブレチノイドのコア成分であるビタミンA「レチノイン酸ヒドロキシピナコロン」はレチノイン酸透導体。**肌の中でほとんど変化せず、そのままの形でレチノイド受容体と結合し、ビタミンAとしてのパワーを発揮します。**トレチノインに比べて変化は緩やかです。

まったくA反応が起きないわけではないですが、これまでA反応がつらかったという人に向く成分でしょう。

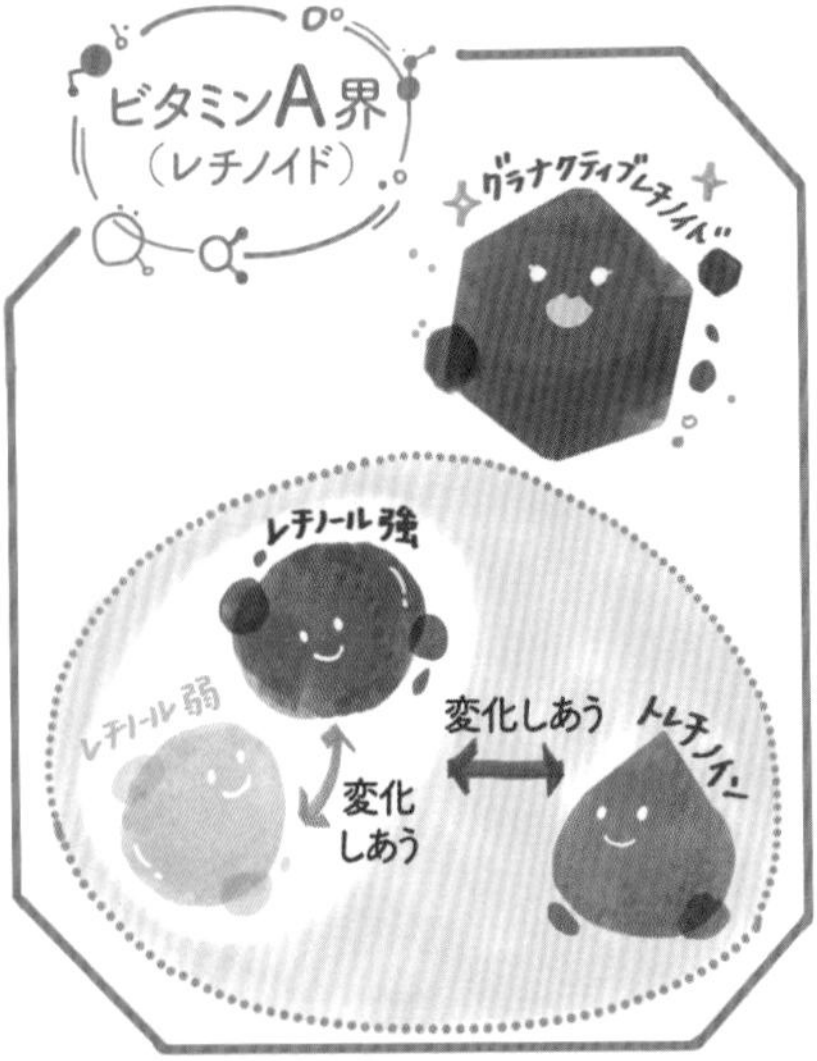

グラナクティブレチノイドはビタミンAの仲間ではありますが、従来のレチノールとは違う新たなビタミンAです。

最近はいわゆるドラッグストアコスメやデパコスなど、一般のスキンケア製品でもレチノールが配合されているものが増えてきました。
その際、どのくらいレチノールが入っているかの見分け方ですが、レチノールは黄色いです。
このため、レチノールが高配合されている製品は色が黄色いです。
このような点から、レチノールがどのくらい配合されているかというのを見極めてみましょう。

アートメイク

アートメイクは針を使って皮膚に色素を注入することで、実際には化粧をしていなくてもしているかのように見せられる施術です。リップ、アイライン、まゆげなどで行うことが多いです。

針を使った施術のため、国民生活センターでは医療機関で行うように呼びかけていますが、現実的には専用の美容サロンで行うことが多いでしょう。

そこで、注意点について紹介します。

ＭＲＩ検査の際に、まれに金属成分を含む染料に反応してアートメイク部位が発熱して軽いやけどを生じることがあります。医療機関によってはＭＲＩ検査を拒否されることがあります。

修正・除去したいときには、レーザーで消したり薄くしたりすることができます。ただし、レーザーには種類があり、色素の色に応じた波長の選択も必要です。色素の成分によっては黒色化してかえって目立ってくる場合もあり、経験と知識が必要です。

最近の日本のアートメイクは、タトゥーと異なり、ターンオーバーで自然と薄くなるように角質層にまでしか入れないことになっていますが、時間がたっても薄くならないという場合もありますので注意しましょう。

和彫りなどは、真皮や皮下組織まで染まっています。その場合は、皮膚を剥がす外科的切除が必要です。

入れるのは簡単ですが、もし除去しなければならなくなった場合には、時間も費用も倍以上かかるという実態があることに注意しましょう。

補足

施術後に使用する抗生剤や、傷に塗布する軟膏などは、医療機関以外では処方できません。なにかトラブルが起きたら、すぐに医療機関にかかりましょう。

老化は宿命②

シワとたるみ

肌の表面にできる折り目や筋目、緩んで垂れ下がったフェイスライン……。シワ、たるみは老化の過程で避けられません。

シワとたるみを医学的に明確に区別するのは難しいですが、**シワは一カ所に明確な折り目がついているのに対し、たるみは顔全体の輪郭が緩むものと解釈してよいでしょう。**

シワ

白人の場合、40歳を過ぎるとシワが目立つとされますが、アジア人や黒人では、シワの出現がそれより遅くなります。

シワは、加齢による変化が複雑に絡み合って生じます。その種類は、大きく2つに分けられます。

①静的なシワ：皮膚そのものの乾燥や老化によるもの

②動的なシワ：表情筋の動きに関わってできる表情ジワ

●静的なシワ

乾燥などによって肌のキメが乱れることで生じます。保湿してキメを整えることが重要です。

Q 頭皮マッサージは顔のたるみに効きますか？

A 皮膚がつながっているからといっても、各部位にストッパーのような構造があり、力の伝わりを抑えています。頭皮マッサージで顔の皮膚が伸びることも、リフトアップすることもありません。

動的なシワ

動的なシワは、基本的に表情をよく動かす部分を中心に発生します。

笑ったり泣いたりして表情をつくると、シワが寄ります。**最初は表情を動かしたときだけできていたものが、ずっと同じように動かしていると定着します。**折り紙を一度折ると元通りにはならないのと同じです。

そのため**筋肉の動きを止めない限り、深く刻まれ続けます。**

不必要に肌を動かすマッサージなどは、シワにつながります。極端にいえば、ポーカーフェイスが最もシワをつくりにくいといえるでしょう。

最初はたるみだったものも、いずれシワとして定着します。たるんで折り返された状態が続くことで、折りジワがつきます。

たるみ

現代医学でも治療が困難なものの一つであ

表情筋とシワの関係

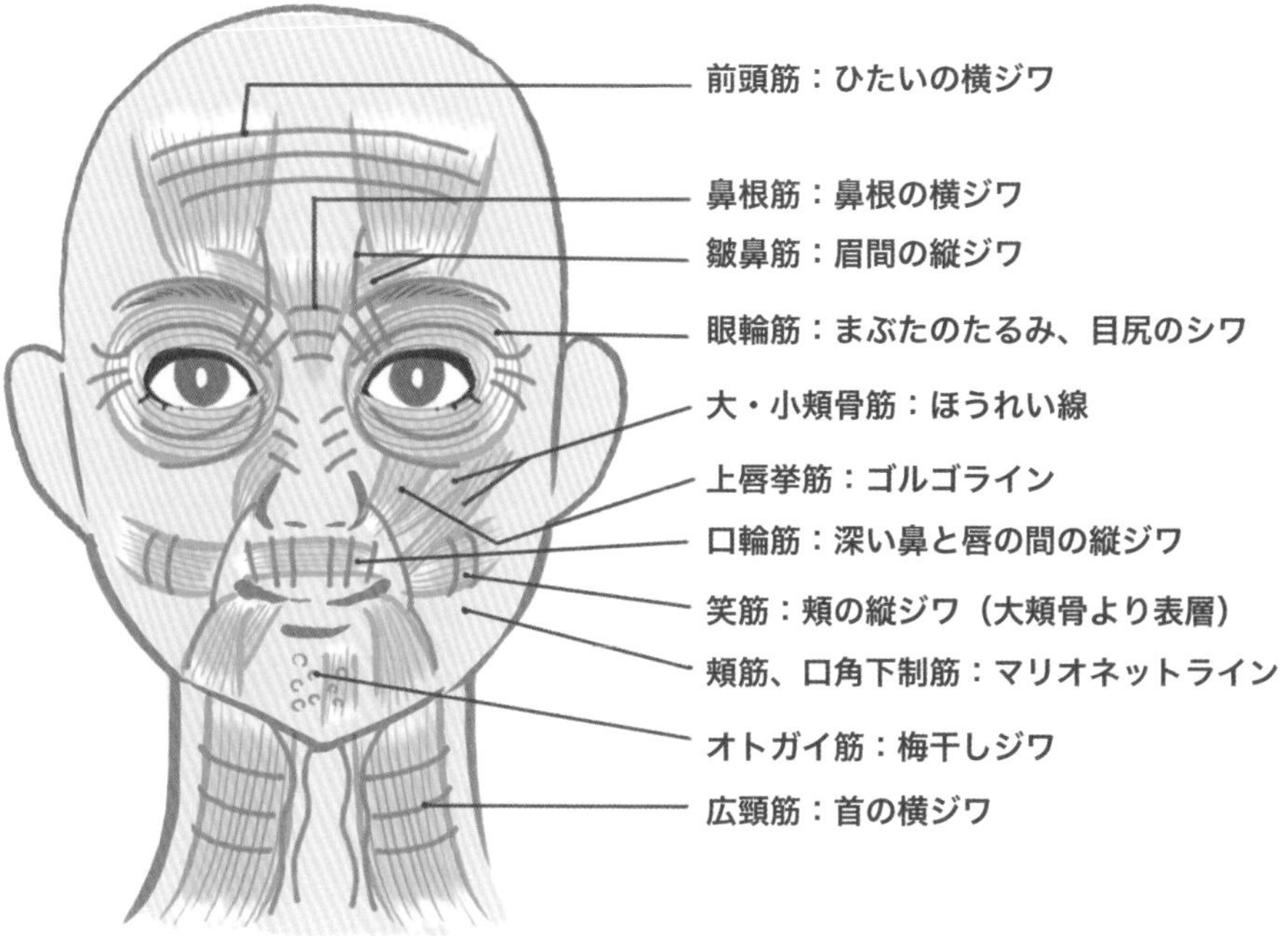

乾燥による小ジワは、下の下にできやすいです。表情ジワは、目尻や眉間、額によくできます。たるみによるシワの代表は、ほうれい線、ゴルゴ線、マリオネットラインです。

るたるみ。

たるみは、顔の中身が老化によってしぼんでいくのに、表面の皮膚や靭帯が伸びて垂れ下がってしまうことで起こります。

中身が小さくなっているのに、表面が伸びて余ってしまうこの様子は、乾燥フルーツを思い浮かべるとよくわかります。

一度伸びた皮膚は、自己努力では元通りには戻りません。

顔ヨガ、表情筋トレーニングなどで思いきり顔を動かすのは、皮膚を伸ばす行為です。

たるみは予防が大事

どうしても人は衰えます。**重力がある限り、皮膚は垂れ下がる一方であり、加齢がある限り、皮膚は弾力を失う一方です。**

老化のスピードをいかに遅らせるかが、シワ・たるみ対策の基本方針です。

p.32 アンチエイジングの基本戦略

たるみのしくみ

<皮膚の下垂、変形>

- 肌（真皮）のハリが減る。
  - ➡老化につれて、真皮の中にあるコラーゲン、エラスチン、膠原線維が減少。皮膚のコラーゲン量は年齢とともにおおよそ1％ずつ減少していく。
- 皮膚の下にある脂肪が垂れて下がっていく。
- SMAS筋膜の劣化。
  - ➡SMASは、皮下組織と表情筋の間にある薄い膜。コラーゲンで形成されている。SMASは皮膚を支えて引っ張る働きがあり、肌がピンッとハリのある状態を保つ。このSMAS筋膜が衰えると、ハリが失われて皮膚がたるむ。

<萎縮による容量減少>

- 骨が萎縮して小さくなる。
- 皮膚の奥にある脂肪組織が萎縮する。
- 表情筋が薄くなり劣化する。

※エストロゲン量が低下すると、骨粗鬆症だけでなく皮膚も薄くなり、細胞増殖の能力低下につながるとされている。

カロリー制限

カロリーを30％制限すると、心血管疾患や発がん率が低下したり、脳機能が維持されるだけでなく、シワの抑制につながったという報告があります。

紫外線から肌を守る（光老化を防ぐ）

日光に当たりやすい顔、首、手の甲側に多く起こります。紫外線によるダメージが、肌の老化を促すからです。

喫煙者はタバコをやめる

タバコに含まれるニコチンは血管を収縮させ、血流を悪くします。血流が悪くなることで皮膚の乾燥が進み、新陳代謝も悪くなります。喫煙により体内では活性酸素が発生し、抗酸化物質であるビタミンCが大量に消費されてしまいます。ビタミンCが不足すると、メラニンの生成を抑制したりコラーゲン生成を助ける作用が失われます。

肌を不必要に動かさない

「さわらない、こすらない、叩かない、伸ばさない」を徹底しましょう。さわればさわるほど、肌が引き伸ばされて、たるみとシワを悪化させてしまいます。

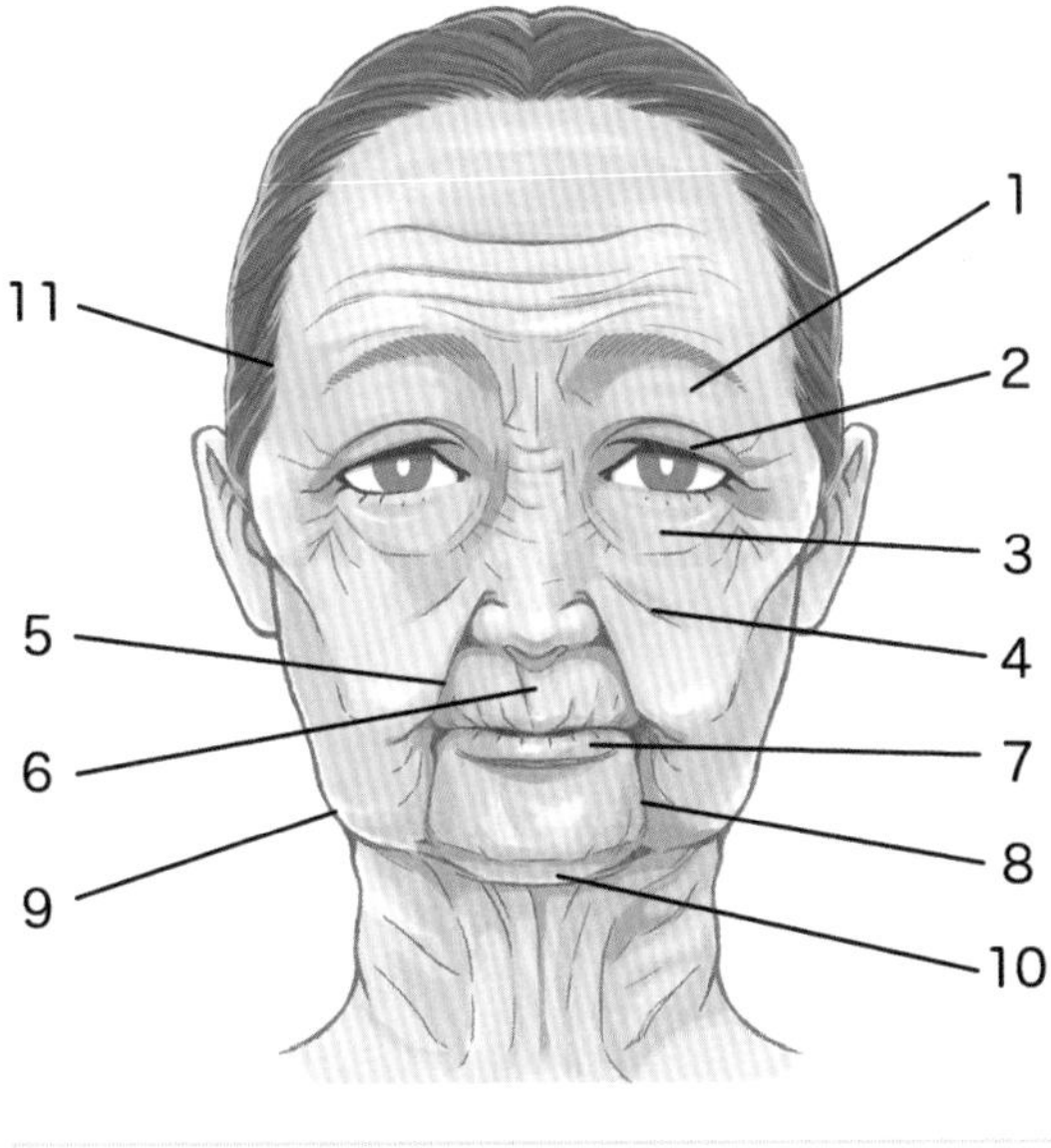

1…眉尻の垂れ込み
2…上まぶたの垂れ込み（目尻のシワ）
3…下まぶたの垂れ込み（目袋の形成）
4…頬中心の皮下組織が下がる（ミッドチークラインの出現）
5…法令線の目立ち
6…鼻の下が伸びる（口周りのシワ）
7…口唇が薄くなる
8…口角が下がる（マリオネットラインの出現）
9…頬下が垂れ込む（首の側面が頬の一部になる）
10…顎下の垂れ込み（首と顔の境がなくなる）
11…こめかみの陥没

主な抗シワ成分

市販されている化粧品は、「乾燥による小ジワを目立たなくする」という効能表現は可能ですが、シワに効くという表現は認められません。

医薬部外品では、「シワを改善する」という効能表現が可能です。

化粧品では、角質の保湿によりキメを整えます。

魔法のようにシワがみるみる消えるということは、ホームケアではできません。

◆有効成分として認可されているもの

NEI-L1®（ニールワン）	「シワを改善する」効能・効果で2016年に初の承認を受けた医薬部外品の有効成分。皮膚が紫外線や表情圧などの刺激にさらされて真皮で炎症が起こると、リンパ球の一種である好中球が寄り集まり、好中球エラスターゼという酵素を過剰に分泌される。この酵素の働きにより、コラーゲン、エラスチンなどが分解され、減少する。 NEI-L1®は、好中球エラスターゼの活性を阻害することでシワを改善する。
レチノール、レチノイド	p・180 ビタミンA
ナイアシンアミド	p・162 ナイアシンアミド

もっと!
注目成分

メチオニル遺伝子組換ボツリヌス菌ポリペプチド-1 ヘキサペプチド-40

塗ることで効果を発揮するボツリヌストキシン由来成分。
ボツリヌス毒素は軽鎖と重鎖がくっついてできています。ボツリヌストキシン注射では、そのまわりに残留物質がまとわりついている状態です。それらの物質が抗体をつくりアレルギーの原因になるとされています。

p・194 ボツリヌストキシン注射

ボツリヌス毒素の軽鎖と重鎖のうち、軽鎖のほうが活性の本体です。
その軽鎖のみを取り出し、肌へ運搬をするMTDペプチドと結合させたものです。

セラミド

セラミドは角質層における細胞間脂質の一つで、保湿とバリアー機能に重要な成分の一つです。

p.106 保湿のしくみ

セラミドにはヒト型、合成、馬、糖セラミドなど、さまざまな種類があります。

糖セラミドと呼ばれる植物由来のセラミドの原料は、コンニャクやコメやトウモロコシ。

動物由来のセラミドには、馬やミルクセラミドなどがあります。

いずれも人の肌のセラミドとは構造が大きく異なるために、ヒト型と比べると効果は落ちてしまうとされていましたが、近年は技術の進歩によってヒト型以外のものでも満足度の高いものが増えてきています。

◆ヒト型セラミド

人の肌には300種以上のセラミド分子が確認されており、これらと同じ構造をもつセラミド原料をヒト型セラミドと呼びます。

ヒト型セラミドは、自然界にはほとんど存在していません。

しかし近年、植物由来（栗皮）でヒト型構造（セラミドAP）をとり、超長鎖を特徴とする「植物ヒト型セラミド」が開発されました。これは、ヒトの角層と同様にセラミドを蓄積し、保湿が期待できます。

◆ジラウロイルグルタミン酸リシンNa

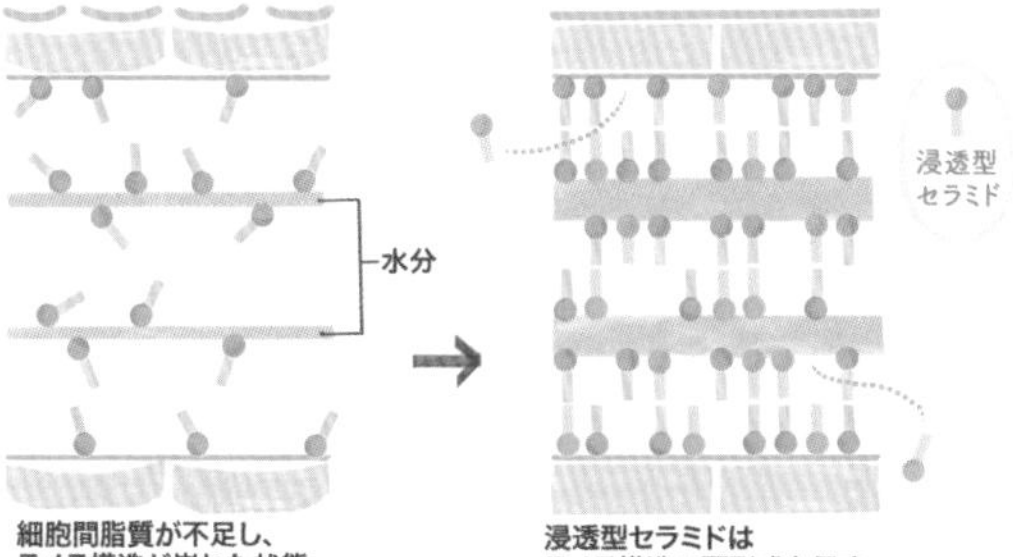

細胞間脂質が不足し、ラメラ構造が崩れた状態。

浸透型セラミドはラメラ構造の再形成を促す。

浸透型セラミドといわれるジラウロイルグルタミン酸リシンNaは、セラミドに似た働きがあるものです。保湿成分のセラミドよりも浸透力が高くまた、バリアー機能はセラミドと同等の成分です。ラメラ構造を回復し、肌のバリアー機能を改善します。

ブルドッグフェイスがかわいいのはブルドッグだけ

シワ・たるみの美容治療

シワの治療に関する正式なガイドラインはありません。治療法としては、皮膚と表情筋を引き締める方法が採られます。

美容医療では、レチノイド外用、ボツリヌストキシン注射、ケミカルピーリング、フィラー、フラクショナルレーザー、自家脂肪移植、リフトアップの手術などが主な方法です。

シワ・たるみの主な治療法

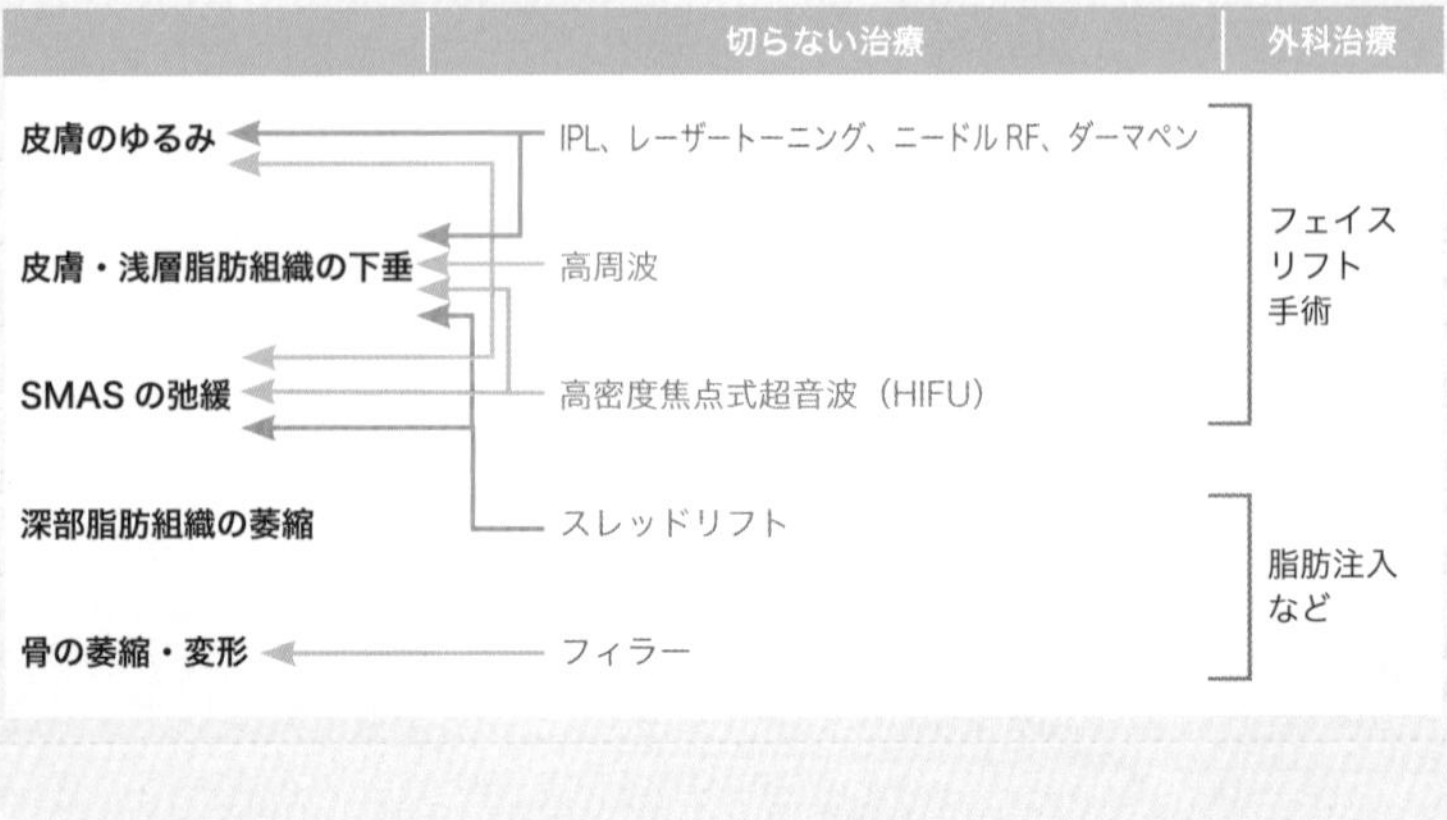

臨床的シワ分類と治療アルゴリズム

静止時や動かしても明らかなシワがない

1st	レチノイド外用
Plus	抗酸化剤
Plus	浅層のケミカルピーリング
Plus	生活習慣の改善

動かすと小ジワが生じる

1st	レチノイド外用
Plus	抗酸化剤
Plus	浅層のケミカルピーリング
Plus	ボツリヌストキシン注射
Plus	生活習慣の改善

動かすと深いシワが生じる

1st	ボツリヌストキシン注射
Plus	生活習慣の改善
2nd	中層のケミカルピーリング
Plus	生活習慣の改善
3rd	フィラー
Plus	生活習慣の改善
4th	dermabrasion
Plus	生活習慣の改善
5th	レーザーアブレーション
Plus	生活習慣の改善

静止時に浅いシワと動かすと深いシワが生じる

1st	dermabrasion
Plus	生活習慣の改善
1st	microdermabrasion
Plus	生活習慣の改善
2nd	フラクショナルレーザー
Plus	生活習慣の改善
2nd	レーザーアブレーション
Plus	生活習慣の改善

E　静止時に深いシワとたるみ、動かすとより深いシワが生じる

1st	自家脂肪移植かシワ取り手術
Plus	microdermabrasion、dermabrasion、あるいはレーザーアブレーション
Plus	生活習慣の改善

【出典】Dimitrios D.（2018）Wrinkles. BMJ Best Practice: 62-63

フィラー治療

美容医療のヒアルロン酸

美容医療で使用されるヒアルロン酸は、ヒアルロン酸溶剤を直接注射で注入して使います。顔の凹んでいるところにボリュームを足して、顔のラインを整えます。

架橋剤というものを用いて、吸収されにくい構造に加工されているものもあります。

注入治療に使われるヒアルロン酸は、ものによって約15〜50㎎/㎖の濃度で含まれ、化粧品の数倍含まれます。

体内での経過

注入されたヒアルロン酸は徐々に吸収されていきます。

そのため、**治療効果を維持するためには定期的に注入する必要があります。**

では、まったく吸収されてなくなるかといえば、そうでもありません。

注入されたヒアルロン酸の中に体内の細胞が入り込み、成長して自家組織にわずかに置換していくことがわかっています。注入されたヒアルロン酸が細胞たちの足場となって、自家組織の成長を助けます。

他方、小さなしこり状になって溶けずにそのまま残るケースもわずかに起こります。

ヒアルロン酸は、もともと体内に存在する物質でアレルギー反応がほとんど起こりません。しかし人間の機能として、異物が体内に侵入すると必ず免疫反応が起こります。その際、身体が異物の表面に膜をつくることがありますが、取り出してみると実際に膜が張っているのを観察できます。

安易に飛びつかない

比較的手軽にできる治療で、身近に行われる治療ですが、そのぶん注意も必要です。

ヒアルロン酸製剤は効果と安全性が認められている高品質な製品から、体内に吸収されない物質が混入しているものまでさまざまなものがあります。韓国のＫＦＤＡやアメリカのＦＤＡなどの国から承認されているものだからといって安全とは限りません。

ヒアルロン酸を誤って血管に注入してしまうと血栓ができ、その先の組織が壊死する場合があります。

また、注入の仕方でボリュームの出方が変わります。注射するだけ……と思わず、信頼できる医師の下で行うようにしましょう。

主なヒアルロン酸の注入部位

ヒアルロニダーゼで溶かせる

もし治療の結果が気に入らなければ、ヒアルロニダーゼという物質を注入して溶かすことができます。
ヒアルロニダーゼはヒアルロン酸のβ 1,4 結合もしくはβ 1,3 結合を加水分解して切断する酵素。これによりヒアルロン酸の粘度が低下し、組織に浸透しやすくなって吸収されます。

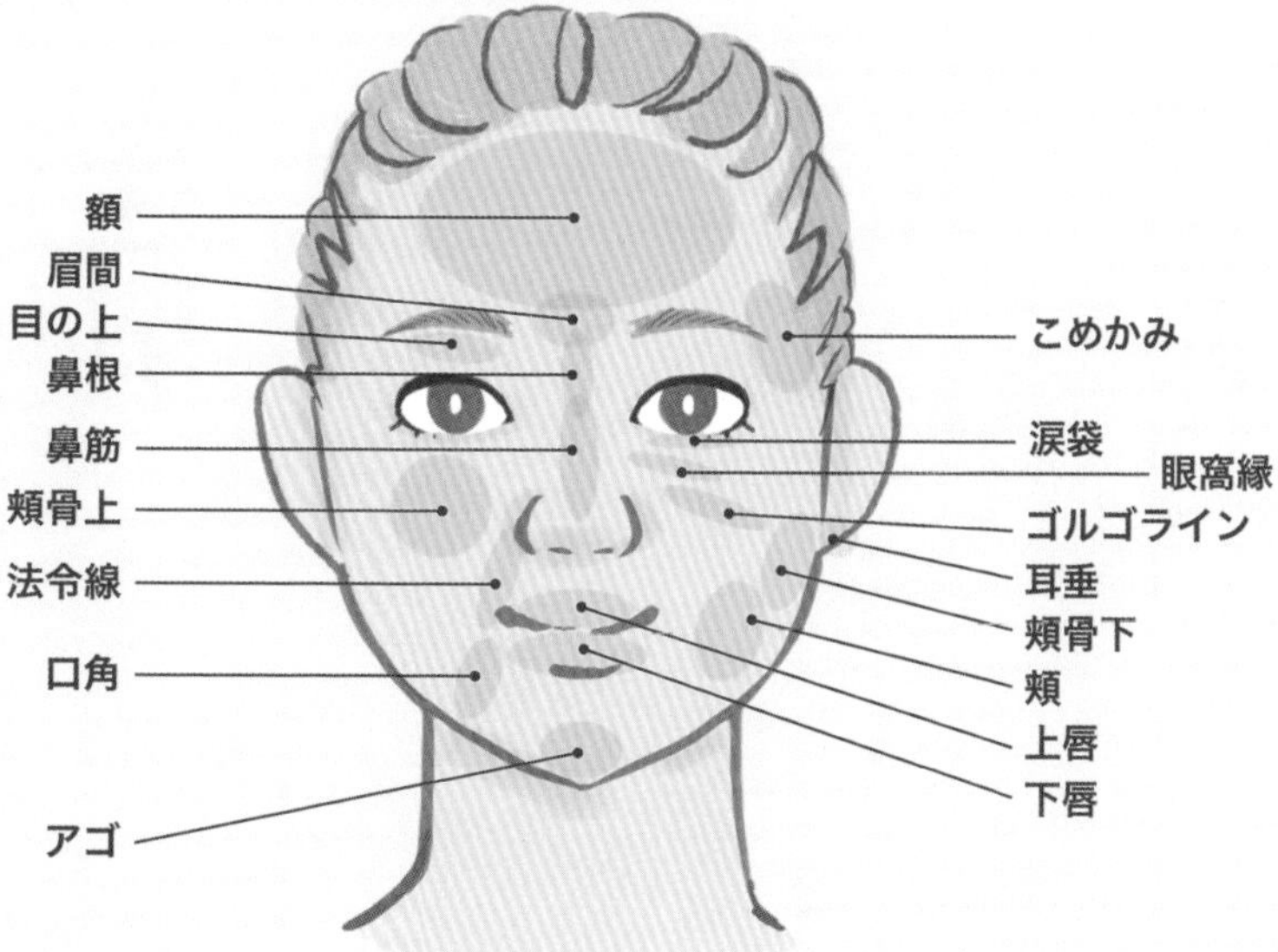

肌よ、止まれ

ボツリヌストキシン注射

シワ治療の代表格であるボツリヌストキシン注射。ボツリヌス菌の作り出すA型ボツリヌス毒素（天然のタンパク質）をごくわずかに含む、筋弛緩作用のある薬剤を、緊張している筋肉に注入します。毒素といっても比較的安全なもので、**斜視や頚性麻痺、顔面けいれん、眼瞼けいれんなどの治療にも使用されます。**

3つの効果

①シワができなくなる

ボツリヌストキシン注射を表情筋に注入したときの一つ目の効果は、表情筋が収縮しないので、シワができなくなることです。

②筋肉のボリュームが減る

次に、筋肉は収縮しなければ発達せず萎縮していきます（廃用性拘縮）。第二の効果は、この筋肉のボリュームが減ることを生かして、エラの咬筋などのボリュームを減らせることです。

③筋肉の緩みを利用してフェイスラインを改善

さらに、筋肉が収縮しなくなることによって緩んでたるみます。たるむと筋肉の長さが増すため、筋肉が張って隠れていたフェイスラインをはっきりさせることができます。

効果の経過

実際の効果は2～3日後から徐々に出てきます。施術後2週間で最大の効果を発揮し、その効果は3～4カ月持続します。その後、徐々に注射前の症状が再び現れてきます。

効果を継続させたい場合は再度注射が必要となります。

ボツリヌス毒素の作用のしくみ

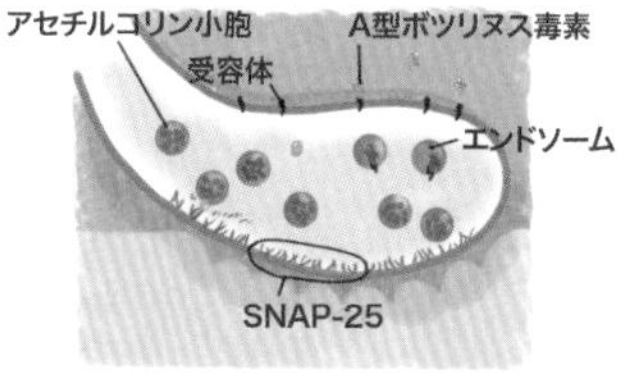

脳が「筋肉を収縮させろ」という伝令を出すとき、アセチルコリン作動性神経終末という神経終末から、アセチルコリンという物質が分泌されます。
アセチルコリンが筋肉に染み込むことで、筋肉は収縮します。
ボツリヌストキシンは、このアセチルコリンが分泌されないようにブロックします。
そのため、脳から筋肉収縮の伝令が届いても、アセチルコリンが神経終末に届かないので筋肉は収縮しません。

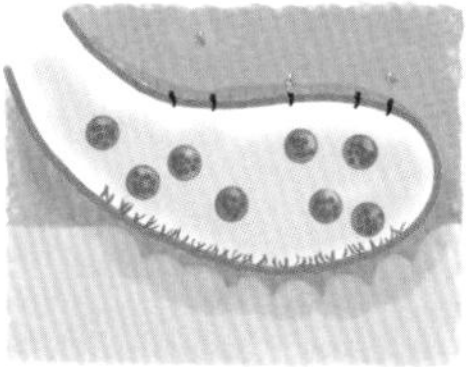

① コリン作動性運動神経終末への結合

ボツリヌス毒素注入後、重鎖が運動神経終末の受容体に結合する。

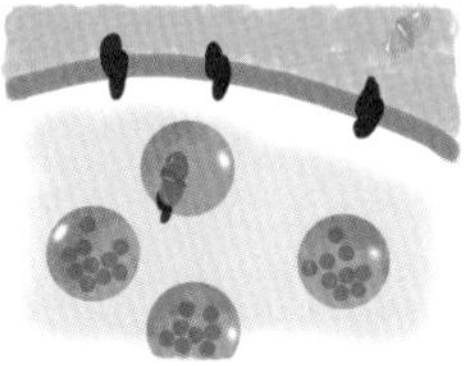

② 神経終末内部への取り込み

受容体に結合したAボツリヌス毒素は、細胞膜の陥入によって内部へ取り込まれる。

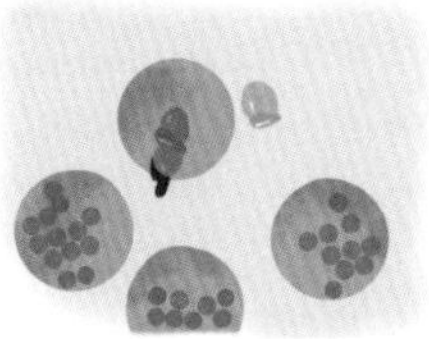

③ 細胞質内への放出

取り込まれたA型ボツリヌス毒素はエンドソーム内にあり、重鎖がエンドソームから細胞質内へ放出される。

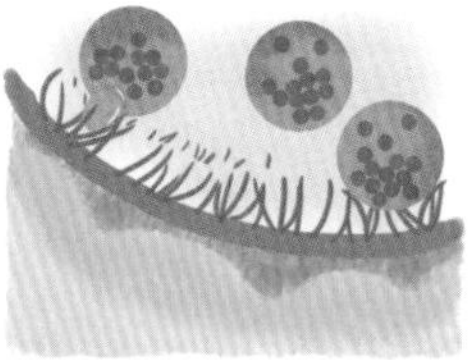

④ アセチルコリン放出を阻害

軽鎖はタンパク質分解酵素として働き、SNAP-25を切断。Ach放出阻害する。

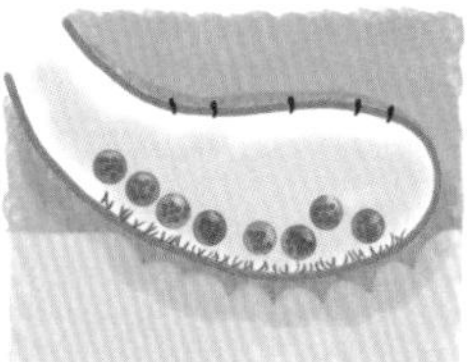

⑤ 神経伝達を阻害された神経

A型ボツリヌス毒素により神経筋伝達を阻害された神経。

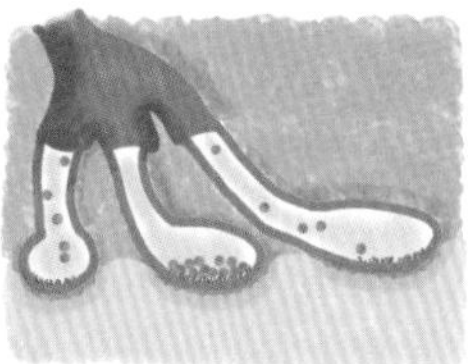

⑥ 神経再生作用

時間経過とともに、神経発芽によって側副枝をつくり、新たな神経筋接合部を形成する。さらに時間が経過すると、側副枝は退縮する。

ペプチド

アミノ酸とタンパク質の仲間。保湿力があるので、保湿目的で従来より使われていた成分です。

ペプチドは、アミノ酸が2〜29個連鎖した状態のものの総称です。

アミノ酸2個のペプチドをジペプチド、3個のものをトリペプチドと呼びます。

シワを抑制する作用があるものや、幹細胞を活性化させるもの、酸化・糖化を防ぐものなど、さまざまな種類があります。

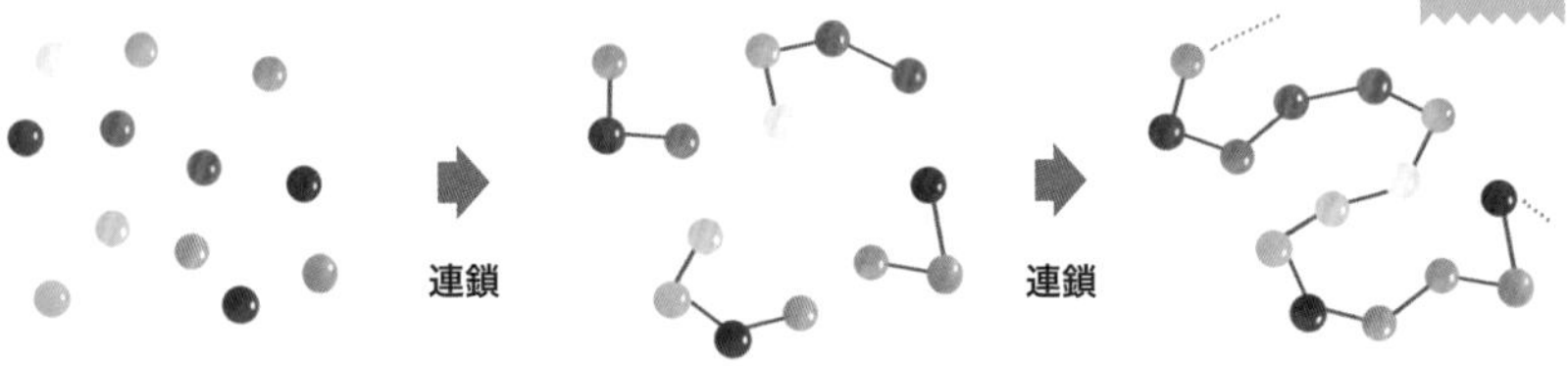

アミノ酸

タンパク質の材料。20種類ある。消化の必要がなく吸収されやすい形。BCAAやグリシンなどのように、単体でも特有の機能を持つものも。

ペプチド

アミノ酸が2〜29個連鎖した状態。自然由来のもののほかに、タンパク質を人工的に切ったりしてつくられたものもある。

タンパク質

ペプチド状態からさらに連鎖し、50〜数十万個ものアミノ酸がつながった状態。さまざまな器官や組織になる。

NOTE

DEJ（表皮真皮接合部）

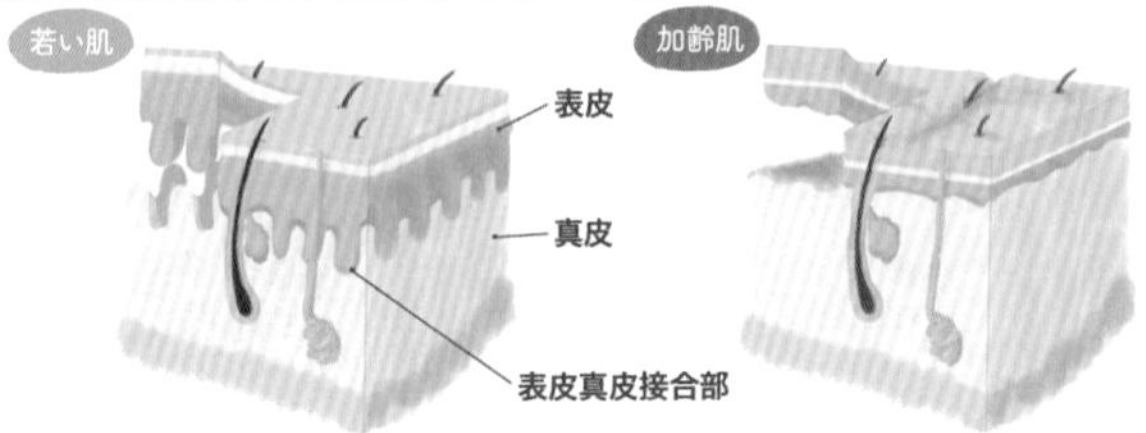

真皮と表皮の境界部分であるDEJがアンチエイジングに重要だということがわかってきており、このDEJにアプローチする化粧品などが登場しています。
若い肌ではDEJは波状に大きくうねっていますが、加齢とともにうねりは減り、平坦になります。それにより皮膚が弛緩し、たるみにつながると考えられています。

さまざまなペプチド

アセチルテトラペプチド -2	肌の免疫機能向上、ターンオーバーの正常化、炎症物質抑制、メラニン生成抑制。
パルミトイルトリペプチド -38	コラーゲンを生成してハリを向上させる。
パルミトイルヘキサペプチド -14	コラーゲン IV、フィブロネクチン、ラミニン -5、エラスチンを産生し、DEJ を刺激して、細い線やシワを改善し、肌を引き締める。
パルミトイルペンタペプチド -4（マトリキシル ™）	中に含まれる活性分子マイクロ - コラーゲン ™ が線維芽細胞に到達。コラーゲン（Ⅰ、Ⅲ、Ⅳ）やヒアルロン酸、グルコサミノグリカンなどの皮膚細胞間物質分子を合成するように細胞を刺激する。特にコラーゲンⅣは、DEJ の修復のために重要。
アセチルヘキサペプチド -3（文献によってアセチルヘキサペプチド -8）（アルジルリン ™）	ボツリヌストキシン注射が禁止されているスペインで、代用薬として開発された。ボツリヌストキシン注射がアセチルコリン放出を 50％抑制するのに対し、アルジルリンは 40％抑制する。小胞結合膜タンパク質に、SNAP25 と競合して結合することでアセチルコリンの放出を抑制し、表情を作る筋肉の収縮を減少させる。
アセチルオクタペプチド -3	アルジルリンにさらに 2 つのアミノ酸がくっついたもの。アルジルリンに似た作用を持つ。
シグナルペプチド	コラーゲンⅠ、Ⅲの生成を促し、DEJ を強化する。
トリフルオロアセチルトリペプチド -2	真皮中の MMP-1、MMP-3、MMP-9 活性を阻害する生体模倣ペプチド。UV-A 照射下でのエラスターゼ活性を阻害。ヒト線維芽細胞の格子収縮モデルによる引き締めやハリ効果が報告されている。
アセチルデカペプチド -3（リジュリン）	・コラーゲン、エラスチン、ヒアルロン酸の合成促進。 ・線維芽細胞の活性化と増殖を促進。 DEJ を構成する主成分・ラミニン合成を促進し、DEJ のダメージを修復する。
オリゴペプチド -24	・表皮細胞、線維芽細胞に働きかけ、皮膚機能を回復。 ・IGF を活性化し、成長ホルモンの働きを補助。皮膚のターンオーバーを健全化する。
オリゴペプチド -24	・表皮からアンチエイジングをする。上皮細胞増殖因子（EGF）を誘導し、皮膚の保護機能を回復させる。 ・EGF の持つ表皮細胞の増殖効果を促進。皮膚のターンオーバーを最適化し、若返りを促す。
デカペプチド -4	IGF 様合成ペプチド。細胞に活力を与え、幹細胞を活性化させる。高い抗シワ効果を持つ。
カルノシン	β-アラニンとヒスチジンから成るジペプチドで、酸化・糖化を防ぐとともに、細胞分裂を促進する。

スレッドリフトとフェイスリフト

フェイスリフト

フェイスリフトはこめかみなど目立たないところの皮膚を切り取り、顔全体の皮膚を一度剥がし、切り取ったぶんのスペースを後ろに引っ張ることで、たるみを改善する手術です。

ほうれい線、マリオネットラインなど、顔の中央部のたるみを気にする方が多いと思いますが、実はアジア人は頭蓋骨の形状から、顔の中央部でのフェイスリフトの効果が白人より表れにくい傾向にあります。

スレッドリフトの歴史

長頭の白人の場合、側頬部の皮膚を引っ張れば、顔の中央部までダイレクトに力が伝わるので、たるみをしっかり改善することができます。

しかし短頭のアジア人は側顔でベクトルが90度変わってしまうため、十分な力が伝わりにくく、欧米人に起こるほどの劇的な変化が起きにくいという側面がありました。

そうした背景からスレッドリフトはアジアを中心に研究されてきました。

専用の糸を顔の中央部までダイレクトに通し引っ張ることで、顔の中央部をリフトアップさせます。

溶ける糸

スレッドリフトの糸は時間とともに溶ける専用ものを使います。

溶けない糸を入れても、地球上にいる限りたるみはとまりません。再び糸を入れる際、糸が溶けていないと、皮膚の中の糸がどんどん増えていくことになります。

このため現在は、ある程度時間がたつと溶けてなくなる糸を使用することで、スレッドリフトを繰り返せるものとなっています。

計画的に選択しよう

もちろん、フェイスリフトがアジア人にとって効果がないというわけではありません。**フェイスリフトはシワ、たるみの最終奥義です。**

一度目の手術が一番リフトアップします。筆者の経験では三度目になると、ほぼ動かない場合が多いので、施術できる回数には上限があると考えましょう。

最近はスレッドリフトに匹敵する機械治療も増えてきています。なにが最良の選択肢かは、十分に医師と相談して決めましょう。

頭の形状とフェイスリフト

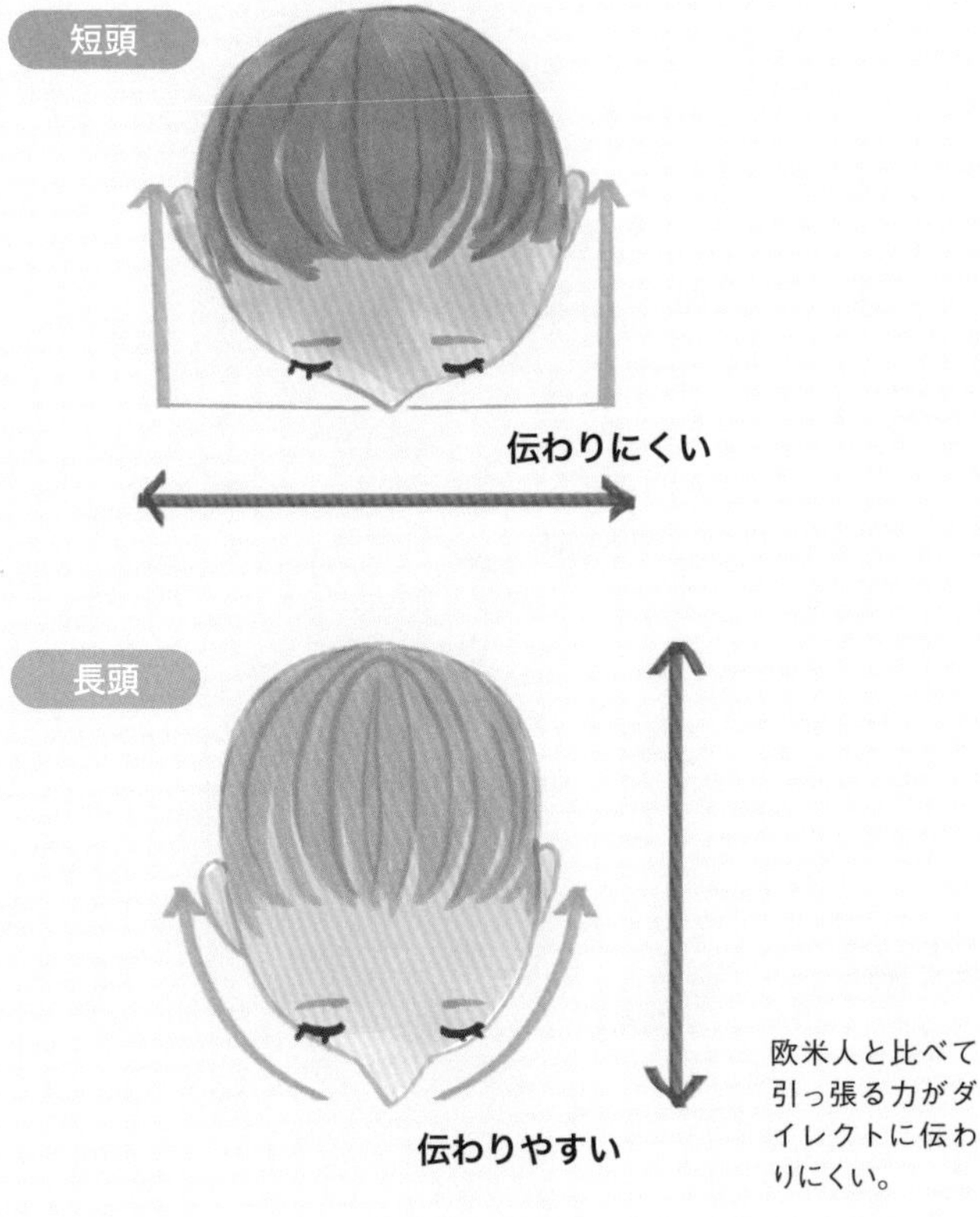

短頭
伝わりにくい
長頭
伝わりやすい
欧米人と比べて引っ張る力がダイレクトに伝わりにくい。

いろいろな機械治療②

RFとHIFU

RF

RFは**ラジオ波**の略。電磁波の中でも周波数30〜300MHz（波長100km〜1m）の電磁波のことを総称してラジオ波と呼びます。

さまざまなラジオ波があり、周波数や出力によってその効果はさまざまですが、**基本的には体内の水分を振動させて熱をつくり出すことで作用します。**

HIFU

HIFUは**高密度焦点式超音波**といい、耳に聞こえない音波である超音波を使います。

虫眼鏡のように超音波を一点に集めて、熱エネルギーと振動を送り込みます。施術目的に応じて、深さを設定します。

どちらも、熱の作用でリフトアップさせることに使う機械です。

焼き肉をイメージしてみると、熱を加えると、肉はみるみる縮みます。同様に、皮膚の下にあるSMASという層に熱を加えることでタイトニング効果があります。縮んだぶんが引き上げられ、リフトアップできます。

HIFUはピンポイントに点状に熱を加えますが、RFはじわじわと全体的に温めていきます。

補足

RF と HIFU は熱による脂肪減少効果もあります。

医療機器の作用イメージ

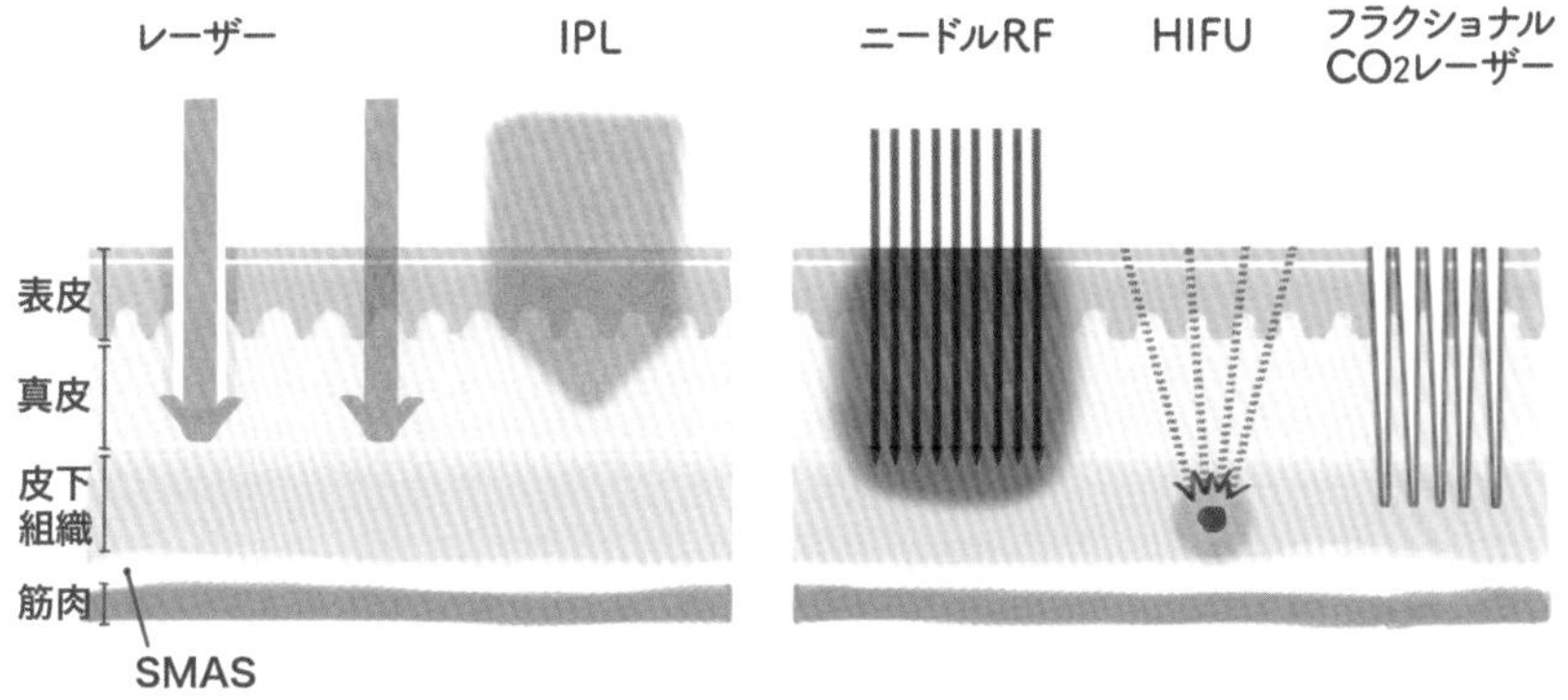

HIFUは医療行為

エステサロンでもHIFUを使った施術が行われることがあります。クリニックのHIFUはどちらがいいの？　という疑問を持つ人も少なくありません。その前に、そもそもHIFUはエステで行ってはいけないと認識しましょう。トラブルが相次いだため、国民生活センターからも注意喚起がなされています。

HIFUは解剖の構造を考え、「こういうところを上げると、こう治る」と考えながら行うものです。方向を誤ると、逆にたるむことがあります。当て方も大切で「当てればいい」というものではありません。

2017年に国民生活センターは、エステサロンのHIFU施術を受けて「顔面が急に熱くなり痛みが走った」「熱傷になり、治るまでに半年かかると言われた」「神経の一部を損傷した」といった治療に数カ月を要する危害を負ったという相談が消費者から寄せられていることを公表し、調査の結果次の点に気をつけるよう注意喚起を行っています。

☑エステサロン等でHIFU施術を受けない

HIFU施術による侵襲行為は、医師の医学的知識や技能を必要とする施術であり、医師以外の者による施術は受けてはいけません。

☑トラブルが生じたらすみやかに医師の診察を受ける

HIFU施術では、表面からは判断のつきにくい危害が発生することもあります。自分が施術を受けたエステサロン等の広告やホームページの施術内容の記載箇所を印刷して持っていくなどして、自分がどのような施術を受けたのかを、医師にきちんと伝えるようにしましょう。

☑美容施術を受ける際には広告をうのみにしない

施術にはリスクはつきものです。リスクが一切ないとうたっていたり、リスクについて記載がないサイト等の情報をうのみにするのはやめましょう。

コラム

美容クリニックでの契約はクーリング・オフできる？

特定商取引に関する法律（特商法）

Q インターネット広告を見て、美容クリニックの無料カウンセリングを申し込んだ。肌の状態を相談して説明を聞くだけのつもりだった。
しかし当日、カウンセラーから詳しい話を聞くうちに断りづらくなり、美肌治療と全身脱毛の10回分の施術の契約をしてしまった。契約代金は50万円だったが、「月々15,000円ぐらいだからさほど負担にならない」と言われ、3年の支払期間のクレジット契約書にサインしてしまった。契約を後悔しているが、クーリング・オフはできるか？

A 特商法が改正され、2017年12月以降、次の2点を満たしていれば、特商法に基づくクーリング・オフができるようになりました。

- 期間が1カ月を超える継続的な美容医療サービス（※1回限りの施術は対象外）
- 契約金額が5万円を超えている

契約書面を受け取ってから8日以内に断る旨の書面を発信すれば、無条件で解約できます。8日を過ぎた場合でも、違約金を払えば中途解約ができます。

全ての美容医療サービスが対象になるわけではありません。「脱毛」「皮膚のシワ又はたるみの症状の軽減」「脂肪の減少」等に限定され、しかも施術方法によっては対象にならないケースもあります。

この事例のように、「無料カウンセリング」など価格の安さを強調した広告にひかれ、クリニックに行ったら、予定よりはるかに高額な美容医療契約をしつこく勧められ、断りづらくなり、つい契約してしまった……という相談が後を絶ちません。
その結果、行われた法改正です。

美容医療サービスでは、高額な費用を払って施術を受けても、期待通りの効果が得られないこともあります。一度契約し、施術を受けてしまったら返金はおろか、施術前の状態に戻すことが難しい場合も少なくありません。

契約・施術前によく情報収集しましょう。また、医師に十分な説明を求め、慎重に判断することが大切です。納得いくまで施術の説明を受けることはもちろん、契約書の際の約款を熟読し、費用総額や支払方法、クーリング・オフや中途解約ができるかを確認しましょう。

PART 5

そのほかコンプレックスへの対処法

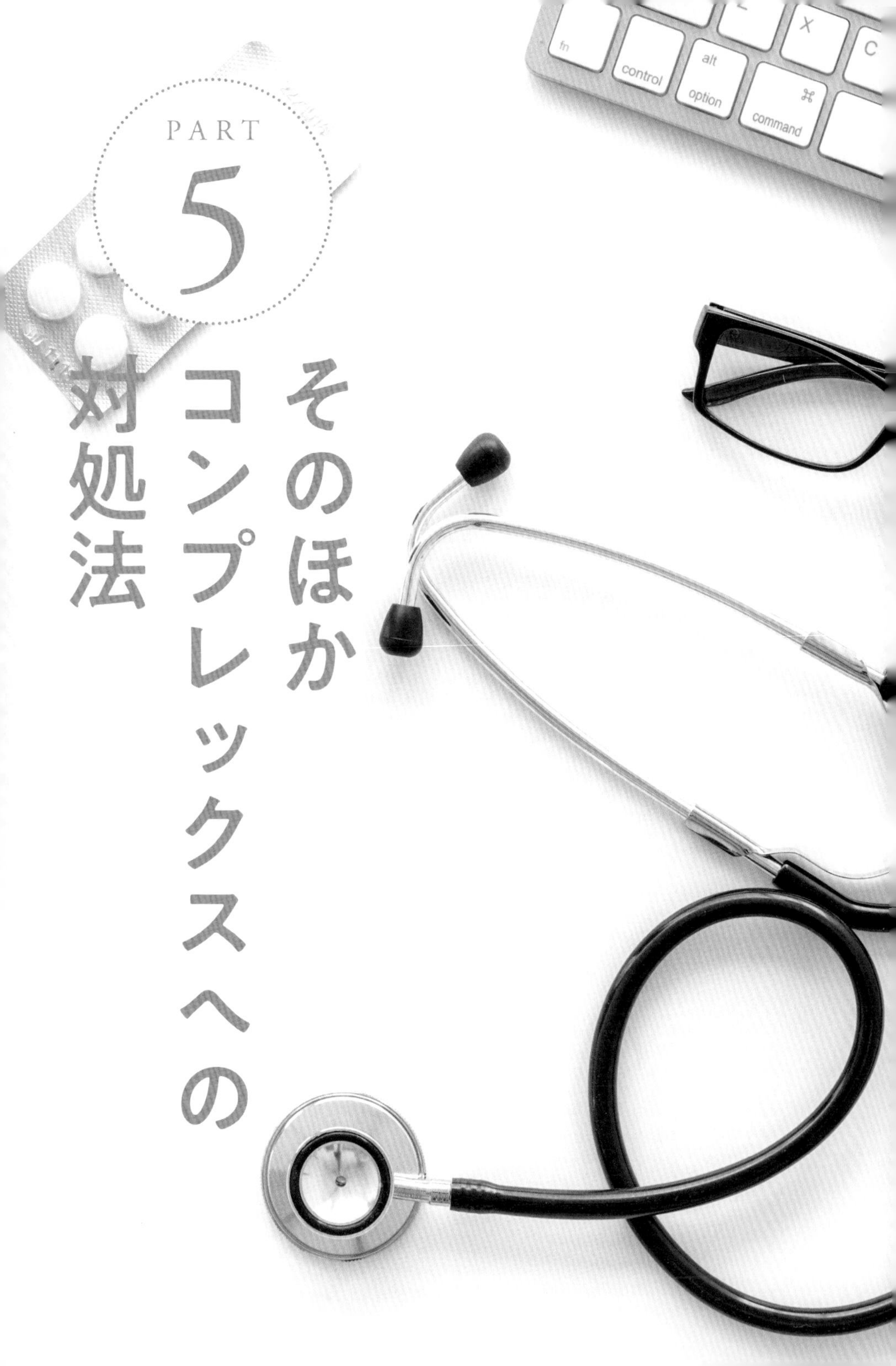

クマ

クマと一口に言っても、いわゆる茶クマ、青クマ、黒クマなどがあり、それぞれ原因が異なります。

色素沈着の茶クマ

目元をこするなど、皮膚への刺激が色素沈着を引き起こします。

自分でできる茶クマ対策

・保湿をしっかり行う
・ビタミンCを多く含む食べ物を食べる
・美白作用のあるアイクリームを使う
・やさしくスキンケアをする

血行不良による青クマ

疲れや睡眠不足などで目元が血行不良を起こすと、青いクマができます。目元の皮膚はほかの部位と比べて薄いので、血流が滞ると皮膚の上からでも青黒く見えてしまいます。

自分でできる青クマ対策

・睡眠をしっかりとる
・血流をよくする作用があるビタミンE、カフェイン、朝鮮人参が含まれているアイクリームを使う
・入浴や運動で血行を改善する
・スマホやパソコンの長時間使用を避ける

Q 目の周りのツボ押しマッサージでクマを解消できますか？

A そもそもスキンケアの原則に反しています。色素沈着だけでなく、さらなるたるみにつながり、クマが悪化する可能性のほうが高いでしょう。

♦眼窩脂肪

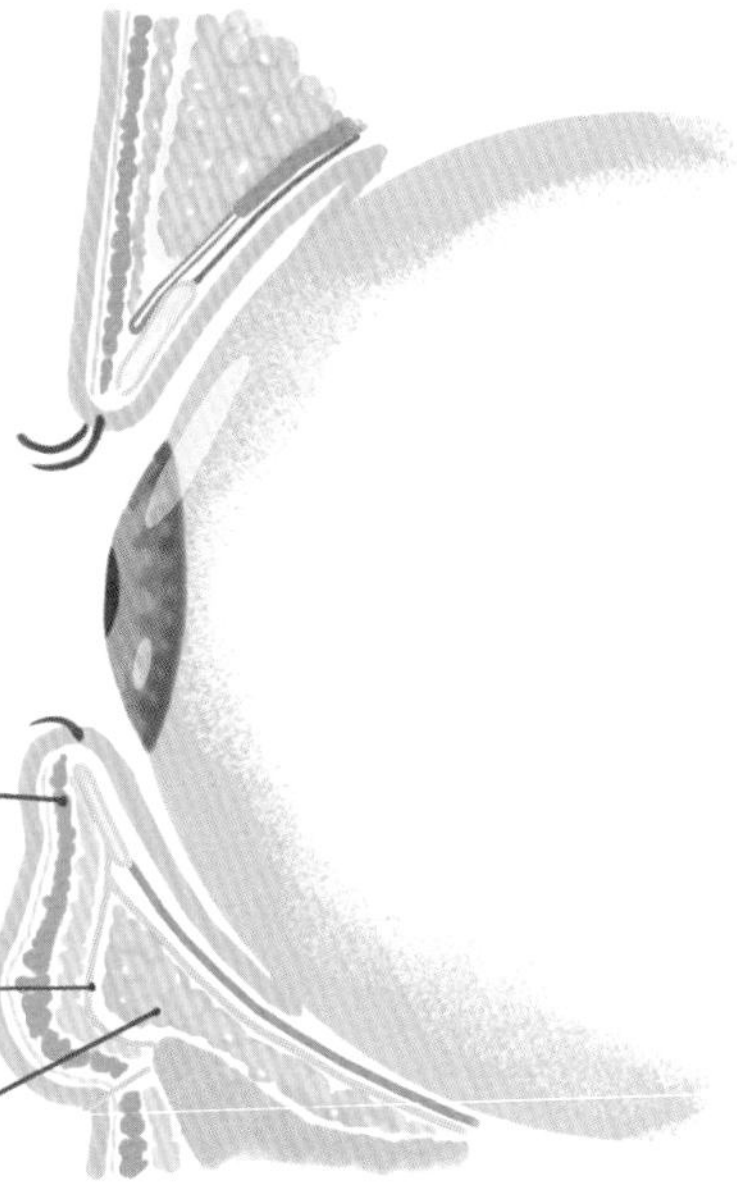

♦眼輪筋

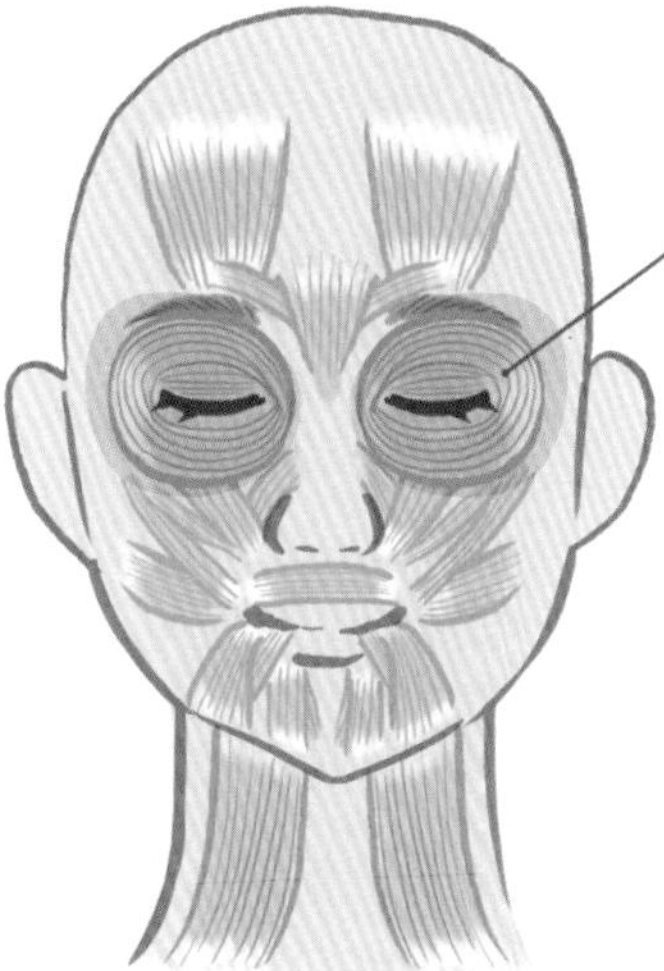

眼輪筋は、目の周りをぐるりと囲むように広がっています。瞼を閉じる働きをする不随意筋です。**筋肉ですが、トレーニングで発達するということはありません。また、ある特定の筋肉の特定の一部だけを動かすことはできません。**ふくらはぎの筋肉の一部を動かすことはできないのと同じです。
そのため、ウインクなどの眼輪筋トレーニングで涙袋の部分だけを鍛えてふっくらさせるということはできません。
眉毛を上下させるような動きは、逆にまぶたのたるみの原因になります。

宿命の黒クマ

加齢により眼球が下がると、眼球の下でクッションの役割を担う脂肪が前に押し出されて膨らんできます。するとその下に影ができて、黒クマになってしまいます。

皮膚の厚さや眼球と骨の位置関係で、将来黒クマになる宿命を背負っている方がいます。特に次のような特徴を持っている方は、黒クマの星の下に生まれてきたといえるでしょう。

●皮膚が薄い

眼球下の脂肪が入っている袋の皮膚や、脂肪を支える眼窩隔膜が薄いと、脂肪を支えきれないため、前に膨らんできてしまいます。

●頬の位置が低い、頬骨の張り出しが少ない

眼球下の脂肪が出てきたときに目立ちやすいです。加齢によって頬の肉が下がったり、減ったりすると、目立ちやすくなります。

●眼球が大きい

眼球の大きさは人により大きくは変わりませんが、多少大きいだけでも脂肪にかかる重みが増え、前に膨らんできてしまいます。

黒クマ対策

黒クマは、生まれ持った骨格や肌質などが原因。**できてしまったら、進行しかなく、自力で改善することはできません。**餓死しそうになるくらい体内の脂肪がなくなれば、目の下の脂肪も減るかもしれませんが……。

きれいさっぱりなくしたい場合は、医学的な治療しかありません。

その場合は、脱脂術で下まぶたの裏側を小さく切開し、余分な眼窩脂肪を除去するなどして、目の下の膨らみを改善します。

必要に応じて、眼窩隔膜のたるみを改善する「ハムラ法」や脂肪注入、たるんでいる皮膚の切除なども、適応を見ながら行います。

Q 目元用マイクロニードルパックで血流をよくすればクマは改善しますか？

A 角質層を越えて針が基底層にまで刺激を与えるとうたっていれば薬機法違反です。さらに、本当に基底層まで刺さるのであれば、通常の角質層のバリアーを越えてさまざまな成分が中に入るということ。アレルギー反応を起こすかもしれません。さらに、ほかに顔につけているものも針を伝って肌の中に入ってしまう可能性があります。

笑顔と若さの象徴

ぷっくり涙袋

涙袋の正体は、まつげの下の筋肉の盛り上がり。眼輪筋の一部が力コブのように盛り上がっています。

膨らみの程度は筋膜や皮膚の厚さにより個人差があります。涙袋があっても、目の下のクマに埋もれて、見えなくなってしまっていることもあります。

涙袋は生まれ持ったもので、自力でつくることはできません。いくら保湿しても、ぷっくりした涙袋になるまで水分を蓄えさせることはできません。

p.205 眼輪筋

涙袋をつくるには

医療用ヒアルロン酸や脂肪などの注入治療が選択肢になります。

涙袋はそれを下で支える靭帯構造のようなものがしっかりしていないと、いくら注入しても立体的にならず、注入物が下に流れてしまいます。

注入治療できれいにできるかの見分け方は、ニコッと笑ったときに、細くてもいいから涙袋の下のラインがしっかり出るかどうかです。

Q 指を使って下まぶたを上に持ち上げることで眼輪筋が発達すると聞きましたが本当ですか？

A 目の下のむくみを一時的に解消できるために、涙袋ができたように感じるだけではないかと考えられます。そのような方法で筋肉が発達することはありません。

一重＆二重まぶたの違い

くっきりした二重まぶたに憧れる方は少なくありません。マッサージなどで二重まぶたを目指す人も多いですが、まず二重まぶたのしくみを知ることが重要です。

二重まぶたが皮膚の折れグセでできるものであれば、マッサージなどで二重まぶたになるかもしれませんが、実は折れグセなどではありません。

もちろんそうした線が二重まぶたのように見える場合もありますが、それはあくまでもシワであって二重まぶたではありません。

「つなぎ」があるかどうかがカギ

二重まぶたの場合、**挙筋腱膜とまぶたをつなぐ「つなぎ」**があります。

眼瞼挙筋が収縮して後ろに引っ張られることで、まぶたが開きますが、そのとき、この「つなぎ」も一緒に後ろに引っ張られます。それに合わせてまぶたの皮膚が引き込まれていくことで、二重まぶたになります。

一重の人は、この「つなぎ」によって引っ張る力が弱いか、そもそもありません。

この「つなぎ」がなければ、自然に二重まぶたになることはありません。「つなぎ」を自力でつくることもできません。

Q 二重のりで二重まぶたになる人がいるのはなぜ？

A たまにこのようなケースがあります。もともと「つなぎ」があっても、なんらかの理由でまぶたを引っ張りきれず、まぶたが折れ曲がっていなかったと考えられます。「つなぎ」があれば、加齢によって皮膚が薄くなるなどのさまざまな条件が整うことで、まぶたをしっかり引っ張れるようになり、二重まぶたになることがあります。

♦一重まぶたの原因

- そもそも「つなぎ」がない
- 「つなぎ」があっても、眼瞼挙筋がまぶたを引き上げる力が弱い
- 「つなぎ」も引っ張る力もあるが、まぶたの皮膚が厚いため、まぶた折り畳まれない

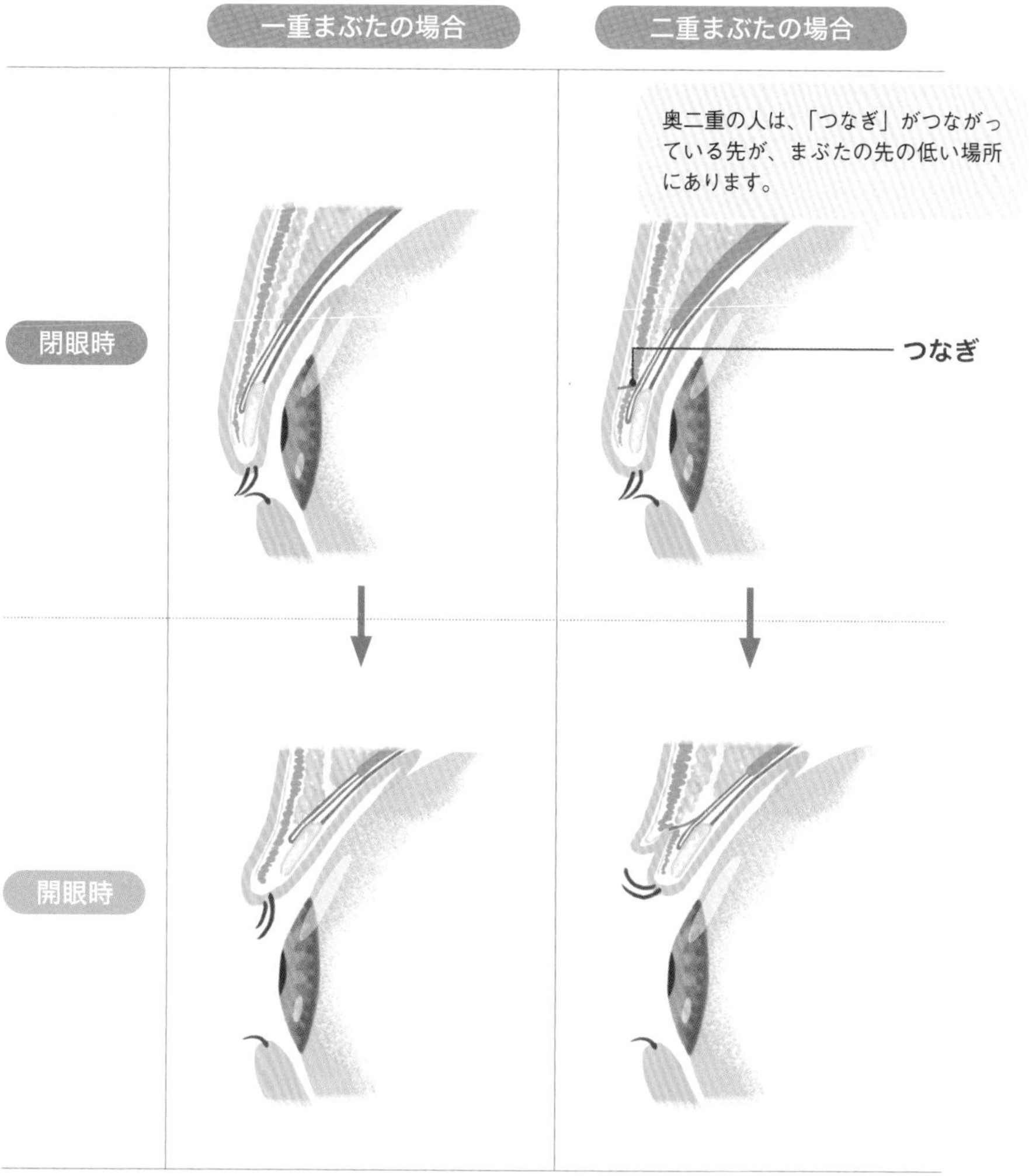

眼瞼下垂

眼瞼下垂とは、上のまぶたが垂れ下がって目が開きにくいという症状を指します。視界が狭くなって、ひどいと日常生活にも支障をきたしてしまうため、保険診療の対象になっています。

その原因としては次のものがあります。

- **眼瞼挙筋の衰え**
- **挙筋腱膜が伸びて瞼板を持ち上げられない**
- **挙筋腱膜から瞼板が外れてしまっている**

眼瞼下垂を引き起こしやすいものとして、加齢のほか、ハードコンタクトレンズによる刺激があると考えられています。

まばたきは一日約1万9千回しています。そのたびにレンズとこすれ、まぶた内の組織が引っかかってしまっていれば、眼瞼下垂のリスクは十分にあります。

二重のりは最長5年が目安

まぶたに接着剤やシールを付着させて二重をつくる二重のり。

第一のリスクは、皮膚が伸びることです。皮膚が伸びて余ってしまい、埋没法だけでは二重にできないケースが増えています。**5年以上二重のりを続けている人は、皮膚がとても伸びてしまっている傾向にあります。**

第二のリスクとして、接着剤などが肌の負担となり、かぶれが起こりやすくなります。

Q 自力で二重にしたくて、二重マッサージをしています。

A 二重になりたいからといって、マッサージなどを続けるのは、むしろ目の周りの老化を早めるだけです。**まぶたの皮膚は人体で最も薄い皮膚で、約0.5mmほどしかありません。**

まぶたの先ほど薄く、眉毛に近づくにつれて厚くなっていきます。

一番薄いということは、デリケートな皮膚です。二重をつくるためにこのデリケートな皮膚を伸ばしたりするのは、びろびろに伸ばすだけです。

非常にまれに、毎日二重のりをしていたことで、まぶたの組織の中で癒着が起きて、「つなぎ」ができたというケースがあります。
自分が二重まぶたになったからといって、そのやり方を紹介する人がいますが、たまたまこのケースに当てはまった人かもしれません。同じ方法で、自分も二重になれると信じて真似をするのは避けたほうがよいでしょう。

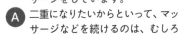

♦美容医療での治療

医療では、まぶたと挙筋腱膜の「つなぎ」を外科的につくります。

埋没法

糸で挙筋腱膜とまぶたを結ぶ方法です。分厚すぎる人は糸でも足りないので、切開が適応となります。

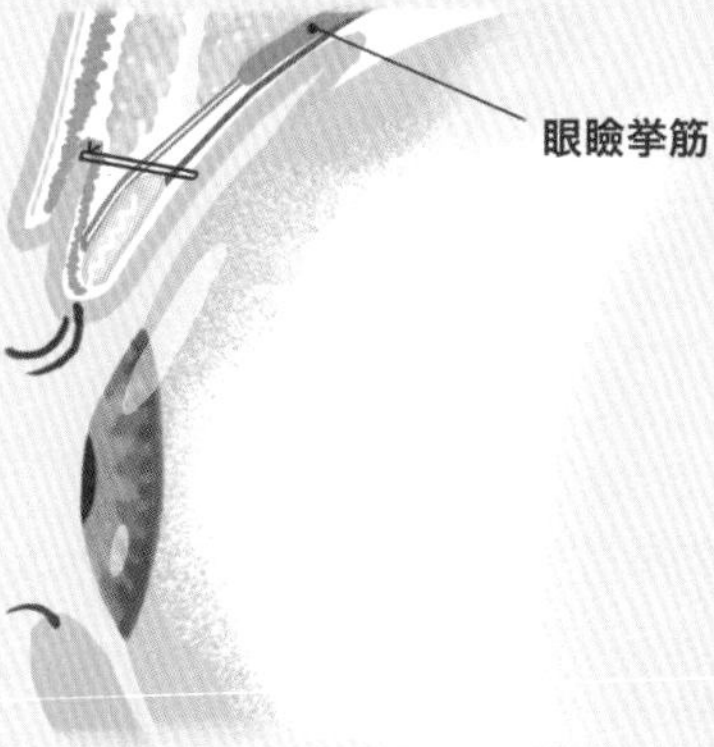

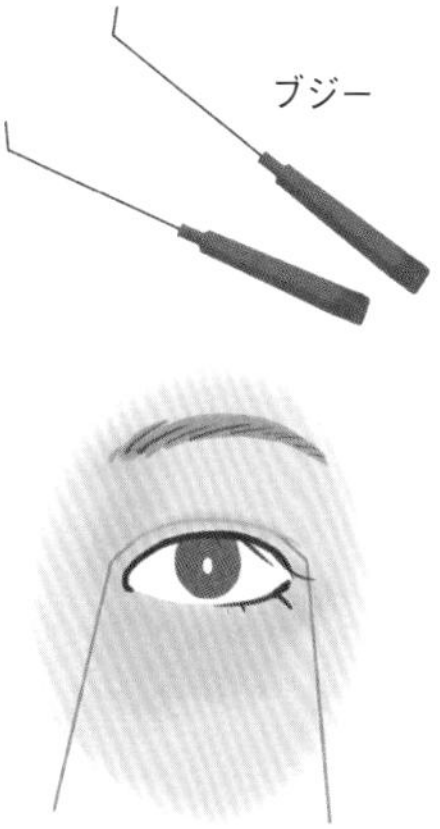

ブジーという器具を使って、希望のラインに折り目を付けます。
このラインを維持できる場合、埋没法が適応となる可能性が高いと判断できます。
適応ではない場合、器具を外した瞬間、折り込みが元に戻ってしまいます。
二重のりでしっかりラインがつくれる人は、同様に埋没法が適応になる可能性が高いでしょう。

切開法

脂肪や筋肉などを調整して「つなぎ」をつくります。大きく分けると、「小切開」と呼ばれる部分的に切る方法と、広く切る「全切開」と呼ばれる方法があります。

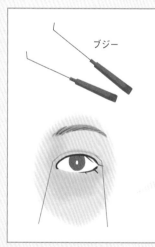

高くしたい、
小さくしたい

鼻のお悩み

3次元構造である鼻。いくらメイクでハイライトやシャドウを入れても、正面だけでなく、全方面から見たときに美しく見せるのは難しいパーツです。

鼻先から左右に伸びている鼻翼軟骨がどんな形になっているかで、鼻の形は決まります。

軟骨は形が変わる？

鼻の上側は、硬い骨（鼻骨）でできています。下側は軟骨でできています。

子供の頃はまだ骨が完成していないので、骨折するときも「若木骨折」と言って、パキッと折れずに、ふにゃっと曲がったりします。子供の頃に転んだりしたことが原因で、大人になっても鼻が曲がっているという人がいます。

しかし鼻骨は、成長とともに完全な骨になっていき、とても硬いです。

そのため、**子供の頃であれば外側からの力で変形することは否定はしませんが、大人になれば鼻は固まります。**

鼻の形を変えるには、骨を切ったり縫ったりしなければ難しいものです。

Q 鼻はつまんだり、マッサージしたりして高く、または小さくできる？

A 美容外科では、鼻の軟骨もノミをハンマーで叩いて削るくらい硬いものです。指で押したり叩いたりしたくらいで、どうにかなるはずがありません。むしろ、マッサージなど刺激を与えることで、鼻が高くなるより前に、肌が摩擦や衝撃でボロボロになります。

脂肪組織

揉んだりしても脂肪は減りません。もともと鼻の脂肪はわずかです。

なお、鼻の皮脂が多く、黒ずみや毛穴が大きいことと脂肪の量は相関しません。

皮膚は一般的に持続的に力を加えれば伸びますが、**鼻先の皮膚は、お腹などの皮膚と比べて非常に厚くて硬いので、持続的に力を加えても、ほとんど伸ばすことができません。**

自力ではどうにもならない

毎日鼻をさわり続けていると、鼻の皮膚がダメージを受けます。**皮膚が角化して厚くなったり、色素沈着を起こして黒ずんでしまったりします。**

鼻を高くするならヒアルロン酸やプロテーゼを入れること。だんご鼻の改善は、外科的処置で骨の形を整えたり脂肪を切除したりする必要があります。

♦だんご鼻の原因

軟部組織が多いタイプ

鼻翼軟骨の形が丸いタイプ

Q 鼻叩きで鼻は高くなる？

A 骨新生、骨増生という原理では、骨が再生すると確かに以前より太くなっているケースがあります。骨新生や骨増生が起こるくらい鼻を叩くのであれば、例えばハンマーで鼻の骨にヒビが入るくらい強い力で叩かなければなりません。決して、指で軽く叩くくらいでは起きません。それでも、必ず骨増生、骨新生が起きるとは限りません。

そのほかコンプレックスへの対処法
鼻のお悩み

小顔になりたい

芸能人やプロのモデルさんの顔の小ささは生まれつきです。一般人が頑張って目指せるレベルではありません。

どうにか近づく方法はないものかと思うかもしれませんが、自己努力でできることはないと考えましょう。

・痩せる
・脂肪吸引、または骨切り手術を受ける

これができる最大限です。

首が長く見える人というのは、小顔だから相対的に首が長く見えるだけです。

むくみ取りマッサージ

確かにマッサージでリンパ液や血液を流せばすっきりします。

しかし、リンパ液や血液というものは常に体内を循環しているもの。**むくみの根本的な原因が解消されなければ、またむくみます。**

プロのヘアメイクさんが、撮影前に行うマッサージは、その瞬間最大の美しさをつくり出すために行うものとしては効果的でも、その後の持続的な美しさのために行われるものではありません。

例えば結婚式や特別なデートなど、最高の自分をつくりたいときは、マッサージで一時的にむくみを取るのはアリです。

小顔マッサージャーやエステも同様です。そもそも肌をこすることは美肌をつくる原則に反します。毎日続けていたら、刺激がどんどん蓄積されて、10年、20年後にはシミとたるみだらけになります。

脂肪取りマッサージ

人の手で脂肪は溶かせません。人肌程度の温度で脂肪が溶けるようなものであれば、体温より温かいお風呂に毎日浸かっている人はみんなガリガリになっているはずです。

小顔矯正

小顔にする手術は、骨をノコギリで切って取り出して、最後はネジで留める大掛かりなもの。指で押したくらいで骨が簡単に動くなら、骨切り手術ほどハイリスクな治療は行われていないはずです。

なお、２０１６年６月30日に頭蓋骨の矯正

骨は土台中の土台～**骨切り手術**

小顔になるための手術で、骨を切るものがあります。

発達しすぎているあごやエラの骨を削ったりするだけでなく、それぞれの骨を切って小さくして、ネジで留めて継ぎはぎする手術があります。もともとは生活に支障がある先天奇形や外傷による変形の治療に行われる手術でした。


それを美容にも転用した手術が行われますが、骨は身体の土台です。手術をしてなにかトラブルがあれば、皮下組織の手術とは問題のレベルが違います。


そもそも骨も血が通っている組織。常に代謝をしながら生きています。石膏のように、絶対的にそこにあるものではありません。

そのため、いずれ必ず加齢で小さく弱くなっていきます。手術をするかはよく考えて行いましょう。

で小顔になり、効果が持続するかのような広告を掲載した9業者に対して、消費者庁が「根拠がない」とし、景品表示法違反（優良誤認表示）で措置命令を下しています。つまり、効果はないということです。

頭蓋骨のしくみ

小顔矯正などの説明で、「頭蓋骨の隙間を閉じる」などと説明されることがあります。

確かに、頭蓋骨は複数枚の骨の板でできており、赤ちゃんの頃は、まだ脳が成長するのでちゃんと閉じていません。**適切な年齢になったときに、適切な順番でみっちりと塞がることで、その後はヘルメットとしての働きを果たします。**

頭と顔の骨が指圧で本当に矯正できるならば、それは骨折になります。

エラの筋肉のハリ

大きく張り出したエラの原因は、骨が原因であることもありますが、筋肉の発達が原因であることもあります。

咬筋という筋肉は、食べ物を咀嚼するときに使われる筋肉で、ふくらはぎなどと同じく運動によって発達します。そのため、食いしばりや歯ぎしり、かみしめ癖などがあると、過度に発達してしまいます。

咬筋にボツリヌストキシン注射を打つと、筋肉の動きが抑制されます。その状態がしばらく続くと筋肉が徐々に小さくなり、エラがほっそりして小顔効果を得ることができます。

p・194 ボツリヌストキシン注射

Q 表情筋トレーニング、顔ヨガで顔痩せ効果はありますか？

A 次の２点を理解してください。

①筋肉を鍛えようと動かすと、必ず皮膚も動きます。
皮膚が伸び縮みすれば、シワやたるみにつながってしまいます。

②表情筋はさまざまな筋肉の集合体で、非常に複雑な構造になっています。その内の１つの筋肉だけを選んで鍛えることは無理です。

p・207 涙袋をつくるには

♦頭蓋骨のプレート

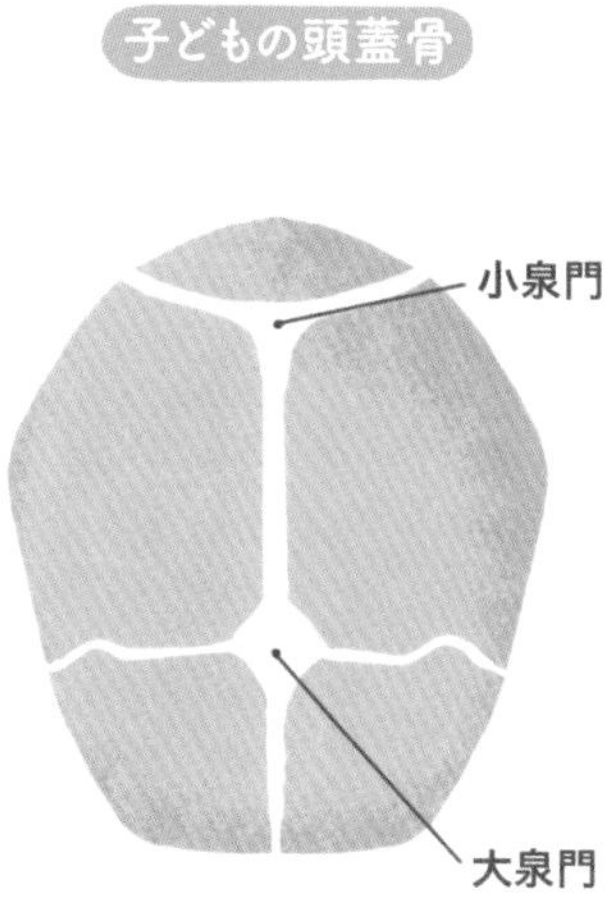

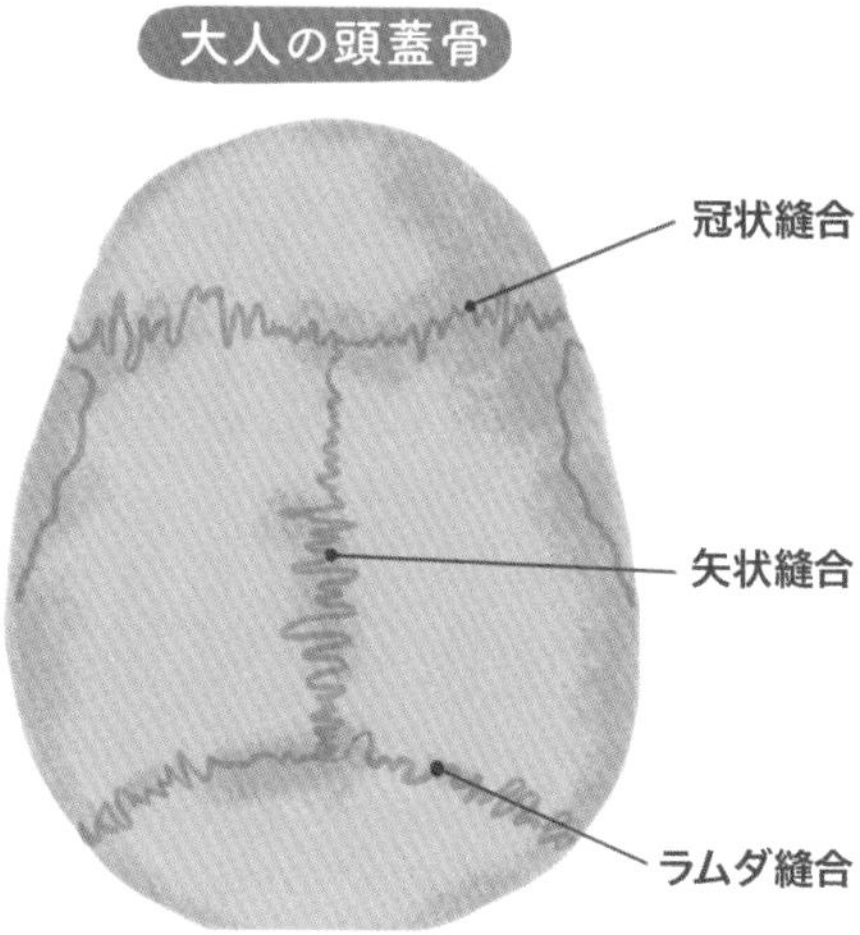

大人の頭蓋骨は隙間なく塞がっています。

♦エラの咬筋

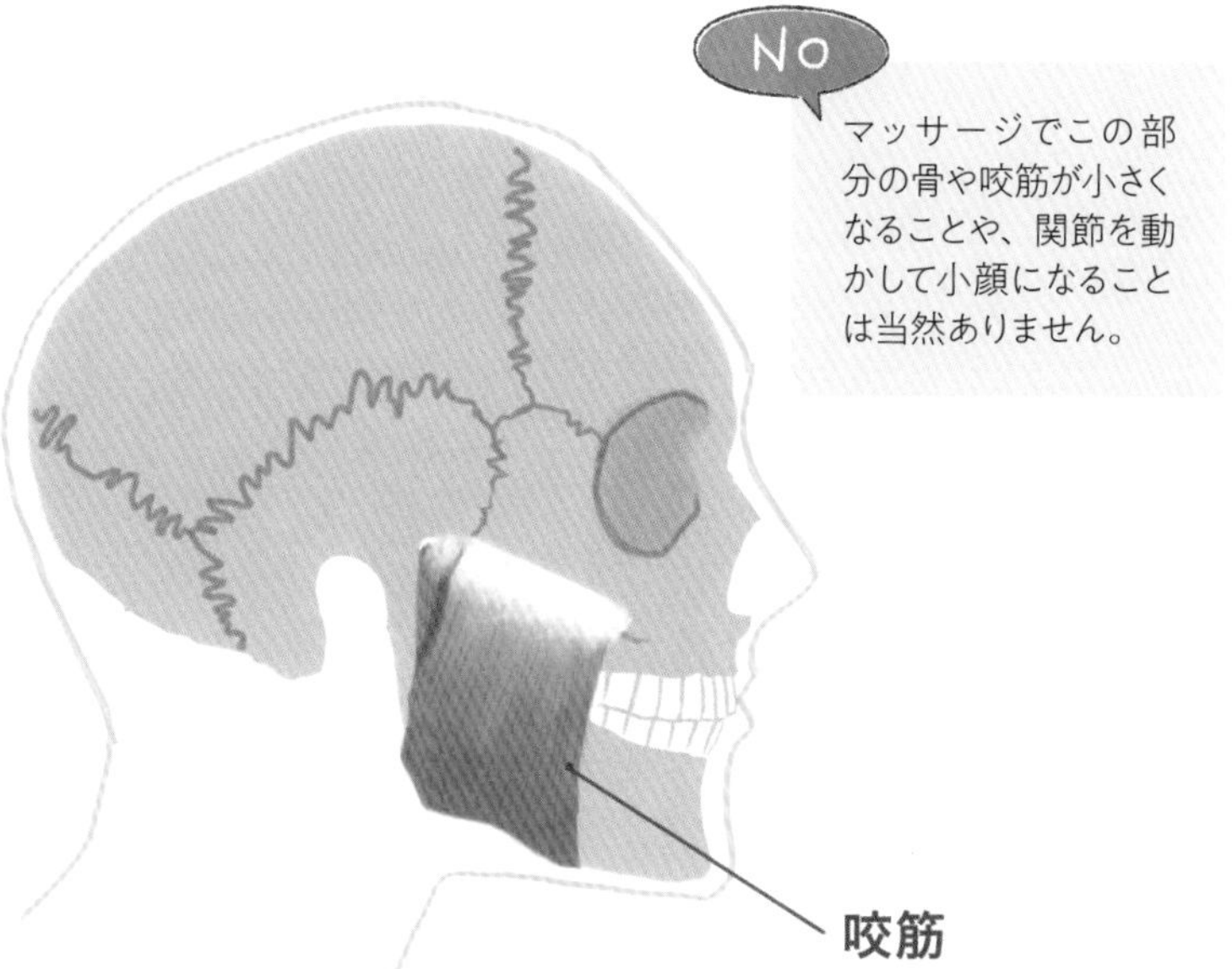

肝臓と腎臓を信頼せよ

デトックス

一般的に、体内にたまった老廃物や毒素を排出させることを、デトックスと呼びます。

しかし、身体には体内に入ってきたりたまったりした有毒物質を無毒化して体外に排出する一連の働きが、もともと備わっています。

解毒を担うのは、主に肝臓や腎臓。

お酒などのアルコールや、防腐剤などの食品添加物はむろんのこと、医師の処方する薬剤も、身体にとっては有毒物質です。

肝臓

肝臓は、実にさまざまな役割を担っていますが、主に4つに分けられます。

・代謝
・エネルギーの貯蔵
・胆汁の生成
・解毒

肝臓は、体内に侵入した水に溶けない毒物を分解・無毒化して、別のものに変えて、体外に排出するほか、体内で発生する毒物も解毒してくれています。

例えば食べたものが消化・吸収されるときに発生するアンモニアという毒物は、肝臓で尿素という無害なものに変換されます。

肝臓のサポーター・腸

腸は消化・吸収といったメイン機能のほかに、肝臓のサポートもしています。**体外からの毒物が、腸に取り込まれると、肝臓に届く前に排出しようとします。**

腸の働きが落ちると、肝臓に毒物が溢れてしまいます。

腎臓

水に溶ける毒物を処理するのは腎臓です。血液が腎臓に入ると、そこで濾過されます。濾過された毒物は尿として排出されます。**余分な水分を排出するのも腎臓の仕事です。**

水分が体内にたまりすぎると、循環のために心臓に大きな負担がかかります。

そこで身体の中の水分量を一定に保つために、多すぎる水分を、血液から濾し取って体外に排出しています。

◆肝臓の解毒作用

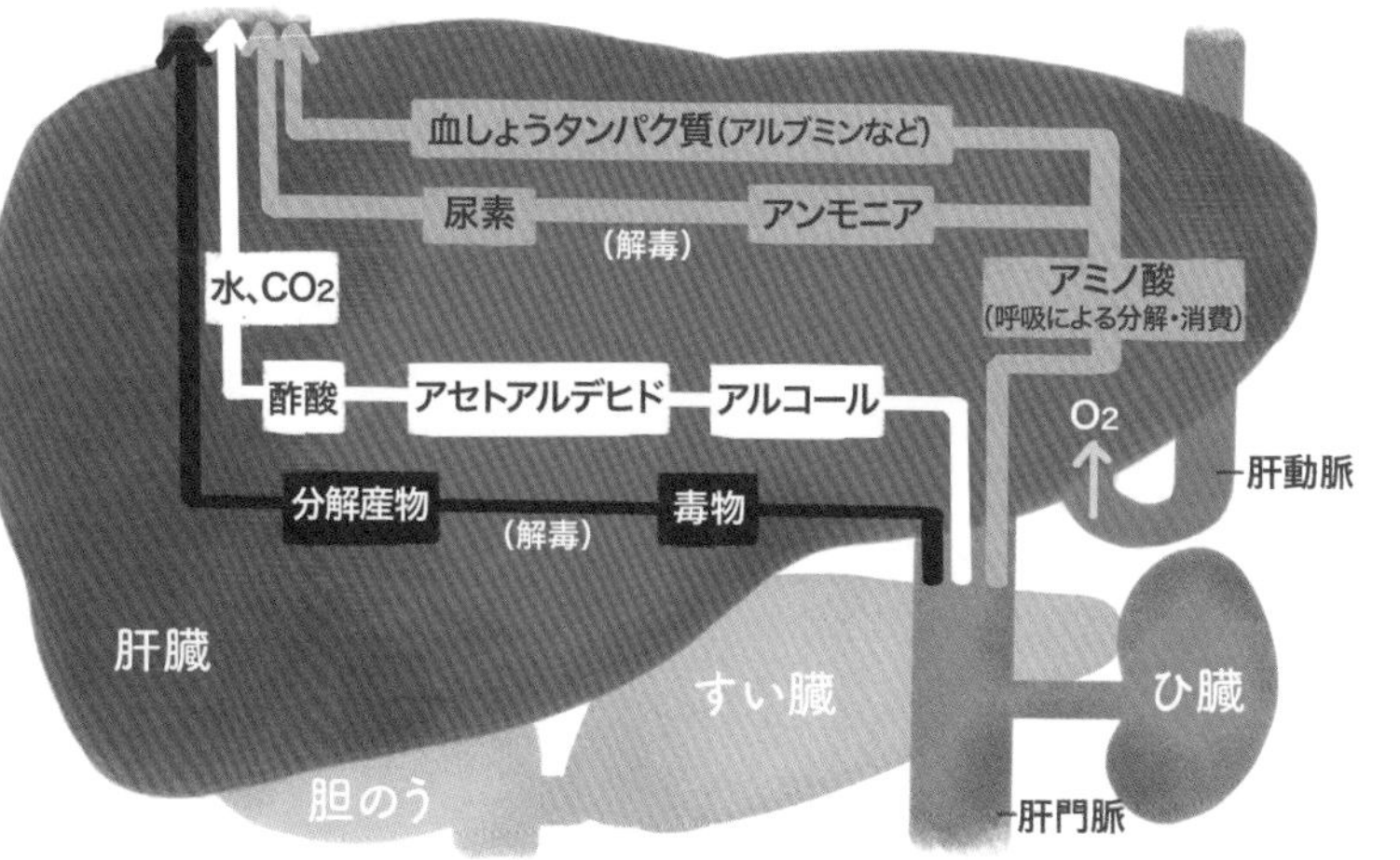

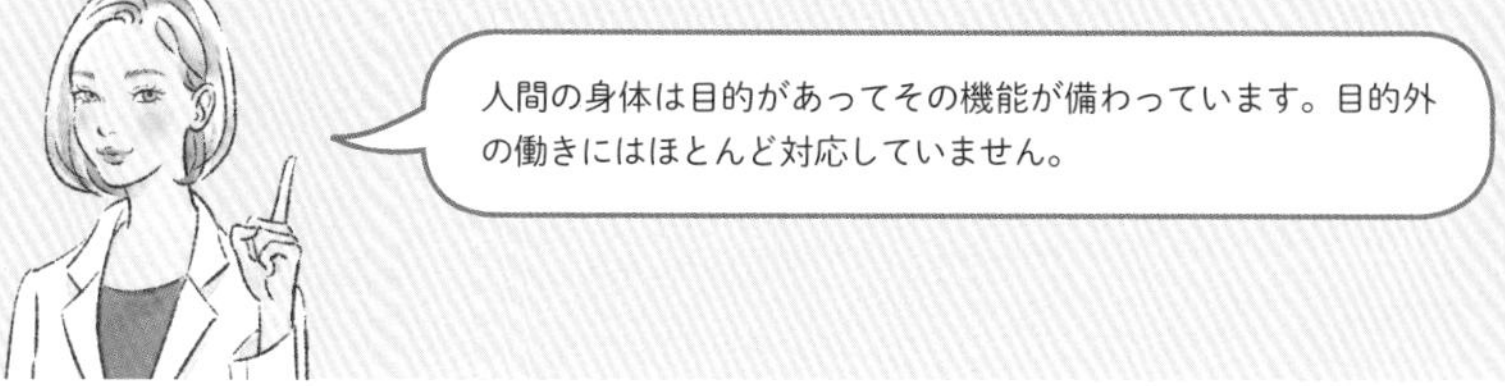

最良のデトックス法

日々の生活には、もともと毒素が溢れています。太古の昔、人間が自然の中で暮らしているときは、今よりずっと毒物を摂取する可能性もあったでしょう。

その環境に対応するために、人の身体は有毒物質が入ってくるという前提で進化しています。そのために肝臓と腎臓が一生懸命排出しています。

腎臓と肝臓が健康な限り、必要以上にデトックスしなくても大丈夫です。

逆にいえば、肝臓や腎臓、腸によい規則正しい生活を送ることが、最良のデトックスといえるでしょう。

汗をかいてもデトックスはできない

汗をかくことがデトックスにつながるという説があります。

実は、普通の人が1日45分間、激しい運動を行ったとしても、1日の総発汗量はせいぜい2ℓほどだといわれています。**2ℓの汗をかいても、そこに含まれる毒物は0.1ng以下しか含まれていないと報告されています。**

人間が汗をかくのは、あくまで体温を下げるためであり、老廃物や有毒物質を排出するためではありません。

2時間の長風呂より休肝日

中国の史書『漢書』には「酒は百薬の長」という言葉があります。酒も適量を飲めばむしろ健康によいという説もありました。

しかし近年では、アルコールに適正量というものはなく、飲まないに越したことはないという結論に至っています。

適度なアルコールは、心臓病の予防に役立つという側面もありますが、それを差し引いても、がんやほかの重篤な病気にかかるリスクのほうが大きいということがわかっており、WHOもこの見解を支持しています。

補足

多くの薬は、体内に入ると代謝されて薬としての効果が落ちてしまいます。それを考慮して、代謝されても効果が変わらないようにしています。その反対に、代謝されてはじめて効果を発揮するようにつくられているものもあります。

No

水とデトックス

体内の水分量は腎臓によって厳密にコントロールされています。美容のために水を一日に何リットルも飲む人がいますが、肌に水分が届いてうるおうということはありません。ただ腎臓が疲弊するだけです。それによって毒物を体外に排出できるということもありません。

◆腎臓の働き

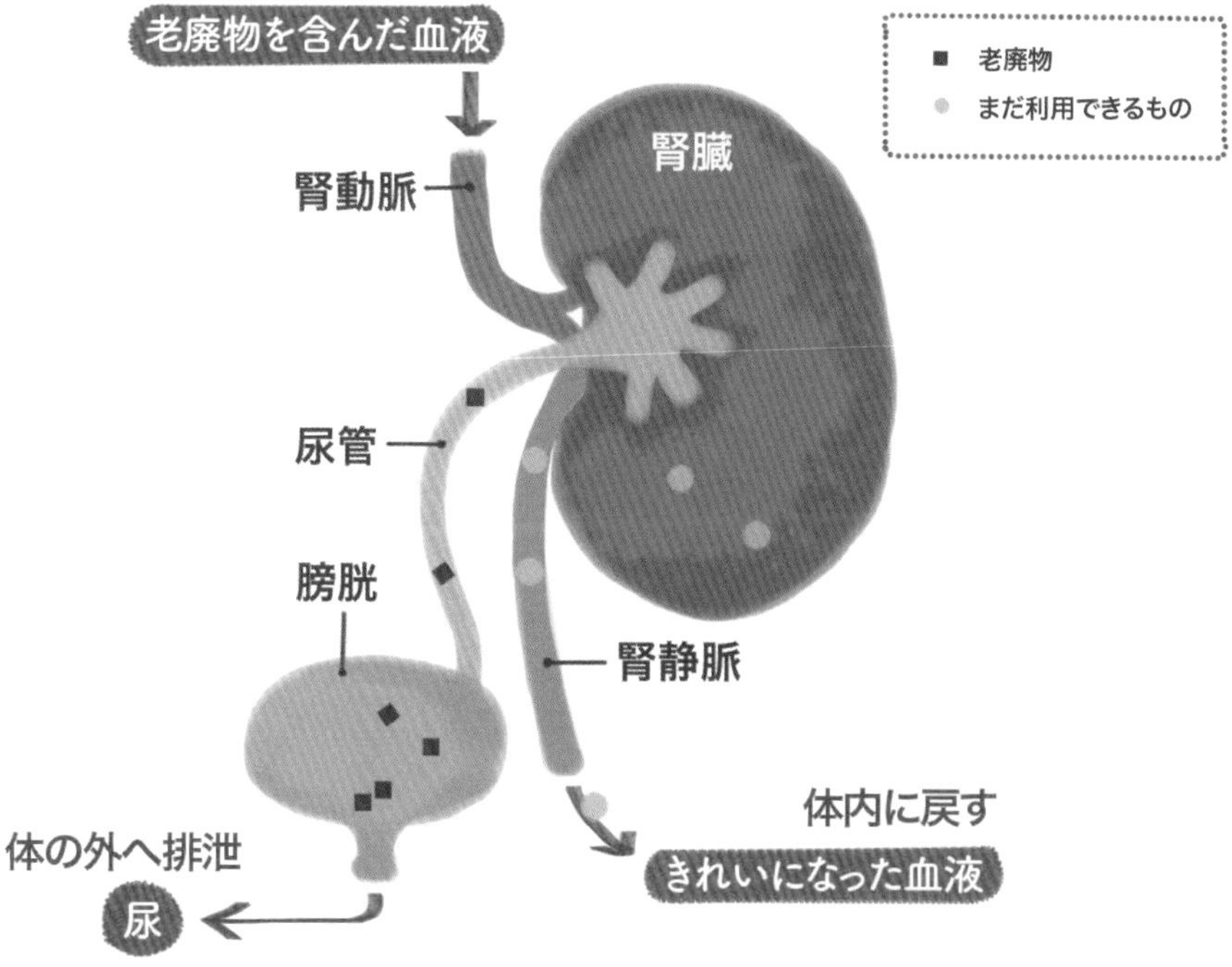
老廃物を含んだ血液
老廃物
まだ利用できるもの
腎臓
腎動脈
尿管
膀胱
腎静脈
体内に戻す
きれいになった血液
体の外へ排泄
尿

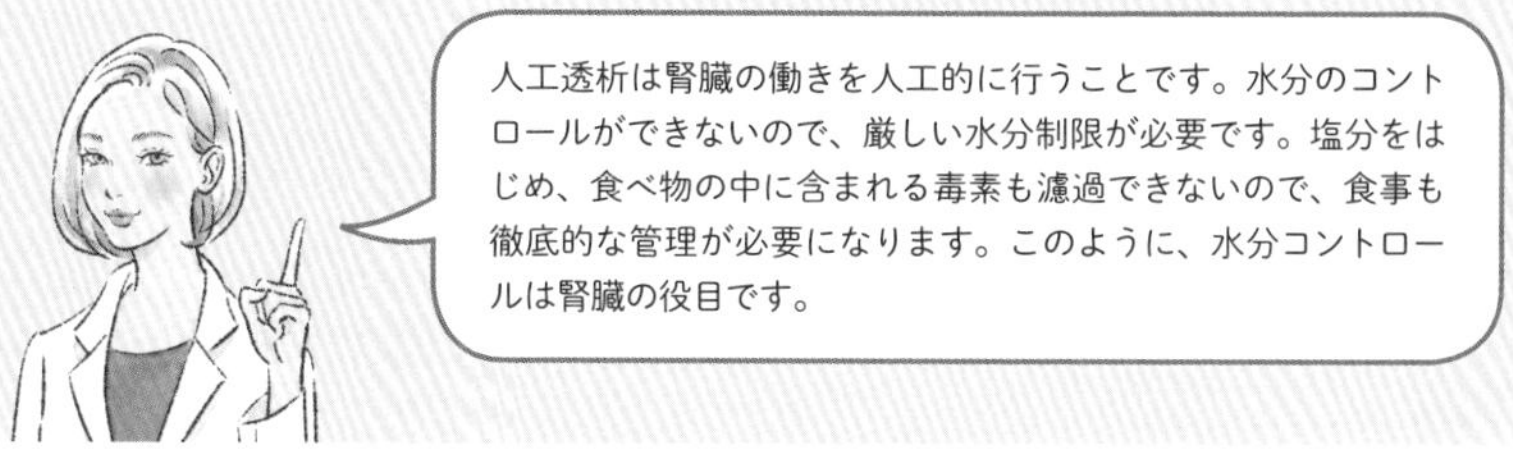
人工透析は腎臓の働きを人工的に行うことです。水分のコントロールができないので、厳しい水分制限が必要です。塩分をはじめ、食べ物の中に含まれる毒素も濾過できないので、食事も徹底的な管理が必要になります。このように、水分コントロールは腎臓の役目です。

体内の下水道

リンパとむくみ

細胞と細胞の間にある組織間液に水分がたまっている状態をむくみ（浮腫）といいます。血管やリンパ管から、なんらかの原因で水分が染み出してしまったために起こります。

リンパの役割は大きく2つです。

- **細菌や異物が体内に入らないようにする免疫機能**
- **体内の老廃物の回収と運搬を行う排泄機能**

リンパ管の要所にあるリンパ節は体内に600～800個あるといわれ、首やワキの下、脚の付け根のあたりに多く存在します。

リンパ節にはリンパ球やマクロファージなどの白血球が存在しており、**細菌や異物を除去するフィルターの役割を果たしています。**

筋肉を鍛えよう

リンパ管はゆっくりとぜん動運動をしています。その働きでリンパ液はゆるやかに全身を流れています。しかし、下半身から上半身に戻るには、その力だけでは足りず、重力に打ち勝たねばなりません。

そこで血管には、押し上げた血液の逆流を防ぐために「ハ」の字の形をした弁（逆流防止弁）がいくつも備わっています。

座りっぱなしは寿命が縮む

オーストラリアの研究で、座っている時間が長いほど死亡リスクが上がるということが報告されています。1日の総座位時間が4時間未満の成人に比べると、8～11時間の人は15%、11時間以上だと40%増えます。WHOが推奨する1日30分以上のウォーキングやランニングなどの運動を週5日実施していても、相殺できない割合といわれています。デスクワークの人は気をつけましょう。

♦身体の水分の割合

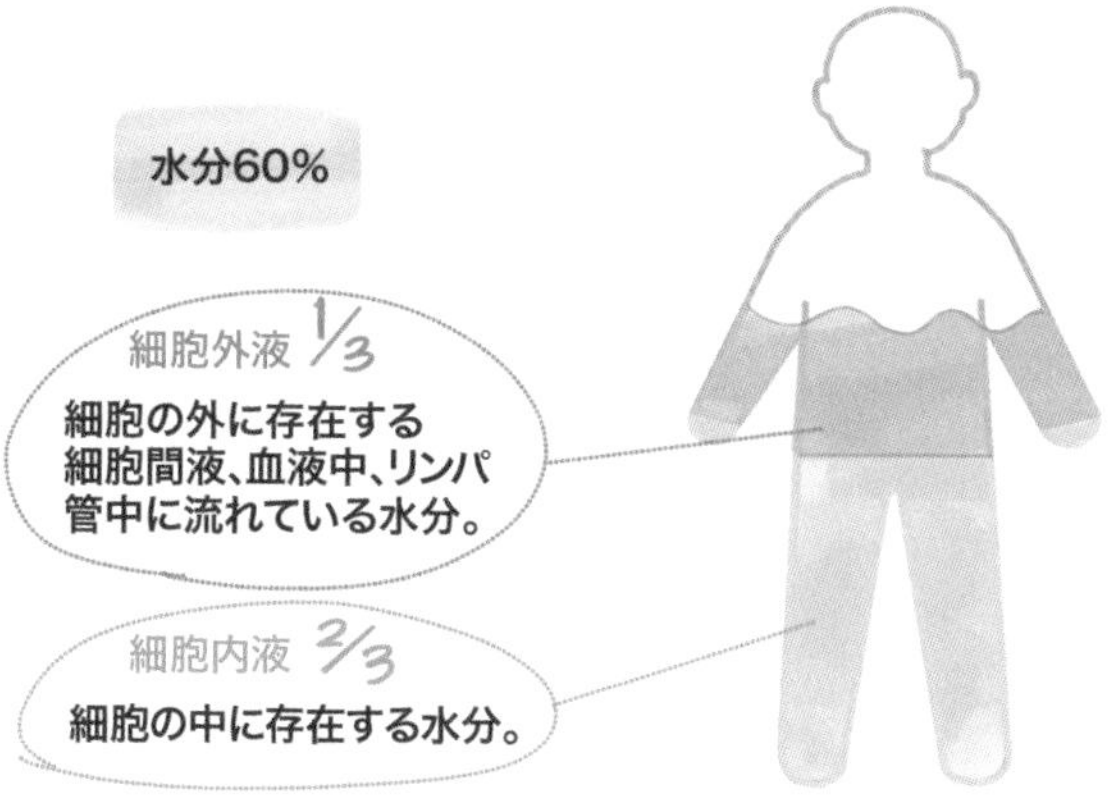

♦リンパと老廃物

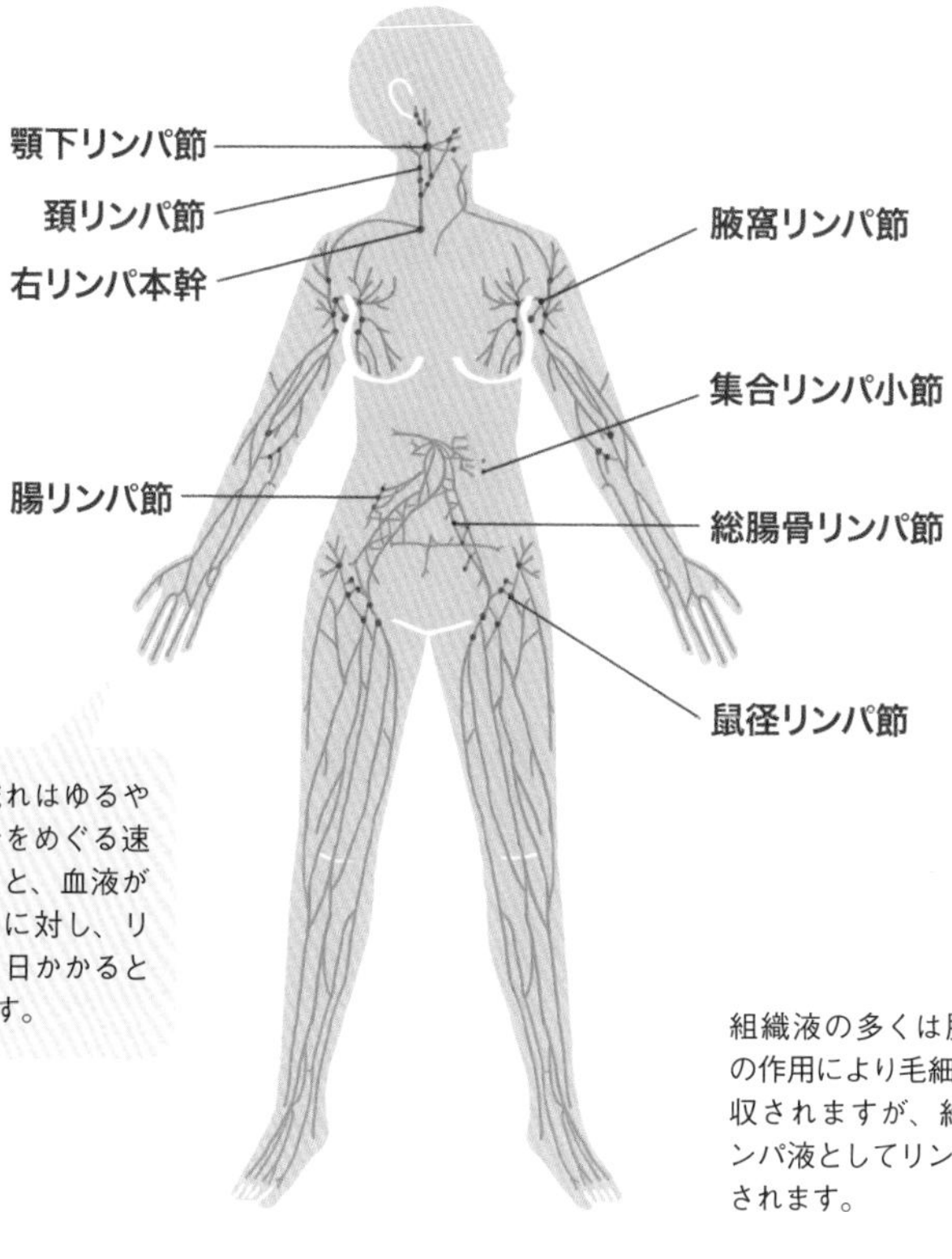

リンパ液の流れはゆるやかです。全身をめぐる速さを比較すると、血液が1分かかるのに対し、リンパ液は約1日かかるといわれています。

組織液の多くは膠質浸透圧の作用により毛細血管に再吸収されますが、約10%はリンパ液としてリンパ管に回収されます。

また、周囲の筋肉が動いて伸び縮みして生じる圧迫をポンプのように使って、勢いよく流れるようにしています（筋ポンプ作用）。そのため、動脈の壁は厚く硬いのに対し、静脈やリンパ管の壁は柔らかく、筋肉の影響を受けやすい形になっています。

足のふくらはぎは最も筋ポンプ作用が強く、第二の心臓と呼ばれます。もちろん上半身でも筋ポンプ作用は働いています。

この筋ポンプ作用をしっかり働かせれば、リンパ液はするすると流れていきます。

女性が男性よりむくみやすいのは、筋肉量が男性より少ないからです。

着圧タイツ

筋ポンプ作用の補助器具としてはおすすめです。

圧迫しながら運動すると、筋肉の動きと外からの圧迫によるポンプ作用でリンパ液・静脈血が効率よく流れます。関節を動かすと、筋肉も自然と動くため、筋ポンプ作用が働きやすくなるのです。

また、腹式呼吸をすると胸腔が陰圧になり、リンパ液が心臓に向かって流れやすくなります。

太るとむくむ

皮下のむくみの液が皮下組織内（脈管外通路系）を流れて毛細リンパ管へと向かうとき、**皮下脂肪が存在すると、脂肪が邪魔で皮下組織内をスムーズに流れて移動することができません。**さらには脂肪自体が毛細リンパ管、集合リンパ管を圧迫することでリンパ液の流れが悪くなります。そうしてむくみの液がたまってしまいます。

マッサージで痩せられる？

筋ポンプ作用を助けることでむくみの解消につながることは間違いありませんが、それによって脂肪が燃えるということはありません。また、マッサージで脂肪細胞が「燃える」ということもありません。

脂肪細胞をぶちぶちっとやぶるような強さのマッサージで細胞を破壊すれば痩せるかもしれませんが、そのときにはあなたも血だらけになっているでしょう……。

セルライトって?

みかんの皮のように皮膚がボコボコになっている状態を指しますが、**セルライトというのは医学用語ではありません。**

太って大きくなった脂肪細胞がリンパの流れを阻害し、老廃物がたまってできる、と説明されることが多いですが、セルライトは病的なものでも特別なものでもなく、脂肪細胞とその周辺組織が肥大して表面に現れている状態です。

脂肪組織は揉む程度では小さくなりません。マッサージや入浴で血行を改善することは悪くはありませんが、通常のダイエットと同じく、食事と運動で皮下脂肪を減らすことが基本です。皮下脂肪が減少すれば凹凸も目立たなくなります。十分な睡眠、ストレス解消なども心がけましょう。

♦セルライトのしくみ

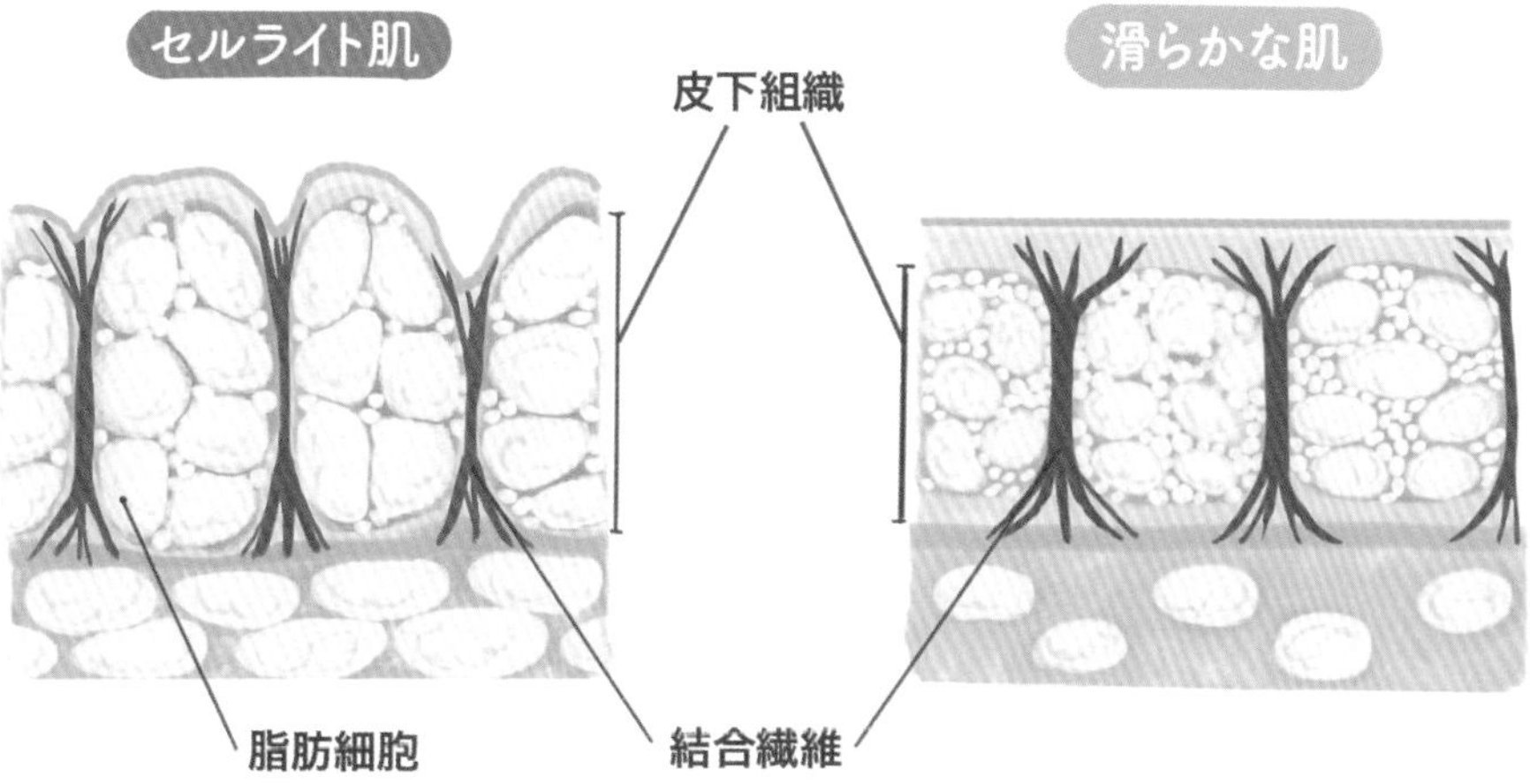

皮下組織の中には、形を維持したり、隙間を埋めたりする働きをする結合組織というものが入り組んでいます。
結合組織は硬く、部屋のしきりのようになっています。脂肪細胞が大きくなると、部屋の中が圧迫されて膨らんだような形になり、ボコボコしてきます。それによって、凹凸が浮き上がってきてしまいます。

ムダ毛のない
ピカピカ肌に

脱毛と減毛の違い

家庭でのムダ毛の処理で最も多いのは、剃ったり抜いたりすること。脱毛剤やワックス脱毛、家庭用脱毛器などもあり、さまざまな方法があります。

ホームケアの注意点

剃る場合は、カミソリの刃で肌をこすらないように保護しながらやさしく剃りましょう。ただしまれに、剃った刺激で毛の発育が促進されることがあります。

毛抜きも毛根を刺激してしまい、毛の成長が促されてしまう場合があります。

ワックス脱毛は、やけどの可能性があるほか、毛包炎を起こしやすくなります。

毎日処理するのは面倒だし、肌の負担にもなるので、機械での処理を検討したい……そんなとき、医療クリニックでの施術とエステサロンの施術はどう違うのか、疑問を持つ人も少なくありません。

医師法第17条

どう違うのかを説明する前に、まず知っておくべきはこの法律です。

医師法第17条では、看護師、歯科医師、医

Q ムダ毛はカミソリで処理すると濃くなるの？

A 毛が濃くなることはありません。毛は毛根のほうへいくほど太くなります。そのため毛を剃ると断面が大きくなり毛が太く見えます。さらにカミソリ処理の場合、まっすぐ切れているわけではないので、斜めに切った毛の断面はさらに大きく見えます。

師の免許を持つ者以外は、医療行為を行ってはいけないと定義しています。**人の身体を傷つける可能性がある行為は、すべて医療行為と言ってよいでしょう。細胞を一つ破壊する行為も医療行為にあたります。**

機械での施術は毛根に働きかけますが、クリニックでは、毛根の細胞を破壊することで、毛を生えなくします。

エステサロンは医療機関ではないので、毛根の細胞を破壊することはできません。

医療レーザー脱毛

クリニックで行っているのはレーザーによる施術です。単一の波長で集中的に熱を集め照射し、**根元にある毛母細胞やバルジ領域を破壊します。すると、細胞が死んでしまうので、二度と毛が生えてくることはありません。**

脱毛、永久脱毛とうたっていいのは、医療の脱毛器だけです。

IPL光脱毛

エステサロンで行われるのはIPL光脱毛。医療用のレーザーを使うことはできません。複数の波長を含んだ光を広範囲に照射して、毛の細胞にダメージを与えます。

レーザーよりパワーが弱く、**毛をつくる細胞の元気をなくす働きをします。**そのぶん、肌への刺激も弱いです。

元気がなくなれば、毛が生えるスピードが遅くなります。生えてきても細い元気のない毛になるため、見た目は減って見えます。

エステサロンの脱毛は「減毛」と呼ぶのが正しいです。

p.152 IPLとレーザー

家庭用脱毛器は、誰がどんな使い方をしても安全なパワーでしか出力されないので、さらに効果が小さいと考えてよいでしょう。

◆医療レーザー脱毛とエステのIPL光脱毛の違い

	エステのIPL光脱毛	医療レーザー脱毛
波長	500～1,200nm	800～810nm
範囲	広域	狭域
効果	減毛	脱毛
資格の有無	基本的に資格は必要ない	国家資格を持つ医師・看護師のみ
痛みの強さ	弱い	強い

毛周期

いずれの施術も、1回で完了するわけではありません。毛は毛周期といって、一定のサイクルで常に生え変わっています。

毛は成長前期→成長後期→退行期→休止期と生え変わりを繰り返しています。

IPLやレーザーを照射して効果があるのは、成長前期〜後期の毛だけ。休止期、退行期の毛はメラニン色素が薄く、光にあまり反応しません。

頭髪以外の毛の場合、成長期の毛は全体の10〜15％程度しかありません。これが1回の施術で処理できる割合です。単純に10％として計算すると、10％を10回繰り返すと、100％処理できます。

「早く脱毛したいから」といって、通院サイクルを速めても、意味がありません。個人の毛周期に合わせて施術をしないといけません。「最新のマシンだから、少ない回数で終わる!」という広告は必ずしも正確ではありません。

♦日本エステティック協会が自主基準を策定

エステサロンの脱毛施術を受けてやけどを負ったなどの報告が相次ぎ、2001年11月8日、厚生労働省から「レーザー光線又はその他の強力なエネルギーを有する光線を毛根部分に照射し、毛乳頭、皮脂腺開口部等を破壊する行為は医療行為」とする内容の通知が出されました（「医師免許を有しない者による脱毛行為等の取り扱いについて」）。

日本エステティック振興協議会は、これに従って自主基準を策定しており、エステサロンで行う美容ライト脱毛は、この通知に抵触しない範囲で安全に実施されなければならないとしています。

認定美容電気脱毛技術者などの資格も設けられ、適切な運用が促進されている一方、消費者も自分の身を守るために、よく情報を集めて比較検討を行いましょう。

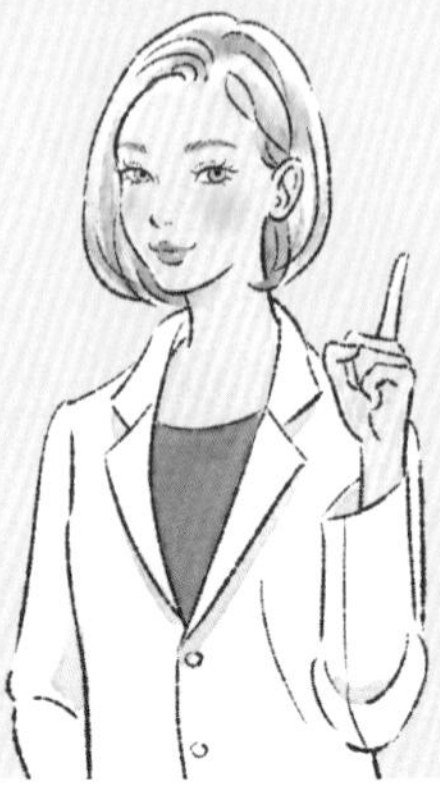

◆医療レーザー脱毛のしくみ

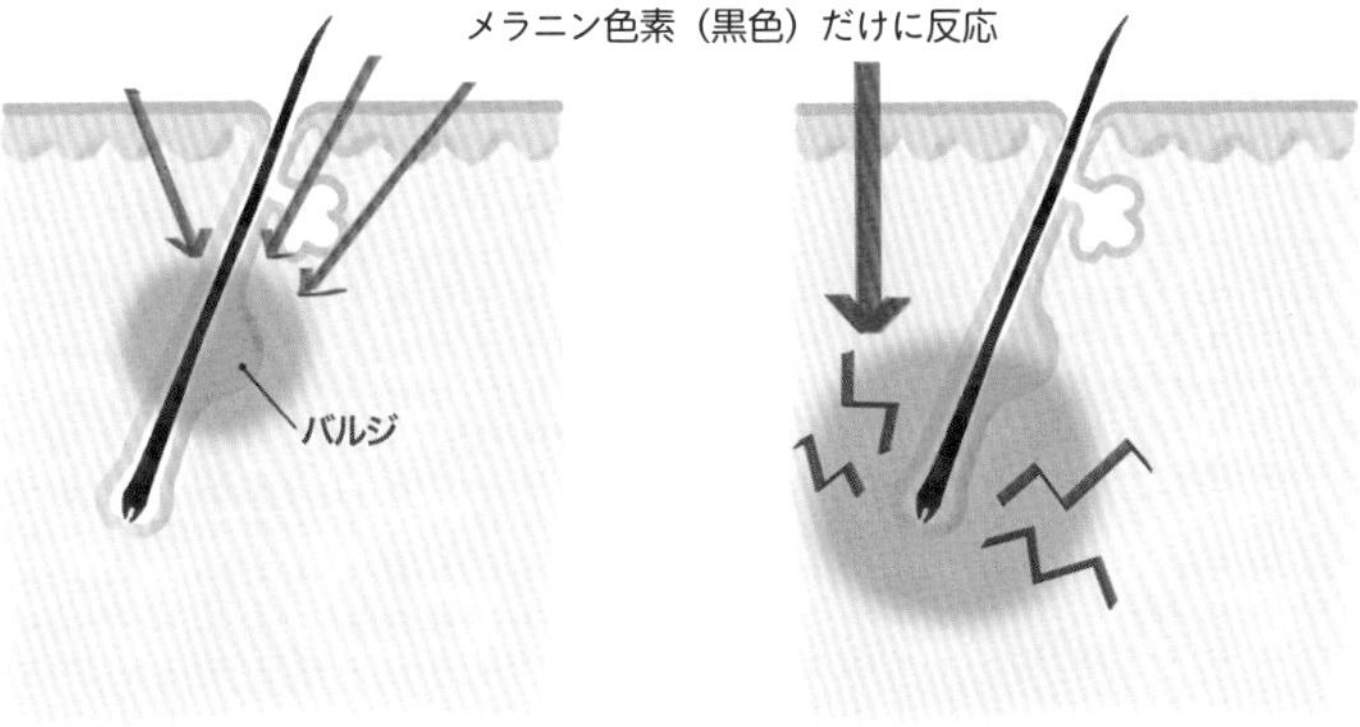

毛母細胞に栄養を与えている発毛因子・バルジ領域を破壊することで、毛に栄養が行き渡らなくなり、脱毛されます。

毛母細胞を焼き切ることによって破壊し、脱毛します。

◆毛周期と脱毛に適した期間

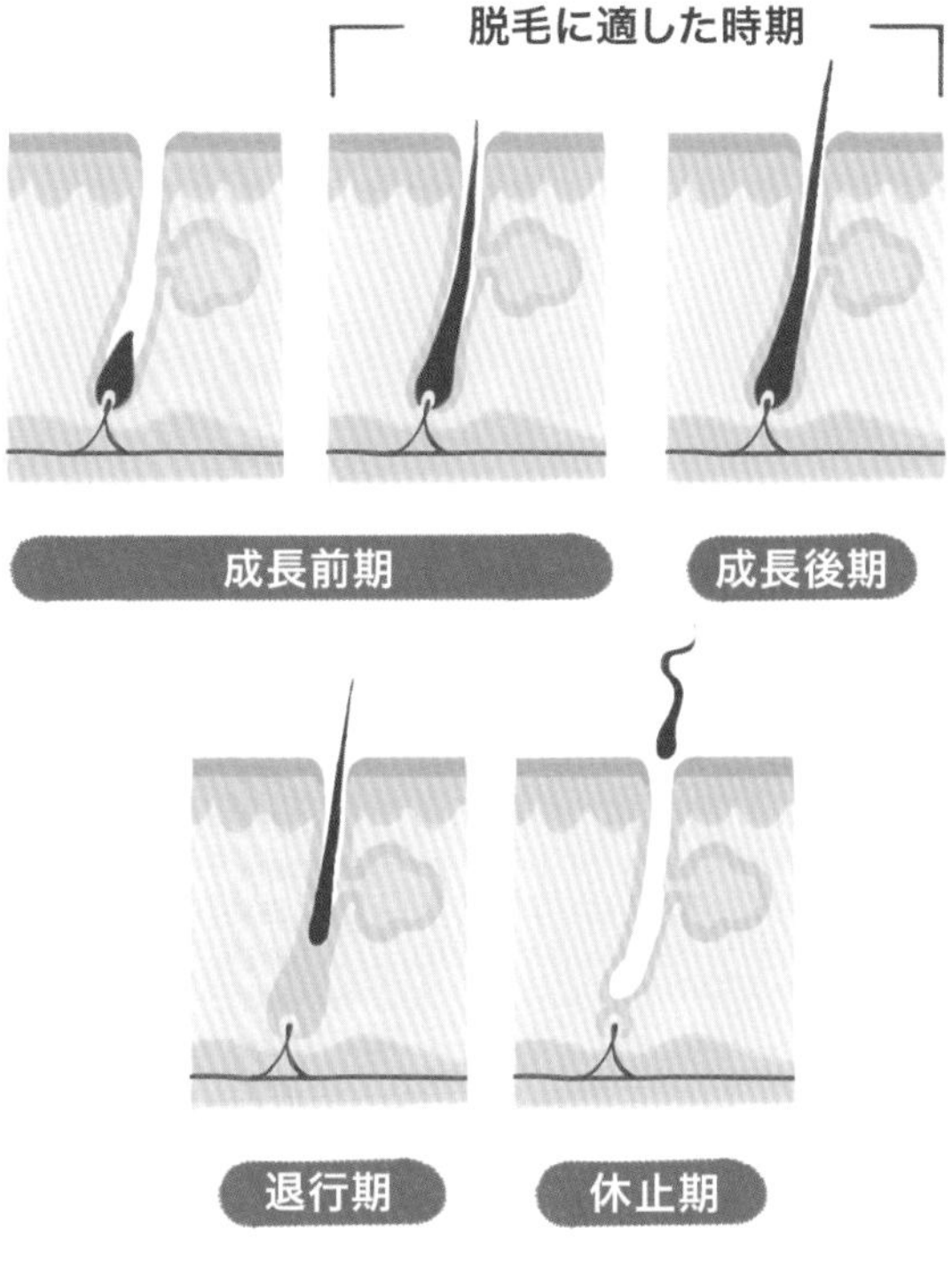

においの原因

自分ではわかりにくいからこそ気になってしまう体臭。特に、汗をかくワキ汗のにおいは自分でも気になってしまうものです。

「におう人」になる原因

●汗

汗が出る穴は、2種類あります。

エクリン汗腺とアポクリン汗腺です。

エクリン汗腺から出るのは、サラサラな水分の汗。辛いものを食べたとき、運動したとき、熱いときにだらだらと出てきて、蒸発するときに身体の熱を奪い、体温を下げます。

この汗は、本来においがありません。しかし、皮膚の表面で汗がアカや皮脂などと混じり合うと、これを細菌が分解することでにおい物質が発生し、臭くなります。

他方のアポクリン汗腺は、ワキガの原因となります。

アポクリン汗腺は皮脂腺とともに毛穴につながっているため、こちらも皮脂と混ざり合い、さらにさまざまな雑菌が付着して、ワキガ特有のイヤなにおいになります。

p.30 2種類の汗

●動物性タンパク質や脂肪の多い食品

これらは体臭のもとになるばかりか、過剰

人が持つアポクリン汗腺の数は、人種的には黒人が最も多く、次いで白人、東洋人の順序。特に日本人には少ないといわれています。
そのため欧米人ではワキガの人が多いので、ある程度の体臭は生理現象として認識されていますが、マナーとしてにおいケアがとても発達しています。香水が発達したのもこうした背景があるからではと考えられています。
なお、ワキガは優性遺伝なので、親から子供に遺伝する可能性が高いです。子供が困らないよう、体質とケアについて事前の指導が大切です。

に摂取すると腸内で悪玉菌が増えるなどして腸内環境の悪化を招きます。

腸内環境が悪化すると、アンモニアなどの毒物がつくられます。それが血液を通って口や皮膚などから排出されると、口臭や体臭を引き起こします。

便秘がある人は、腸内環境が悪化している可能性が疑われます。

思春期のホルモンバランス

残念ながら、思春期はホルモンバランスがジェットコースター状態です。

思春期には性ホルモンの影響で、アポクリン汗腺から分泌される汗の量が増加します。そのため、発汗量が多くなる思春期に体臭が強くなる傾向があります。

加齢

加齢に伴う身体の変化は、においとなって表れます。

◆汗のにおいの原因

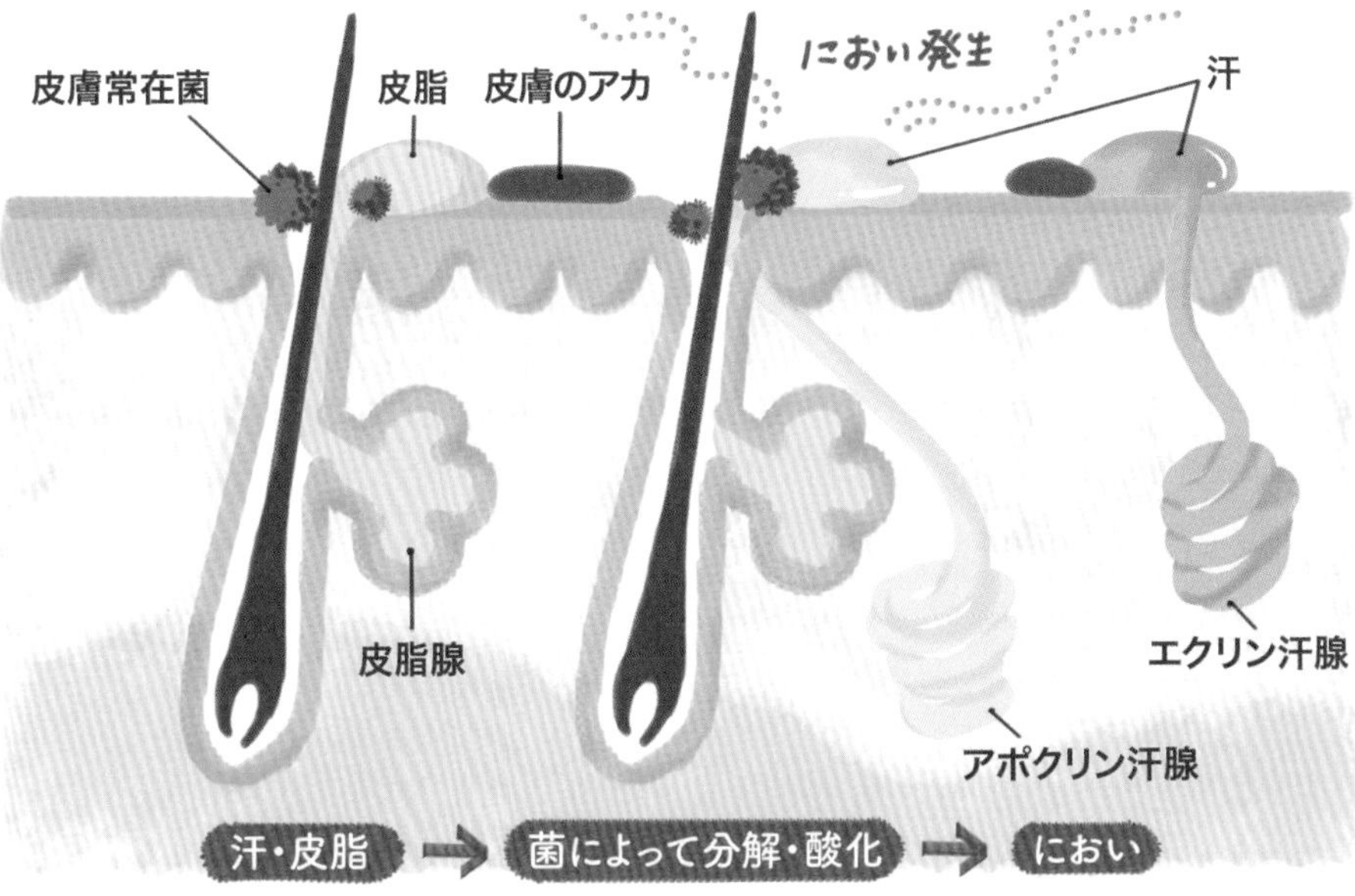

30～40代になると、後頭部・頭頂部・うなじを中心に、古い油のようなにおいを放つミドル脂臭が出ます。40～50代以上になると、体の中心部から、脂臭くて枯草のような臭いを放つ加齢臭も大なり小なり出てきます。

足のにおい

特に足のにおいだけ気になる場合、水虫や足の多汗症などの可能性があります。

ほかにも、糖尿病にかかっていると、ケトン体が増え、汗からケトン体特有のすっぱい臭いがすることがあります。

無臭への戦略

においを抑える基本戦略は4つです。

①発汗の抑制
②常在菌の抑制
③発生したにおいの消臭

♦主な汗&におい治療

ボツリヌストキシン注射

ボツリヌス菌の作用で、汗を分泌するための神経をブロックし、汗を抑えます。汗が収まることで、結果的ににおいが弱まることが期待できます。

パースピレックス

塗り薬の代表格。塗ることでアポクリン汗腺にフタをします。まさに「臭いものにフタ」です。

♦交感神経遮断術

手のひらの多汗症に対しては、有効率がほぼ100%。胸部の交感神経節を切り取ったり、焼き切ったりする方法です。しかし術後の合併症として胸、背中、お尻などから異常に汗が多く出る代償性発汗が見られることもあります。

| 補足

代償性発汗

治療した箇所の発汗が収まる代わりに、別の部位の汗が増えてしまう副作用です。

④香料成分でフタをする

制汗剤として市販されている抗菌作用のある外用薬は手軽ですが、発汗を抑える働きはほとんどありません。においに対する防臭剤と考えたほうがよいでしょう。**生活習慣を整えることが、におい防止の王道作戦です。**

ただし、ワキガの場合はこれでは抑えきれない場合が少なくありません。

ワキガ

ワキガの原因となる汗を出すアポクリン汗腺がなぜ存在するのかは諸説ありますが、フェロモン器官の名残ではないかとよくいわれます。エクリン汗腺は全身まんべんなく存在しているのに対し、アポクリン汗腺は局所的に多い部位があります。乳輪周り、女性器、肛門周りです。ワキガの人は、この身体部分も同じにおいを発している傾向があります。

ワキガは優性遺伝するといわれており、家系的にワキガであることが多いです。

ワキガは、ワキ毛が生え始める頃に発症することが多く、成長とともにどんどん強くなります。成人になってから突然発症することはほとんどありません。20歳前後でピークを迎えると、壮年期以降は徐々に改善されていきます。

外耳道にあるアポクリン汗腺は幼少期から発達しているため、ワキガの人は必ず耳アカが湿っています。

重度のワキガの場合、アポクリン汗腺が目で見てわかるくらいに発達していることがあります。剥がした皮膚を見てみると、分厚い絨毯のようにびっしりとアポクリン汗腺が発達していることもあります。

手術でアポクリン汗腺を直接切り取ってしまう方法が昔から多く行われていますが、これは保険適用になります。

耳垢でワキガチェック

耳垢とワキガには密接な関係があり、耳垢の状態でワキガかどうかをおおよそ判断することができます。
日本人のワキガ症患者の95%以上が軟耳垢（ウェットタイプ）という報告がありますが、ワキガの人は耳垢がねっとりと湿っていることが多いです。

- ☑ ねっとり湿っているウェットタイプ
  ワキガの可能性アリ。耳掃除にはふわふわの綿棒を使いましょう。
- ☑ カサカサのドライタイプ
  ワキガの可能性は低いでしょう。耳掃除の際は耳かきを使うのがよいでしょう。

おわりに

美容はサイエンス

形成外科医を経て美容外科医となり、合わせておよそ20年近く患者さんと向き合ってきました。

間違った知識で実践してどんどん悪化してしまい、お金も時間も無駄にしてしまっている患者さんが日々クリニックに訪れます。

インターネットやSNSは、自分が見たい情報だけを見せるという側面があり、人は信じたい情報を信じるという側面があります。

いったいなにが正しい情報なのか、自分で調べて判断していく力が必要だと感じます。

しかし「自分で調べてみたら、あの医師とこの医師の言うことが違うので混乱する」というのを、このコロナ禍で感じた方も多いでしょう。

医師はみな学会などで一致した意見を持っているものなのでは？　と思われるかもしれませんが、あるテーマに対して、医師全員が同じ意見を持っているわけではありません。

それぞれの医師が、自身の経験や研究に基づいて意見を発表し合う場が学会ですが、学会では怒号が飛び交うほどの舌戦が繰り広げられています。

「意見が違って当たり前」なのが医学の世界です。

それなら調べても混乱するだけでは……と思われるかもしれませんが、明らかに間違っている情報というのがあります。

美容はそういった情報が目立ちやすい分野です。

それらを避けるだけであなたの美容は大きく改善します。

そこで正しい知識を取捨選択するためのポイントを少しお伝えします。

- SNSではなく、検索エンジンで調べること
- 広告のサイト以外の複数のサイトを見ること
- 誰か一人の意見、一つのサイトを見て終わりにしないこと
- 肯定的な意見と否定的な意見の両方を見ること

・毎日一分なにかをすれば二重になる、鼻が高くなる、やせる……そんな魔法はないので、そういった情報に踊らされない
・画像加工された有名人の画像はフェイク。それと自分を比較して卑屈にならないこと。

形成外科とは、見た目の悩みや疾患を治療する診療科です。乳がんで切除した乳房を再建したり、事故による怪我を治したり、先天異常の方の見た目を整えるなど、見た目に関するプロフェッショナルです。皮膚、血管、神経、筋肉……さまざまな知識が必要になります。

現在の美容医療は、この形成外科学をはじめ、皮膚科学、内科学、口腔外科学をはじめとする医学のみならず、薬学や物理学など、多岐にわたる学術的研究の上に成り立つもの。美容医療で行われる施術は、安全性も効果も高いと学術的に確かめられた施術が行われています。

この学術的な研究は、決して経験や個人的な体験・見解に基づくものではありません。

きちんと計画された臨床試験、その結果を積み重ねて導き出されたもの。決して一人の医者が行った一つの試験だけで得られるものではありません。

これまでの研究に基づいて、新たな報告とともに仮説を立て、試験を行い、結果からまた次の仮説を立て……数多の医師が結果を脈々と受け継ぎながら磨き上げ、意見を戦わせて磨いてきた研究の結晶です。

コスメも同じです。

多くの化学者たちが積み重ねてきた膨大な研究から、効果のある成分が多々開発されてきました。

いまも日夜、多くの医師多岐にわたる分野の科学者たちが研究を続けています。

可能な限り最先端の情報を集めましたが、これからもどんどん進化していくことでしょう。

私も医師として、勉強を重ねてそれらに追いつきながら、患者のみなさんに最大の満足を提供できるようにします。

最後までお読みくださり、ありがとうございました。

2021年10月吉日　上原恵理

索引

あ行

か行

さ行

た行

な行

は行

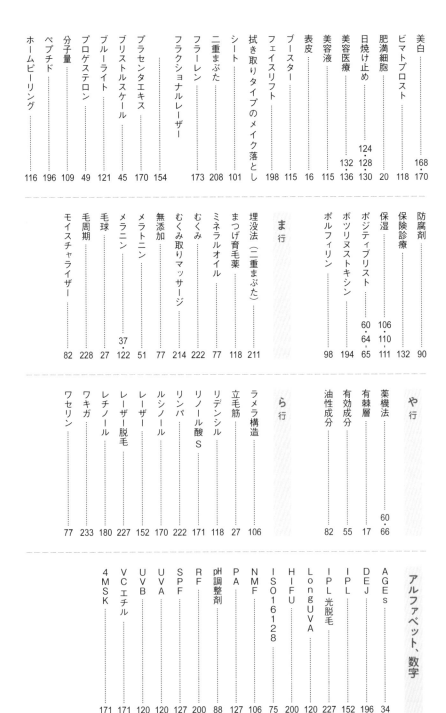

参考文献

清水宏「あたらしい皮膚科学　第３版」中山書店（2018）
日本化粧品工業連合会「日本化粧品成分表示名称事典　第３版」薬事日報社（2013）
川田暁「美容皮膚科ガイドブック　第２版」中外医学社（2019）
日本美容皮膚科学会「美容皮膚科学」南山堂（2005）
一般社団法人化粧品成分検定協会「化粧品成分検定公式テキスト　改訂新版」実業之日本社（2019）
ラルフ・J・ラドランスキー「グラフィックス フェイス 臨床解剖図譜」クインテッセンス出版（2013）

P Imbeault, et al (2018) Environmental International 111:131-132.
W. B. Grant, et al (2008) European Journal of Cancer 44:12-15. (2008)
K. Dong, et al (2019) International Journal of Cosmetic Science 41(6):558-562.
B. Mahmoud, et al (2010) SkinJournal of Investigative Dermatology 130(8):2092-2097.
N. Hayashi, et al (2015) The Journal of Dermatology 42(7):690-6.
S. Jeong, et al (2019) International Journal of Molecular Sciences 21(1):73.
T. Iida, et al (2004) Fragrance Journal 32(3):41-47.
P.P.Fu, et al (2003) Journal of Environmental Science and Health, Part C 21(2):165-197.
A V Rawlings, et al（2013）Journal of Cosmetic Dermatology 12(1):25-35.

上原恵理（うえはら・えり）
形成外科認定専門医／美容外科医・美容皮膚科医／美容医療評論家
2006年群馬大学医学部医学科卒業、東京大学医学部附属病院研修医を経て、東京大学形成外科医局所属。形成外科認定専門医・美容外科医・美容皮膚科医として美容クリニックおよび大学病院に勤務。豊胸手術や鼻整形手術における技術の高さがSNSや口コミで広がり、カウンセリングや手術の予約は数カ月待ちの状態が続く。SNSでの赤裸々な投稿も話題。施術の内容、ダウンタイム、リスクなどありのままを発信し、多くのフォロワーから支持されている。

twitter：@dr_uehara
instagram：@eri.uehara

医者《いしゃ》が教《おし》える　人生《じんせい》が変《か》わる美容大事典《びようだいじてん》

2021年10月14日　初版発行
2022年11月 5日　５版発行

著者／上原恵理《うえはらえり》

発行者／山下 直久

発行／株式会社KADOKAWA
〒102-8177　東京都千代田区富士見2-13-3
電話　0570-002-301（ナビダイヤル）

印刷所／図書印刷株式会社

●お問い合わせ
https://www.kadokawa.co.jp/（「お問い合わせ」へお進みください）
※内容によっては、お答えできない場合があります。
※サポートは日本国内のみとさせていただきます。
※Japanese text only

定価はカバーに表示してあります。

ISBN 978-4-04-605111-0　C0077